中青年经济与管理学者文库

本书的出版受到以下项目资助：

陕西师范大学一流学科建设经费

陕西师范大学优秀著作出版基金

教育部人文社科青年项目“非金融企业异质性金融化研究：抵押资产降价抛售传染与实体部门影子银行化（21YJC630163）”

陕西省社会科学基金年度项目“高质量发展下政府科技投入与陕西省企业创新多元化融资有机衔接研究（2021D029）”

融资激励视角下政府创新资助对企业创新的激励机制研究

张嘉望　著

中国财经出版传媒集团

中国财政经济出版社

图书在版编目（CIP）数据

融资激励视角下政府创新资助对企业创新的激励机制研究／张嘉望著．--北京：中国财政经济出版社，2021.10

（中青年经济与管理学者文库）

ISBN 978-7-5223-0804-3

Ⅰ.①融…　Ⅱ.①张…　Ⅲ.①政府投资－作用－企业创新－研究－中国　Ⅳ.①F279.23

中国版本图书馆 CIP 数据核字（2021）第 192032 号

责任编辑：武志庆　　　　责任印制：党　辉
封面设计：智点创意　　　　责任校对：胡永立

融资激励视角下政府创新资助对企业创新的激励机制研究
RONGZI JILI SHIJIAO XIA ZHENGFU CHUANGXIN ZIZHU
DUI QIYE CHUANGXIN DE JILI JIZHI YANJIU

中国财政经济出版社 出版

URL：http：//www.cfeph.cn
E-mail：cfeph@cfeph.cn

社址：北京市海淀区阜成路甲 28 号　邮政编码：100142
营销中心电话：010-88191522
天猫网店：中国财政经济出版社旗舰店
网址：https：//zgczjjcbs.tmall.com
北京财经印刷厂印刷　各地新华书店经销
成品尺寸：148mm×210mm　32 开　8.5 印张　207 000 字
2021 年 10 月第 1 版　2021 年 10 月北京第 1 次印刷
定价：40.00 元
ISBN 978-7-5223-0804-3
（图书出现印装问题，本社负责调换，电话：010-88190548）
本社质量投诉电话：010-88190744
打击盗版举报热线：010-88191661　QQ：2242791300

策划人语

题记：一个人的精神成长史，取决于他的阅读史。只有阅读能最有效地培养精神生活习惯，而好的习惯又培养性格，性格决定人生。

——我们自豪，因为我们就是创造这精神产品的人。

选择了飞翔，总能看到蓝天；选择了远航，总能感受大海。人生不仅要作出选择，也要坚持住自己的选择。学会计、当编辑是我的意外选择。人说编辑是为人作嫁，可是这一选择我坚持了27年，苦在其中，乐在其中，也算是有声有色。每当我把一本本好书呈献给人们的时候，我觉得我是“富贵”的人：富，不是你身上的钱财，而是你心里的满足；贵，不是你地位的显赫，而是你被人需要的程度。

书海探寻，情怀永恒

我要说，做编辑我幸运，因为我不仅是第一个读者，可以对作品“品头论足”，也可以对作品“生杀予夺”；更重要的是，这是一个很高层次的平台，在多年与名家的交往和名著的“对话”中，深深地为他们的人格和才学所感动，被作品的精彩所吸引，这不仅使我“下笔如有神”，更使我的思想和灵魂也受到一次次洗礼和震撼，得到一次次升华。对于我的作者我的书，如数家珍，作者中不乏才学和为人同样过人的多位泰斗和“颜值高责任大”的众多才子佳人；策划的作品不仅立足专业还兼顾人文，也是情怀所在，专业加人文路才会更宽。

多年的体会是，作为一名编辑，起码要“三心二意”，即“责任心、细心、耐心”和“服务意识、创新意识”。要多策划一些有分量的拳头产品，用一个选题推动一个系统工程，用一个系统工程培养一个出版社品牌。给新入职编辑讲座时我做过一个比喻：编辑两项基本功，审稿——甚至要比博导审批学生论文还要全面、细致；选题策划——要像电影导演一样做“星探”，善于发现优秀作者和挖掘好的原创作品。记不得27年来我策划和编辑了多少书，组织和策划了一大批教材、业务培训用书、通俗读物、理论专著等，有的获得过国家、省部级各类奖项，有的以其填补空白、社会热点、风格新颖、开拓尝试等特点受到读者的欢迎。20世纪90年代我开始自主策划选题，多年来每年都有新丛书问世。比如，21世纪初内部控制研究在国内刚兴起时，策划了《现代内部控制丛书》，其中的《企业内部控制管理操作手册》是我鼓励作者将自己饱含心血的经过长期钻研和实践并被证明有效的成果奉献付梓，使更多的人能受益于此，这无疑是对我国内部控制理论探索和实践发展的一种贡献，而内部控制选题至今还是热点。2013年的《来去无尘——一位财政部长的生前事》所展现的吴波精神，与深入推进党风廉政建设相得益彰，得到中央领导同志的高度重视和重要批示。中央各大主流媒体纷纷连续报道，掀起了全社会学习吴波高尚情操的热潮。2014 年至今的前沿选题《财务云丛书》等也越来越受到业界认可。

想是问题，做是答案

众所周知，目前的图书出版业在行业竞争和纸质图书受到严重冲击的情况下，出版人无不感到莫大的危机。在这种背景下，策划一套专业图书是颇感困惑的一件事，风险更大。但即使这样我们也不能因噎废食、停滞不前，还要积极应对，继续发挥纸质图书的固有特质，挖掘出版内容和形式都精彩的原创作品，适应新形势下读者的更高需求。2017 年，我们接受新的挑战，开启新的征程，又策划了《中青年经济与管理学者文库》《当代税收名家丛书》《中国税务律师系列丛书》《现代管理实务丛书》《高等院校应用型会计人才精细化培养系列教材》等，继续为扶持学术研究和总结最新成果，在高端研究与专业知识普及和应用之间搭建一座座有益的桥梁。

每一个时代的经济环境不同，理论研究和实务探索所需要解决的问题也有所差别。当前我国不仅处于经济结构调整和供给侧改革的攻坚期，同时也处于大数据和互联网突飞猛进的变革期，矛盾叠加，风险交汇，市场环境和组织模式不断演变发展、推陈出新，经济、管理、财税等领域的新理论、新思想、新方法、新工具也层出不穷。乱花渐欲迷人眼，击水三千浪几何？这些领域的研究人员被时代赋予了更艰巨的责任，也面临着更高、更多元的要求，我们不仅要具备更广阔的学术视野，而且要有更严谨的学术思维。

输在犹豫，赢在行动

《中青年经济与管理学者文库》的作者，都是我国经济与管理领域的中坚力量，也是未来的大家。他们中有些人潜心从事理论研究，有些人则深耕在实务一线，但无论现实身份如何，视野全都没有被拘泥在“象牙塔”内。他们从不同视角对市场经济的不同要素进行细致审视，然后汇聚于“财经版”这面旗帜之下，相互碰撞，彼此激荡，力求在市场经济转型升级的关键时期留下最新鲜的“中国印记”。

这些经济与管理领域的中青年学者，就是我国市场经济发展的潜力与优势，他们的研究成果，不仅将引领市场经济的各个组成环节向更科学、更先进的方向发展，而且将成为我国政府和企业在未来经济世界扮演更重要角色的支点与动力。祝愿这些中青年学者能攀上更高的学术之山，走向更远的研究之路，也期待宏观、中观、微观各个层面的市场参与者都能从这套文库中得到切实的启发与指引，在全面深化改革、增强发展活力的关键时期，发挥正能量和积极作用，为经济社会发展增添新的动力！

如果您认可，如果您有意愿，欢迎您和您的朋友加盟我们的作者队伍！在中国财经出版传媒集团的“旗舰”下，中国财政经济出版社这“老字号”，一定励精图治，谱写新的篇章。我们用“龙的精神，玉的品质”来助力您实现梦想！

策划人：樊清玉

邮箱：qingyuf@ sina. com

2017 年春

随着我国经济由高速增长阶段转向高质量发展阶段，习近平总书记在党的十九大报告中着重强调我国经济发展模式要从“要素驱动”向“创新驱动”转变，通过创新驱动引领中国经济高质量发展。企业是科技创新的主体，近年来创新驱动发展战略持续推进，国家层面出台一系列政策措施均强调了政府介入在提升企业创新能力中扮演的关键作用。而学术界关于政府资助是发挥“馅饼”效应还是“陷阱”效应的主要争论点在于政府介入是否解决了企业创新活动中的市场失灵问题。这些研究基本都是从企业内部激励出发进行探究，没有考虑外部融资主体的决策对企业创新造成的影响。当前，中国企业进行自主创新的最大障碍是融资约束问题①，研究创新资助激励作用面临一个现实问题是：倘若企业从事创新活动的融资不足，即便政府创新资助通过内部激励效应促进企业创新，但创新项目实施所需的大量资金又如何解决？因此，深入考察政府创新资助影响企业创新的激励机制，重

① 《世界银行投资环境调查》数据表明，80%的中国企业将融资约束视为创新发展的主要障碍。

新审视政府创新资助的激励效率，具有非常重要的理论意义和政策启示意义。

本书从融资视角出发，旨在对我国政府创新资助政策影响企业创新的外在融资激励机制进行深入系统的理论解读和实证分析。在梳理总结国内外相关文献的基础上，首先，构建了一个中国情景下的政府创新资助影响企业创新的融资激励机制一般性理论分析框架，剖析政府创新资助对企业创新的一般性融资激励机制，随后在一般性分析框架基础上放松企业初始财富同质性假定，分别纳入基于企业平滑动机的实体资产配置行为和基于企业逐利动机的金融资产配置行为，深入剖析政府创新资助影响企业创新的额外融资激励机制，从而搭建本书理论分析框架。其次，从经验层面系统考察政府创新资助对企业创新的融资激励机制。最后，根据研究结论，提出相关政策建议。

本书主要的创新性工作与研究发现如下：

第一，构建政府创新资助影响企业创新的融资激励机制理论分析框架，通过分析企业与投资者间的不完全信息动态博弈过程，结合企业内部资产配置行为现实特征，提炼出政府创新资助经由信息传递机制、优化配置机制和监管机制这三种融资激励机制促进企业创新。随后，利用得分倾向匹配法实证考察政府创新资助对企业创新的整体融资激励效应。研究发现：政府创新资助通过融资激励效应（债务融资渠道和股权融资渠道）促进了企业创新。企业异质性研究表明，成长期企业、私营企业以及资助级别较高的企业，创新资助对企业创新的融资激励效应相对较强，成熟期和衰退期的企业、国有企业以及资助级别较低的企业，创新资助对企业创新的融资激励效应相对较弱。投资者异质性研究表明，创新资助影响企业创新的债务融资激励效应大于股权融资激励效应。企业股权集中度越高，创新资助对企业创新的债务融资激励效应越强，股权融资效应越弱。高新技术企业的创新资助对企业创新的债务融资激励效应更加显著。本书在中国企业普遍遭遇“融资难”问题的现实背景下，从外部激励视角出发，考察政府创新资助对企业创新的激励机制，一定程度上丰富了现有关于政府资助对企业创新的“挤入”效应的研究。现有研究主要从内部激励出发，考察政府资助是否能弥补市场机制在创新资源配置中的“失灵问题”，忽略了当前企业创新首要面临的是融资约束问题。本书的研究为人们重新审视和评价政府创新资助的激励效应提供了一个更符合现实背景的研究视角，验证了政府资助这一非正规金融手段在企业创新融资中的“杠杆”作用，强化了 Allen et al.（2005）提出的中国经济增长依赖非正规金融发展的观点，对政府资助政策的激励模式改革具有启示意义。

第二，从政府创新资助的信息传递视角出发，揭示了基于信息传递机制的政府创新资助影响企业创新的一般性融资激励机制：创新资助降低了创新项目对企业初始资金的最低要求，缓解了企业融资约束程度，进而提升了企业创新水平。具体来看，在政府技术筛查能力和企业隐藏自身身份的信号成本满足一定条件时，政府创新资助释放了基于政府信用的隐性企业技术认证信号，缓解了外部投资者和企业间的信息不对称程度，通过这一信息传递机制，激励了外源融资，最终促进企业创新。随后的经验分析中，首先，建立调节效应模型考察创新资助在融资约束与企业创新的关系中的调节作用。其次，通过构建企业信息不对称指数对创新资助影响企业创新的一般性融资激励机制进行考察，研究发现：创新资助在融资约束和企业创新的关系中起弱化的调节作用，即创新资助强度越大，融资约束对企业创新的抑制作用越弱。进一步的机制检验表明，无论从短期债务融资渠道、长期债务融资渠道还是股权融资渠道，信息传递机制均是政府创新资助影响企业创新的主要融资激励机制。现有关于政府资助外部融资效应的文献并没有就资助的外部融资效应是否能进一步激励企业的创新进行更深入的研究和探讨，政府资助的外部融资效应与政府资助的激励机制之间的关系研究也鲜有文献涉及。

第三，在政府创新资助的一般性分析框架基础上放松企业初始财富同质性假定，纳入基于平滑动机的企业实体资产配置行为，深入考察政府创新资助影响企业创新的额外融资激励机制。理论模型推演得出在考虑企业实体资产配置的平滑动机下，政府创新资助影响企业创新的融资激励机制具有额外的优化配置机制：创新资助弱化了企业内部实体资产配置平滑动机，企业内部调整成本随之降低，从而提高了外部投资者的预期收益率，政府创新资助通过这一优化配置机制激励投资者增加对企业创新项目的投资，最终促进企业创新。随后，构建了两种企业投资现金流敏感性指标（*WKS*、*FKS*），利用固定效应模型和似不相关估计的实证检验表明：企业通过削减内部营运资本投资代替变现固定资产投资这一内部实体资产配置行为平滑了企业创新。而政府创新资助的介入可以弱化企业内部实体资产配置行为，避免变现实体资产增加的调整成本降低外部投资者的收益预期，政府创新资助通过这一额外的优化配置机制激励外部投资，最终促进企业创新。现有研究主要关注于内部实体资产配置行为对企业创新的正面平滑作用，但不可避免的是这些内部实体资产配置行为会产生一定的调整成本，本质上这类行为是一种低效的内部融资手段，而本书的研究表明政府创新资助的介入纠正了这一非常规的内部资产配置行为，形成了促进企业创新的额外融资激励机制。从文献来看，这方面的研究甚少有学者涉及。

第四，在一般性政府创新资助分析框架基础上放松企业初始财富同质性假定，纳入基于逐利动机的企业金融资产配置行为，深入探究政府创新资助影响企业创新的额外融资激励机制。求解投资者与企业间的道德风险问题发现：创新资助引发的政府机构对企业持续创新的监管以及对持有逐利动机企业的惩罚，缓和了创新企业与外部投资者可能存在的道德风险问题，政府创新资助通过这一监管机制激励外源融资，最终促进企业创新。随后利用固定效应模型和似不相关估计的经验研究表明：企业金融资产配置行为挤出了企业创新，进一步，无论从短期债务融资渠道、长期债务融资渠道还是股权融资渠道，政府创新资助均弱化了企业金融资产配置行为，在考虑企业金融资产配置的逐利动机后，政府创新资助对企业创新的额外融资激励机制表现为监管机制。现有文献大多从当前企业"脱实向虚"的现实背景出发，探讨投资性房地产、现金持有等企业内部金融资产配置对企业创新的影响，缺乏对政府创新资助与企业内部金融资产配置行为的交互作用的探讨，而本书的研究考察了基于逐利动机的金融资产配置行为下政府创新资助的额外融资激励机制，深入探究了两种非正规金融手段政府资助和企业内部金融资产配置行为的互动机制，拓宽了相关研究。

第1章　引言 ……………………………………………… (1)
1.1　研究背景与意义 ……………………………………… (2)
1.2　研究思路与研究方法 ………………………………… (7)
1.3　研究内容 ……………………………………………… (9)

第2章　文献综述 …………………………………………… (12)
2.1　政府资助对企业创新的激励效应 …………………… (12)
2.2　融资约束与企业创新 ………………………………… (25)
2.3　文献评述 ……………………………………………… (35)

第3章　理论框架 …………………………………………… (38)
3.1　政府创新资助模式 …………………………………… (39)
3.2　融资激励视角下政府创新资助影响企业创新的理论框架 ……………………………………………… (43)
3.3　放松约束条件后的分析 ……………………………… (49)
3.4　本章小结 ……………………………………………… (57)

第 4 章　政府创新资助对企业创新的融资激励效应检验 …… （59）
4.1　研究假设 ……………………………………………… （59）
4.2　政府创新资助对企业创新的融资激励效应实证检验 ……………………………………………… （66）
4.3　政府创新资助对企业创新的融资激励效应异质性实证检验 ……………………………………………… （84）
4.4　本章小结 ……………………………………………… （93）

第 5 章　政府创新资助影响企业创新的信息传递机制检验 ……………………………………………… （94）
5.1　研究假说 ……………………………………………… （95）
5.2　融资约束视角下政府创新资助影响企业创新的实证检验 ……………………………………………… （99）
5.3　信息传递机制检验 …………………………………… （114）
5.4　本章小结 ……………………………………………… （127）

第 6 章　政府创新资助影响企业创新的优化配置机制检验 ……………………………………………… （128）
6.1　研究假设 ……………………………………………… （129）
6.2　实体资产配置影响企业创新的实证分析 ………… （135）
6.3　优化配置机制检验 …………………………………… （155）
6.4　本章小结 ……………………………………………… （171）

第 7 章　政府创新资助影响企业创新的监管机制检验 …… （172）
7.1　研究假设 ……………………………………………… （173）
7.2　监管机制检验 ………………………………………… （177）
7.3　本章小结 ……………………………………………… （204）

第 8 章　结论与展望 …………………………………………（205）

8.1　主要结论 …………………………………………（206）

8.2　政策建议 …………………………………………（208）

8.3　研究展望 …………………………………………（211）

附录 …………………………………………（213）

参考文献 …………………………………………（231）

引 言

当前世界经济格局面临大调整、大变革。中国必须持续实施创新驱动战略，积极参与高端科技创新领域的竞争，通过自身掌握的关键技术深度参与全球分工体系，尽可能提升全球产业链地位，才能改变当前国际关系格局。党的十九大报告明确指出“创新是引领发展的第一动力，是建设现代化经济体系的战略支撑”。创新驱动已成为中国经济高质量发展的重要引擎。

企业是一国创新的活力所在。激励企业创新需要考虑两个环境因素：一是企业创新决策函数，而资金市场的供给是影响企业决策的外在条件。二是政府的资助政策，这一点在政府主导的经济体尤为重要。西方发达国家解决企业创新激励问题普遍依赖成熟的金融市场对创新项目进行审查投资和风险管控（Tong and Xu，2004）[1]，同时，政府也通过财政补贴政策激励企业增加创新投入，完善企业创新激励机制。而当前中国并没有完善的金融体系可以依赖，其解决企业创新问题必须借助于政府资助政策的助推。因此，在当前金融市场发展仍显滞后的中国，深入考察政府创新资助政策对外源融资的撬动效应，完善激励企业创新的两个环境因素，对提升政策的创新助推效率具有重要意义。

1.1 研究背景与意义

1.1.1 研究背景

各个国家都希冀通过政府的适当参与对企业创新带来激励效应。中国政府同样重视对企业研发创新的政策支持。从 20 世纪的科技体制改革开始，随着“科技兴国”战略的逐步推进，中国政府对企业的科技投入与日俱增。从图 1－1 可以看出，国家财政科学技术支出从 2008 年的 2611 亿元增加到 2017 年的 7266.98 亿元，科技支出绝对值有较大幅度的增长，而国家财政科学技术支出占国家财政总支出的比例并未协同增长。图 1－1 的结果显示，2008—2010 年国家财政科学技术支出占国家财政总支出的比例从 4.17% 增加到 4.67%，之后从 2011 年开始这一占比开始呈现起伏波动状态，国家科技投入水平仍有待进一步提高。从当前对企

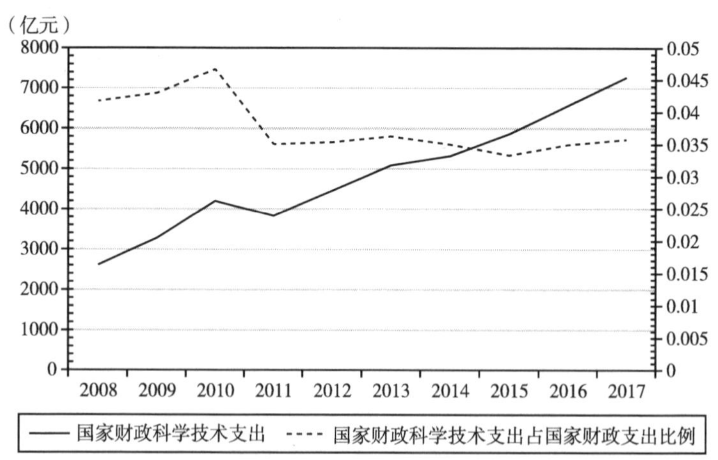

图 1－1 国家财政科学技术支出趋势图

业创新活动的资助特征来看，我国地方政府愈发重视对企业研发创新的支持，但仍以中央主导，地方配套的资助模式为主。针对企业，尤其是高新技术企业各种创新资助计划中，中央财政一直起主导作用。各级政府会根据本地区的资源禀赋优势以及财政收支状况制定区域性创新资助配套政策，促进本地企业的创新实力不断提升。此外，在政府创新资助项目的申请过程中，政府越来越注重兼顾创新资源分配的公平与高效，确保项目申请中相关事项公开披露，逐渐增强市场的透明程度，积极发挥资助政策的信号传递效应。

从企业出发，其具有通过技术创新获取市场竞争优势和暂时性垄断优势的（Grossman and Helpman，1991；Aghion and Howitt，1992）[2,3]内在需求。企业创新产出的一大部分是无形的知识成果，表现出强烈的正外部性，创新知识的收益无法被企业独享（Arrow，1962）[4]。如一线研发人员的变动、专利的技术购买等行为都会导致知识外溢，在知识产权保护制度不健全的情况下，这些知识外溢效应刺激了市场上投机主体的“搭便车”行为，削弱了企业的创新动力。因此，政府介入企业创新活动的目的就是解决企业研发创新中的“市场失灵”问题，通过一系列的财政政策将企业创新成果外部性内在化，从内部激励促进企业创新。但学术界对政府资助是否发挥挤入效应争议不断，从现实来看，中国政府对企业创新的资助政策均以资助级别为激励标准，目的是有效激励企业创新的内在动力，表现为政府的资助额度不断提高，但整体的创新效率仍有待提高，甚至部分行业出现低效重复补贴，产能过剩等问题（江飞涛和李晓萍，2015；张栋等，2016）[5,6]。因此，仅依靠加大政府资助资金额度来从内部激励企业创新存在着各种弊端，必须有效发挥政府创新资助的引导作用。

当前，中国企业从事创新活动面临的最大阻碍是融资约束问题（李宏亮和谢建国，2018）[7]。在金融市场发展相对完善时，外源融资渠道是企业创新的重要融资来源（Rajan and Zingales，1988；Brown et al.，2013）[8,9]。就金融市场发展滞后的中国而言，资本的相对短缺和融资途径的单一性导致银行拥有巨大的金融资源调配权力（张璇等，2017）[10]，银行信贷成为企业创新依赖的重要融资手段。然而，银行作为债权人仅能分享企业创新成功时的固定收益，却需要担负企业研发创新失败后贷款无法追回的巨大损失，这一风险收益结构的不对称会随着银行与企业信息不对称程度的放大而增加。研发型企业中大部分都处于发展的初创期，历史积累的不足导致企业有形资产较少，对于银行而言，在无法获得与研发项目相匹配的等值抵押品时，其需要搜集更多的与项目前景、成功概率有关的信息，银行在企业的创新活动中具有较大的议价能力（徐飞，2019）[11]。企业与投资者之间的信息不对称问题引发了融资约束。在外源融资不畅时，企业转而利用内部资金进行研发创新，这部分资金主要是生产经营带来的内部现金流（Gorodnichenko and Schnitzer，2013）[12]。但创新活动具有很高的调整成本，一旦外部负面冲击波及企业，导致企业现金流下滑，研发活动被迫中断与再延续将会使企业创新遭受巨大损失（Hall，2002；Brown and Petersen，2011）[13,14]。因此，“融资难”问题成为当前众多企业创新动力不足的首要问题，即便政府资助克服了企业创新活动中的“市场失灵”问题，刺激企业内部投资动力，但没有足够的资金供给也无法驱使企业开展新的创新项目。近期以来，已有学者从企业融资约束问题出发，提出政府资助政策的融资促进作用（Takalo and Tanayama，2010；张杰等，2015；李莉等，2015）[15,16,17]，但并未就政府资助的融资促进效应是否能促进企业创新进行深入讨论，也未从政府外部激励出发，构建涵盖政府资助、外源融资和企业创新三者关系的理论框架。

有鉴于此，本书在 Takalo and Tanayama（2010）[15] 的研究基础上，构建了政府创新资助影响企业创新的融资激励机制理论框架，通过系统的理论解读和严谨的经验分析深入研究政府创新资助对企业创新的外部融资激励机制，力求立足当前企业经营的现实背景，从外部激励视角对政府介入企业创新活动的作用给予解释，弥补国内相关研究的不足。

1.1.2 研究意义

从目前中国金融体系发展现状来看，金融市场发展仍显滞后，再加上长期以来资源分配制度存在的问题，企业“融资难”成为企业进行自主创新，提升产品市场竞争力面临的首要障碍，当前的资本市场、银行信贷等正规金融渠道还无法满足企业日益增长的研发创新需求（刘贯春，2017）[18]。因此，在政府主导的市场经济体制下，系统研究政府资助政策如何激励第三方的金融机构对企业进行创新投资，深入考察企业的初始资金禀赋发生变化时政府创新资助的外部融资激励效应是否有所不同具有重要的理论意义和现实意义。

（1）理论意义

第一，本书构建了政府创新资助影响企业创新的融资激励机制理论框架。现有文献更多关注政府资助政策对企业内部创新动机的激励效果，探究政府介入是否克服了企业创新活动中的市场失灵问题。本书则通过建立政府创新资助的融资激励机制模型，结合企业初始禀赋的现实特征，刻画演绎了政府创新资助融资激励机制的信息传递机制、优化配置机制和监管机制。这不仅拓宽和丰富了政府资助政策的剖析视角，而且完善了政府资助对企业创新作用机制的理论研究。

第二，本书拓展了企业创新中非正规金融作用的相关理论。Allen et al.（2005）[19]认为，不同于主流的“金融—经济增长”发展模式，中国的经济发展主要依赖于非正规金融的发展。已有不少学者考察企业营运资本管理、金融资产配置、现金持有等企业内部资产配置行为对企业创新绩效的作用效果（鞠晓生等，2013；吴淑娥等，2016；刘贯春，2017）[18,20,21]。而本书的研究将企业内部资产配置行为纳入理论模型当中，考察了基于不同动机的资产配置行为下政府创新资助对企业创新的融资激励效应，深入探究了两种非正规金融手段政府资助和企业内部资产配置行为的互动机制，拓宽了相关研究。

第三，本书的研究表明在企业创新融资问题上，政府和市场缺一不可。政府创新资助激励效应的高效发挥有赖于企业外部融资行为，同时政府在资助额度、信息共享平台，制度供给等方面的改革也将引导企业外部融资市场的健康发展。这些结论对继续深化发展经济学中政府与市场的关系认知具有重要理论意义。纵观发展经济学的研究历程，可以发现市场和政府都存在缺陷，采纳新古典主义抑或结构主义的理论，从政府和市场中选择一项来发展经济必定难以持续，谋求政府与市场的有机结合才是可能的出路。

（2）现实意义

第一，本书的结论对加速中国产业政策转型具有重要借鉴作用。本书研究表明在政府技术筛查能力满足一定条件时政府创新资助向外释放了政府认证的企业隐性技术信号，激励了外部融资，最终促进企业创新。通过这一研究结果，可以使政策部门对政府资助政策对企业创新的影响有一个新的认知，促使政策部门纠正以资助级别作为标准的激励政策，重视对企业申请项目的审查工作，优化筛选程序，发挥政府资源调配的优势，储备足够的人才数据库，帮助政府评估项目的优劣，从而激发第三方金融机构的投资动力，从外部激励促进企业创新。

第二，对回答企业“融资难”背景下，企业创新活动应该实施政策部门的主导模式还是给予企业更多的自由裁量权这一问题具有启示作用。本书研究表明，融资不足时，企业具有基于平滑动机的实体资产配置行为和基于逐利动机的金融资产配置行为。政府创新资助通过纠正企业实体资产配置形成优化配置机制，监管企业金融资产配置行为形成监管机制来激励外部融资，促进企业创新。因此，从激励企业从事研发创新活动出发，给予企业管理层更多的财务主动权和资源整合权值得商榷，通过政府资助形成撬动效应激励企业创新活动是当前中国企业创新模式的现实之举。

1.2 研究思路与研究方法

1.2.1 研究思路

本书研究主题为政府创新资助影响企业创新的融资激励机制。围绕这一主题，拟沿着“问题提出→理论解读→实证检验→政策建议”的经典应用经济学范式结构展开具体研究。完整的思路如下：

首先，提出研究问题。通过对当前企业创新面临的现实问题的考察以及对政府创新资助政策影响企业创新的激励效应的分析，再结合国内外相关文献的梳理与总结，引出本书需要开展的创新性工作和需要解决的问题，为之后分析指明方向。

其次，对研究问题进行理论解读。在政府创新资助概念界定、模式划分和特征分析的基础上，通过分析企业与投资者间的不完全信息动态博弈过程，指出政府创新资助影响企业创新的一般性融资激励机制。在此基础上进一步放松企业初始财富同质性假定，通过数理模型推导得到政府创新资助影响企业创新的额外融资激励机制，从而构建了本书的理论分析框架。

再次，根据前述理论分析对提出的命题和假设进行实证检验。根据前述理论分析框架，基于我国上市公司面板数据，依次从整体融资激励效应、一般性融资激励机制、实体资产配置平滑动机下的融资激励机制、金融资产配置逐利动机下的融资激励机制四个维度出发，实证检验政府创新资助对企业创新的融资激励机制，以确保理论解读的可靠性。

最后，得出相关结论，提出政策建议，指出本书的研究不足和研究展望。

1.2.2 研究方法

在研究方法选择上，本书整体注重理论分析与实践应用相结合，定性分析与定量分析相统一，逻辑演绎与数理分析相呼应，实证分析与规范分析相匹配。

（1）理论分析与实践应用相结合

本书的研究立足于当前企业创新实践中的主要矛盾，因而，本书研究过程尤其注重理论分析与实践应用的结合。第 1 章与第 2 章通过对政府创新资助的作用效果研究缺陷和国内外现有文献梳理总结，引出本书研究主题。第 4 章实证检验政府创新资助的融资激励效应时，特别考虑了不同类型企业的异质性特征。第 6 章到第 7 章结合我国当前企业内部资产配置行为盛行的现实背景，考察政府创新资助影响企业创新的额外融资激励机制。每一章均从一般理论分析入手，进而结合我国创新企业的异质性特征进行分析，整个研究过程遵循理论与实践密切结合的方法。

（2）定性分析与定量分析相统一

本书研究遵循了定性分析与定量分析相统一的原则。定性分析的作用在于从经济理论和经济直觉角度揭示变量之间相互关联的内在机理，定量分析的作用则在于为定性分析的结论提供科学严谨的支撑。第 3 章构建的理论分析框架奠定了全书将定性分析与定量分析相统一的基础。在第 4 章至第 7 章的论证过程中，本书首先根据经济现象、经典文献和传统理论对政府创新资助影响企业创新的融资激励机制进行定性分析，并提出相应研究假说，然后以我国上市公司为样本，综合运用双向固定效应、倾向得分匹配法、Heckman + 2SLS 工具变量法、似无相关回归等多种计量方法对研究假说进行定量检验。

(3) 逻辑演绎与数理分析相呼应

逻辑演绎与数理分析相呼应是本书研究方法的又一特点。现代经济学的重要进展之一就是对经济现象进行逻辑演绎和数学建模分析，以避免对经济现象的片面理解。第 3 章建立理论分析框架时，首先根据政府、投资人和企业的决策特征，归纳演绎出政府创新资助对企业创新的融资激励机制具体路径，以此为基础，建立数理模型，逐步放松企业初始财富假定，进一步分析政府创新资助影响企业创新的额外融资激励机制。最后，又将数理分析的结果与逻辑演绎的结论互相参照验证，使研究更加充分可信。

(4) 实证分析与规范分析相匹配

本书研究过程贯穿将实证分析与规范分析相匹配的思想。实证分析回答“是什么、为什么、怎么样”等一类揭示客观规律的问题，规范分析则是回答“应该怎样，怎样更好”等一类带有价值判断的问题，两种分析方法在经济学研究当中相辅相成。实证分析是本书最主要的研究方法，第 4 章至第 7 章基于我国上市公司微观数据对政府创新资助影响企业创新的融资激励机制的计量检验均运用了实证分析的研究方法。规范分析方法主要体现在各章小结与第 8 章中，结合每一章研究的主要结论指明其中的政策含义，提出相应建议。

1.3 研究内容

根据研究思路，本书内容共分为 8 章，具体安排如下：

第 1 章是全书的绪论。主要介绍选题背景和研究意义，并宏观上呈现出本书的研究思路、研究框架、研究内容、研究方法与主要创新点。

第 2 章为相关文献综述。以政府资助影响企业创新和融资约束对企业创新的影响作为主要脉络，对国内外已有研究进行梳理和介绍。在此基础上，指出现有文献的不足之处，进而确定本书研究的切入点和方向。

第 3 章建立本书的理论分析框架。构建了政府创新资助影响企业创新的融资激励机制一般性理论框架，并在此基础上放松企业初始财富假定，纳入企业资产配置行为，通过数理模型推导剖析政府创新资助对企业创新的融资激励效应内在机制，为后续研究提供理论支撑。

第 4 章系统验证了企业创新活动中创新资助的整体融资激励效应。结合不同类型企业、不同类型投资者的异质性特征，提出政府创新资助对企业创新的融资激励效应异质性假设，随后，以 2008—2017 年中国上市公司的数据为研究样本，运用得分倾向匹配法等计量方法系统验证创新资助对企业创新的融资激励效应，并从横向比较出发，对创新资助影响企业创新的融资激励效应进行异质性检验，从整体上为第 5 章、第 6 章和第 7 章的进一步机制检验奠定基石。

第 5 章实证检验政府创新资助影响企业创新的一般性融资激励机制。首先，根据前章的数理推演，提出研究假设。随后，运用双向固定效应模型、系统 GMM、Heckman + 2SLS 工具变量法等多个计量方法依次检验政府创新资助在融资约束与企业创新中的弱化调节作用，基于信息传递机制的政府创新资助的融资激励机制。

第 6 章从企业内部实体资产配置的平滑动机出发，实证检验政府创新资助影响企业创新的额外融资激励机制。首先，根据前章的数理推演，提出研究假设。随后，运用双向固定效应模型、似无相关回归等计量方法依次检验企业实体资产配置对企业创新的影响，政府创新资助对企业实体资产配置行为的抑制作用，以及企业平滑下动机下政府资助影响企业创新的融资激励机制。

第7章从企业内部金融资产配置的逐利动机出发，实证检验政府创新资助影响企业创新的额外融资激励机制。首先，根据前章理论推导，提出研究假设。随后，运用双向固定效应模型、Heckman +2SLS 工具变量法，以及似无相关模型依次检验企业金融资产配置对企业创新的影响，政府创新资助对企业金融资产配置行为的影响，以及企业逐利动机下政府资助影响企业创新的融资激励机制。

第8章是本书的研究结论与展望，在各个章节研究结果的基础上归纳出本书的主要研究结论及其政策含义，同时指出本书研究的不足之处与未来研究的展望。

第2章 文献综述

当前中国正处于增长模式由要素粗放型驱动向创新驱动转变的关键时期，创新驱动已成为中国经济高质量发展的重要引擎。党的十九大报告明确指出“创新是引领发展的第一动力，是建设现代化经济体系的战略支撑”。作为政府主导的市场经济体制国家，如何通过政府资助政策有效激励企业创新，已然成为亟待学术界和政府部门解决的关键问题。本书致力于对政府创新资助影响企业创新的外部融资激励机制进行全面深入的讨论，因此，下面将按照政府资助①对企业创新的激励效应、融资约束与企业创新两个部分对现有文献展开系统梳理，以明晰后续工作的理论基础和逻辑起点。

2.1 政府资助对企业创新的激励效应

2.1.1 政府资助对企业创新激励效应的学术争议

一直以来，研究政府资助对企业创新的影响都是学术界的热点

① 现有文献研究企业创新中政府资助效果时，通常使用一般性的政府资助进行研究，因此，本章在梳理现有文献时，同样使用政府资助作为文献工作的研究起点。理论章节会对政府创新资助进行清晰界定，并以此展开研究。

话题。创新活动是公共产品，具有明显的正外部性，一线研发人员的变动、专利的技术购买等行为都会导致知识外溢，造成企业创新收益无法被企业独享，企业创新动力不足，进而形成“市场失灵”问题。而通过一定的资助手段解决企业创新中的“市场失灵”问题，激发企业创新动力是政府设计这一政策工具的初衷（杨洋等，2015）[22]。目前，学术界关于政府资助对企业创新的激励效应研究，学术界主要形成了以下三种观点：一是政府资助对企业创新具有挤入效应，二是政府资助对企业创新具有挤出效应，三是政府资助对企业创新具有异质性影响。

多数研究认为政府资助对企业创新具有挤入效应。如国外的相关研究中，Czamitzki and Fier（2003）[23]从企业层面对专利活动的影响进行了研究，使用德国数千家企业的三年数据，运用 Probit 方法进行实证分析，经验结果表明，政府对企业的资助政策显著提升了企业创新产出（即企业能否获得专利）水平。Kang and Park（2012）[24]使用 2005—2007 年韩国中小型生物技术企业的调查数据，研究了生物技术发展环境不利的国家创新绩效的影响因素，实证发现，政府研发支持与企业创新产出显著正相关，政府通过激励上下游合作，直接或间接的影响企业创新。Hall and Bagchi - Sen（2002）[25]指出在生物医药行业，政府资助对企业创新效率具有促进作用。进一步，Hall and Bagchi - Sen（2007）[26]继续研究影响生物医药行业创新策略和企业绩效的因素。结果仍然支持政府资助对企业创新的积极作用。Block and Keller（2009）[27]利用美国 1971—2006 年获得研发创新奖的百家企业进行实证分析，研究发现政府机构和资助资金对企业克服危机以及为企业提供关键资金至关重要。Bérubé and Mohnen（2009）[28]研究受益加拿大工厂的研发拨款政策和研发税收抵免政策的有效性，利用非参数匹配估计和 2005 年加拿大统计局的创新调查数据进行实证分析，研究结果表明，这两项政策均使企业获益，促使企业进行产品创新，并成功商业化。

Alecke et al.（2012）[29]使用德国的微观企业数据，研究政府补贴的效果，实证结果表明，获得政府补贴的企业的专利水平更高。De Waegenaere et al.（2012）[30]的实证研究表明税收激励政策提升了企业创新水平。

从国内的文献来看，解维敏等（2009）[31]以及白俊红（2011）[32]都认为研发补贴对企业研发投入有促进作用。洪银兴（2013）[33]认为创新驱动和经济发展方式的转变离不开政府对科研创新的支持。白俊红和李婧（2011）[34]根据1998—2007年中国大中型工业企业面板数据，运用随机前沿模型，探究了政府研发资助对企业创新的影响。经验结果表明，政府资助显著提高了企业创新效率。李汇东等（2013）[35]使用2006—2010年中国上市公司数据研究微观企业的创新融资选择偏好问题，实证结果表明，与其他融资手段相比，政府资助最能激励企业创新投资。张杰等（2015）[16]构建了中国情景下的一个简单理论模型分析了政府创新资助政策对企业研发的影响，并利用中国工业企业数据库与“科技型中小企业技术创新基金”数据进行经验分析。研究表明，知识产权薄弱的地区，政府创新资助政策促进了企业研发投入。余明桂等（2016）[36]剖析了产业政策与企业创新的关系，经验结果表明产业政策促进了企业技术创新。

近年来国内研究政府资助影响企业创新时更加关注政府资助的杠杆效应，研究呈现细化和复杂化的特征。如周海涛和张振刚（2016）[37]构建了政府资助影响企业决策的基本模型，采用1000多家企业连续4年的追踪数据研究政府科技经费对企业创新决策的影响，实证研究表明，政府科技经费有效提升企业研发动力，提升企业开展产学研合作意愿，具有显著的“杠杆效应”。李万福等（2017）[38]对企业创新投资和政府创新补助进行区分，剔除非创新性补助的干扰后，研究政府创新补助对企业创新的激励效果。实证研究发现，政府创新补助促进了企业总体研发投资，企业外部环境、内部控制水平等因素会对激励效果有影响，相对于内控水平不足的非高科技企业，内控水平较高的高科技企业的政府资助对企业资助创新的激励效果更明显。顾夏铭等（2018）[39]指出了经济政策不确定性影响企业创新的理论机制，在此之后使用实证数据进行验证，结果表明，政府制定的经济政策对企业创新决策有影响，经济政策不确定性对企业创新具有选择效应和激励效应，且关系受到多种因素影响。章元等（2018）[40]使用中关村数万个高新技术企业2001—2012年的观察数据，运用PSM + DID的计量方法研究政府补贴的作用效果。结果表明，政府补贴整体上促进了创新经费支出、新产品销售额和企业专利申请数。

另一些学者认为政府资助挤出了企业创新。Mamuneas and Nadiri（1996）[41]对政府选择性资助政策的效果进行了评估，结果表明，政府机构的资助政策挤占了私人部门的研发投资，对企业创新表现为挤出作用。Wallsten（2000）[42]使用美国小型企业的数据集，运用多方程模型进行实证分析。研究发现，政府资助对大量从事研发活动的企业具有挤出作用。Bebczuk（2002）[43]评估了政府政策对企业的作用效果，结果表明，企业创新资金的补贴占比越重，企业通过研发创新开拓市场的计划失败率越高。Boeing（2016）[44]对中国2001—2006年上市公司企业的研发补贴政策进行实证分析，研究发现企业的决策主要由事前的政府拨款、自身创新水平等因素决定，从效果来看，政府研发补贴降低了企业研发强度。Higgins and Link（1981）[45]从实证角度研究政府补贴对私人研发的影响。利用174家美国制造业企业的实证分析发现，政府研发资助取代了企业的研发投入。Link（1982）[46]的实证研究表明政府资助抑制了企业基础研究，对企业应用研究投入的作用效果不明显。Lichtenberg（1987）[47]利用混合估计模型实证验证政府资助的作用效果，根据美国1979—1984年100多家企业的数据进行研究，经验结果表明，政府研发资助与企业研发无关。进一步，Lichtenberg

(1988)[48]使用同样的微观数据，采用工具变量法克服了政府资助的内生性问题后，得到的结论依然支持政府资助对企业创新的挤出效应。González and Pazó (2008)[49]利用经验证据评估了公共研发支出支持对私人研发投资的影响。基于西班牙 1990—1999 年 2000 多家企业微观数据，运用得分倾向匹配的方法进行实证分析，结果发现政府补贴与企业研发之间并无显著关联。Clausen (2009)[50]使用挪威企业数据的实证研究发现，政府基础研发资助激励了企业研发投入，但其试验研发资助抑制了企业研发投入。Klette and Møen (2012)[51]的实证研究表明，短期内政府补贴对企业创新并没有显著影响。

国内也有部分研究认为政府资助挤出了企业创新。如魏志华等(2015)[52]以中国 2008—2013 年 1000 多件上市公司为样本，从融资、投资视角实证考察财政补贴的作用效果。结果表明，政企间的信息不对称问题会助长财政补贴的“逆向”作用，引起过度投资。黎文靖和郑曼妮 (2016)[53]利用 2001—2010 年中国上市公司专利数据，实证研究产业政策对企业创新的作用效果及机理。经验结果表明，中国产业政策能显著激励企业非发明专利的增加，这一点在公司预期获得政府资助和税收优惠时十分明显。但在“寻补贴”动机驱使下，企业长期创新受到抑制。进一步，安同良等(2009)[54]、毛其淋和许家云 (2015)[55]的研究均发现政府与企业间的信息不对称问题会导致企业的“寻补贴”倾向，最终削弱政府资助对企业创新的激励效应。

还有一些学者认为政府资助对企业创新存在异质性影响。政府资助对企业研发创新同时存在“刺激”效应和“挤出”效应。政府资助政策从内部激励给予企业以动力，但同时政府资助也会助长创新要素价格的提升，使企业创新成本增加，从而削弱企业的创新动力，暂缓创新投入，即表现为“挤出”效应 (Yu et al., 2016; Marino et al., 2016)[56, 57]。Montmartin and Herrera (2015)[58]运用动态面板估计方法实证考察政府资助对企业创新的影响，经验结果表明，政府资助政策对企业创新的作用效果是非线性的。Hud and Hussinger（2015）[59]的经验研究表明，全局看政府补贴对企业创新具有显著激励作用，但在宏观经济危机出现时，政府补贴明显挤出了企业创新。Görg and Strobl（2007）[60]基于制造业企业的1999—2002年调查数据进行实证分析，研究发现低额度的政府资助对企业研发投入具有促进作用，而高额度的政府资助对企业研发投入则具有抑制作用。Jones and Williams（1998）[61]、Nemet（2009）[62]、Bakay et al.（2011）[63]的研究都认为政府资助对企业创新没有明显作用效果。

国内方面，叶祥松和刘敬（2018）[64]研究了政府支持在科学研究和技术开发中的影响机制和作用效果。利用省级面板数据的实证检验发现，政府支持对中国科技创新的作用具有异质性，在合理支持力度范围内，可以弱化技术开发对提高全要素生产率的抑制作用，反之则会加强这一抑制作用。陈立勇和曾德明（2003）[65]引入SZ模型讨论企业研发行为和政府的研发政策相关性，研究表明，政府补贴政策兼具灵活性和针对性，短期内有益于企业研发投入，但长期却对企业研发投入具有挤出效应。章成帅（2017）[66]的实证研究发现政府资助对企业研发经费支出具有提升作用，但对企业技术创新产出呈现负面挤出作用。郭迎锋等（2016）[67]分析了政府资助对企业研发投入的作用效果和影响因素，使用中国大中型工业企业数据的实证研究发现，工业化阶段以及对象的不同会影响政府资助政策的作用效果。具休来看，政府研发资助对企业自身研发投入具有杠杆效应，政府对科研机构的研发资助对企业研发具有抑制作用，政府对高等院校的资助对企业研发呈现杠杆作用。朱平芳和徐伟民（2003）[68]运用面板随机效应模型研究了上海市政府的科技激励政策对企业自发研发投入及专利产出的影响。经验结果表明，政府资助对企业创新的专利产出数并未形成显著影响，反而银行贷款形成的研发投入对企业专利申请具有显著激励作用。王俊(2010)[69]基于中国28个行业的大中型企业面板数据实证研究政府研发补贴对企业创新的作用效果。静态模型和动态模型的结果都发现政府研发补贴对企业研发投入存在显著促进作用，但政府补贴对专利的激励效应不显著，对企业自主创新的影响存在不确定性。吴剑峰和杨震宁（2014）[70]基于委托—代理理论和资源基础理论研究政府补贴的作用效果，继而利用电子、制药和信息企业的上市公司数据进行实证检验，结果表明政府资助对企业技术创新绩效没有明显的促进作用。郭兵和罗守贵（2015）[71]从投入产出角度研究地方财政科技资助对企业创新的效果，综合应用动态和静态面板模型的实证检验表明，整体上，地方政府的财政科技资助促进了企业研发，但对创新产出没有显著效果。林洲钰等（2015）[72]利用国家知识产权局提供的企业专利数据，实证检验政府补贴与企业专利的关系。结果表明，政府补贴与企业专利水平间是倒“U”形关系，补贴低于某一阈值时，政府补贴对企业专利具有促进作用，超过这一阈值时，政府补贴抑制了企业专利产出的增加。

2.1.2 影响企业创新活动中政府资助效果的因素

学术界对政府资助影响企业创新的激励效应没有形成普遍共识，进而有许多学者开始讨论影响政府资助对企业创新作用效果的因素有哪些。总揽这部分文献可以发现，现有文献研究影响政府资助作用效果的因素主要集中在企业规模、研发类型、行业特征等方面。

首先，许多学者关注企业规模对政府资助的作用效果的影响，这部分研究争论焦点主要在于政府资助倾向于何种规模的企业，大企业还是中小企业更具技术创新实力（Kleinknecht，1989；Stock et al.，2002；Liu and White，2001）[73, 74, 75]。影响政府资助偏好的一个重要因素是资助资金能否被有效使用，对于政府来讲，判断其资助的企业创新项目成败的首要参照条件是企业的知识积累水平（白俊红，2011）[32]。企业自发的研发活动不但能够提升自身创新水平，还能增加其对知识外溢效应的吸收能力（Cohen and Levinthal，1989）[76]。因此，在企业的知识积累到一定程度后，政府资助才能起到很好的杠杆作用。政府也往往青睐具备这一优良条件的企业。一般情况下，大企业的内部经验充足，人才储备也相对完善，具有较强的知识储备能力，大大降低了政府资助的风险（Bizan，2003）[77]。从这一点出发，政府资助更加偏好大企业。相关的实证研究也验证了这一点，如 Wallsten（2000）[42]的实证研究表明同样是获得政府补贴，大企业的激励效果显著优于小企业。Liu and White（2001）[75]研究发现企业规模对企业创新效率具有显著作用，大企业的创新效率更高。Czamitzki（2006）[78]基于德国中小企业数据的实证分析也得出同样结论：大企业的创新水平更高。研究者普遍认为，与中小企业相比，大企业的经验积累更加充足，拥有更加优良的资金环境和知识储备（Damanpour，1992；Greising et al.，1998）[79, 80]，内部资源调配效率更高（Stock et al.，2002）[74]，更有可能获得政府创新资助项目的青睐（Kamien and Schwartz，1982）[81]。

另一部分研究认为政府资助对中小企业更具激励效应，中小企业创新效率更高。究其原因，学者们认为中小企业的内部治理结构相对简单，委托—代理问题相对较弱（Shefer and Frenkel，2005）[82]，且在日常经营中可以灵活决策（Halkos and Tzeremes，2007）[83]。相关实证研究也有许多学者进行验证，如 Lach（2002）[84]基于以色列制造业企业数据的实证研究表明，政府研发资助对小企业的技术创新具有显著促进作用，但对大企业的技术创新具有挤出效应。Kleinknecht（1989）[73]基于荷兰企业调查数据的实证研究表明，中小企业的创新表现十分出色。Pavitt（1988）[85]指出从创新指标的对比结果直观看，中小企业往往具有更佳的创新效率。Halkos and Tzeremes（2007）[86]、Otsuka（1998）[87]的研究表明中小型企业政府资助的效果更显著，创新效率更高。

国内研究方面，中国作为最大的转型经济体，各种规模的企业数量繁多，企业的经营也面对更为复杂的外部环境（Tyson et al.，1994；Jefferson et al.，2003）[88, 89]。因此，企业规模对政府资助的作用效果的影响同样具有争议。一部分的文献认为大企业的创新效率更高、政府资助对企业创新的作用效果更显著。如 Hu（2001）[90]利用中国不同类型企业的实证研究表明，为了顺利实现研发项目任务，政府创新资助偏好于大中型企业。还有学者认为企业规模对政府资助的效果没有影响，如白俊红（2011）[32]采用 1998—2007 年中国大中型工业企业分行业数据进行实证研究，结果表明大企业和小企业对政府研发资助具有一样的吸收能力，企业规模不影响政府资助的作用效果。而另有学者的研究支持小企业政府资助的效果更显著、创新效率更高（丁重和邓可斌，2019）[91]。

其次，学者们认为研发类型会影响政府资助对企业创新的作用效果。现有文献普遍认同基础研发项目和应用研究项目的资助效果不具有同质性。龚六堂和严成樑（2013）[92]构建了包含基础研究和应用研究的研发驱动增长模型，考察研发结构对经济增长的影响。研究认为，技术开发并未促进经济增长，在政府坚定不移支持科技创新的前提条件下，政府支持应偏向科学研究。孙早和许薛璐（2017）[93]从理论和实证两个层面证明，基础研究投入和应用研究投入对创新增长的边际效用不同，应继续加大基础研究投入，增强企业创新实力，促使实现模仿创新到原始创新的转变。进一步，叶祥松和刘敬（2018）[64]认为异质性研发影响政府支持对企业科技创新的作用效果。采用省级面板数据的实证检验表明，科学研究与技术开发两类研发活动下政府支持的影响效果不同，政府支持科学研究激励了企业全要素生产率，而支持企业技术开发并未发现激励作用。针对企业研发类型的细化支持政策有助于破解企业创新困境。

最后，行业特征也会影响政府资助的实施效果。相关文献主要是根据行业的技术水平对行业特征进行界定。白俊红（2011）[32]、Tsai and Wang（2004）[94]认为高技术行业的创新水平更高，未来发展前景更大，创新的溢出效应波及的范围更广，取得的社会福祉更足。因此，这类企业更易获得政府资助。程华和赵祥（2008）[95]构建了企业研发投入产出模型，使用中国大中型工业企业数据的实证研究表明，政府科技资助对中低、低技术产业的创新产出具有促进作用。Piekkola（2007）[96]使用芬兰企业的研发数据的经验研究表明，政府研发公共补助对行业技术顶尖企业具有积极作用。

2.1.3 政府资助对企业创新的激励机制

关于政府资助的作用机制，一部分研究认为创新资助为企业零成本获取了一笔创新资金，降低了企业对创新项目的风险预期。政府的介入承担了企业开展创新活动的部分风险，企业预期自身因项目失败造成的企业价值损失会降低，从而激励了企业的创新动力（李健等，2016；Yager et al.，1997；康志勇，2013）[97,98,99]。另有部分研究认为创新知识的溢出效应会惠及企业其他未获得政府资助的研发项目，短期内迅速提升这些研发项目的成功概率（Georghiou，2001；Clarysse et al.，2009）[100,101]。Radas and Anicc（2013）[102]认为政府资助引发的联动效应吸引科研院校、上下游同盟企业与企业进行交流合作，迅速提升了企业的创新实力。还有部分学者认为政府资助能够直接溢出到企业其他创新项目中，减轻了这些项目的启动成本。如Lach（2002）[84]、Montmartin and Herrera（2015）[103]研究发现政府的资助项目中，一部分改造项目主要用于企业产品创新关键设备的更新换代，这类资助的发放可以提升企业创新研发创新效率，额外延长核心设备寿命，最终降低了企业其他相关创新项目的启动成本。

上述文献均从内部激励出发，考察政府资助的作用机制。除此之外，部分学者关注政府资助的融资促进效应。创新型企业大多数面临巨额研发资金缺口，单凭内部现金积累难以满足创新发展需求，但创新项目的资金供求双方具有极大的信息不对称问题，容易发生逆向选择问题，因此外源融资具有高昂的融资成本，企业创新普遍受融资约束限制。而政府资助能够通过直接效应缓解企业“融资难”问题，直接效应是指政府资助直接增加了企业创新投入，减轻了企业融资负担。如 Walle（1998）[104]基于荷兰上市公司的实证研究表明，政府资助显著提高了企业偿债能力，缓解了企业投资不足的问题。但需要注意到，政府资助虽然无偿给予了企业补贴资金，弱化了企业研发创新项目的成本，但与持续无间断的创新投入相比较，政府资助的份额杯水车薪。

比直接效应更重要的是，通过政府资助的引导效应增加企业获得信贷融资、股权融资的能力缓解资金市场上企业面临的融资窘境，即称为政府资助的间接效应。如 Skuras（2004）[105]基于希腊企业微观数据的实证结果表明，政府资助弱化了融资约束的消极影响，进而促使企业价值增长。潘越等（2009）[106]基于 2002—2007 年的 ST 公司数据的实证检验发现，政府资助能够改善陷入财务困境企业的业绩水平。王文华和张卓（2013）[107]根据 2007—2010 年高新技术企业面板数据检验政府资助如何缓释企业研发活动的融资约束。实证结果表明，中国高新技术企业的研发活动存在融资约束，政府资助有益于企业获得外部资金，从而缓解研发中的融资约束程度。康志勇（2013）[99]基于 2001—2007 年中国制造业企业数据探究融资约束、政府支持对本土企业研发投入的作用。结果表明，融资约束抑制了企业研发，政府支持对企业研发具有激励作用，并缓解了融资约束对企业研发活动的抑制作用。马红和王元月（2015）[108]研究发现对于我国的战略性新兴产业来说，政府补贴在一定程度上可以缓解融资约束对公司成长性的抑制效应。成力为等（2017）[109]研究发现政府补贴可以在一定程度上减少企业研发投资的融资约束和顺周期特征，且非国有企业比国有企业显著。张杰等（2015）[16]分析政府创新资助政策对企业私人研发的作用效果和机理，实证结果表明，金融发展落后的地区，贷款贴息型资助政策对企业私人研发的挤入作用较强。欧定余和魏聪（2016）[110]利用1998—2007年《中国工业企业数据库》研究了融资约束和政府补贴对中国研发企业生存风险的影响，结果显示政府补贴可以缓解因过高的融资约束带来的生存风险。魏志华等（2015）[52]研究发现，财政补贴有助于缓解公司融资约束，在我国更多地扮演了政府无偿给予企业的“馅饼”的角色。

另有部分学者认为政府资助传递了积极的信号，缓解了企业融资约束。如Lerner（1996）[111]利用美国最大的创新项目下的独特数据库进行实证研究，结果表明政府创新资助释放了积极信号，带动了企业外部投资的增加。Takalo and Tanayam（2010）[15]建立了一个关于企业创新决策的理论模型，研究企业创新项目的私人资金和公共资金的交互作用。证明了政府资助本身降低了企业开展创新项目的初始资金，但更重要的是政府资助为以市场为基础的投资者提供了积极信号，进一步缓解了企业的融资约束。李莉等（2015）[17]构建了不完全信息动态博弈模型，证明了具备客观公信力的第三方政府部门对高科技企业具有认证效应，传递出的关于政府支持的信息有益于提高信贷部门认可，缓解了企业融资约束。究其原因，主要是政府的审查公平性（Feldman and Kelley，2006）[112]，还有政府资助部门具有的独特信息优势、能力优势（Lerner，2002；Kleer，2010）[113, 114]。

这些关于政府资助外部融资效应的文献并没有就资助的外部融资效应是否能进一步激励企业的创新进行更深入的研究和探讨，政府资助的外部融资效应与政府资助的激励机制之间的关系亟待理论和实证上的系统研究。

2.1.4 企业创新的测度

关于创新的研究一直是学术界的热点话题。随着相关实证研究的不断开展，需要解决的第一个问题就是如何衡量创新水平。实证研究关于创新的测度难点在于技术创新指标体系的建立以及衡量创新指标数据的搜集整理。现有文献分别从国家层面、地区层面、行业层面以及企业层面对创新进行测度。如鲁桐和党印（2015）[115]以 194 个国家 1996—2010 年的数据为基础，考察国家层面的投资者保护环境和行政环境对一国技术创新活动的影响。汪晓梦（2014）[116]基于相关性分析和灰色关联度模型，构建了区域性创新绩效评价体系，并以地级市作为案例进行创新政策的效果评估。贾军（2013）[117]将技术创新分为工艺创新和产品创新，根据协同学理论，建立创新与能源效率复合系统协同度模型，对中国高新技术产业创新与能效协同发展状况进行了实证研究。严成樑（2012）[118]构建了一个水平创新的经济增长模型，用我国 31 个省份 2001—2010 年的数据，研究了社会资本、技术创新与经济增长的关系。鲁桐和党印（2014）[119]运用聚类分析方法，采用研发投入强度衡量创新，从劳动密集型、资本密集型和技术密集型三个行业对比考察了不同行业公司治理对技术创新的影响。

从企业层面出发，学者们对技术创新的指标测度进行了广泛研究，但仍无法形成统一的衡量企业创新的指标体系。总结来看，现有文献分别从投入产出、生产函数、企业创新实力和效率等角度做了大量的实证测度研究，或基于以上元素进行企业创新指标体系的构建。如张玉娟和汤湘希（2017）[120]构建了包括三个层次的 21 个指标的创新测度指标体系，并以 496 家创业板上市公司为样本，运用熵权法进行赋值，探讨了企业创新能力与科研绩效间的关系。彭红星和王国顺（2018）[121]使用高科技上市企业数据，采用 OP 和 LP 两种半参数方法测度企业 TFP 作为企业创新效率的衡量指标，实证检验了政府补助对企业的作用效果。蔡地等（2014）[122]使用全国第八次私营企业发展状况抽样调查数据，从投入和产出衡量企业技术创新，考察了政治关联对私营企业技术创新的影响。温军和冯根福（2012）[123]从企业研发投入和专利申请数两方面衡量企业创新，以2004—2009年923家上市公司数据，研究了机构持股、企业性质和企业创新的关系。

通过以上的文献研究发现，基于企业层面，从投入产出的角度研究技术创新得到了较多学者的支持，因此，本书结合现实情况，采用技术创新投入和创新产出两个维度来测度企业创新。

2.2 融资约束与企业创新

2.2.1 融资约束的测度

Fazzari et al.（1988）[124]的开创性研究发现，内部现金流敏感度能很好地反映企业遭受融资约束的程度，至此之后，众多学者投入融资约束问题的研究当中，并普遍接受了投资现金流敏感性作为衡量融资约束的代理指标。从现有文献来看，学术界对于企业融资约束是否限制研发投资尚未达成一致意见。随着相关研究的深入，现金流敏感性作为融资约束衡量指标的正确性受到了一些学者的质疑（Kaplan and Zingales，1997，2000）[125, 126]，迄今为止，从理论层面也无法对融资约束给出一个准确无误的定义。

Kaplan and Zingales（1997）[125]认为，当企业外源融资成本与内源融资成本存在显著差距时就说明企业存在融资约束问题，通常情况下，受信息不对称、交易成本等因素的影响，资本市场是有缺陷的（Myers and Majluf，1984）[127]，因此外部融资成本总是大于内部融资成本。Hall and Lerner（2010）[128]指出融资约束是说企业外部资金的短缺造成企业扩张和投资活动无法继续进行。一般意义的融资约束即指由于各种原因导致企业外源融资受阻。具体到中国的情况，从融资视角，中国企业的外部融资来源比较单一，融资传导不够通畅。更为重要的是，金融市场发展滞后的现状下，国有大型银行掌握巨大的金融资源调配权力（张璇等，2017）[10]，信贷配给过分偏向于国有企业，导致大量的私营企业面临严峻的融资约束难题。目前关于企业融资约束指标的测算已有不少研究成果。纵观这类文献，对企业融资约束的测度可大致归为三个层面。首先，部分研究从宏观层面进行测度，现有研究基本认为某个国家或地区的金融发展水平与企业的融资约束成反比，测度时一般选取国家或地区金融发展程度、企业贷款在国内生产总值中的占比进行间接衡量企业融资约束程度。其次，部分研究从行业层面进行测度。比如某个行业的外源融资成本越大，则行业内企业普遍遭受融资约束问题。最后，大部分研究从企业出发测度融资约束，最常用的方法是利用企业投资方程中的现金流敏感性指标测度企业融资约束程度。这一层面的研究通常纳入较多的企业财务指标。此外，还有一些研究直接收集一线的调查问卷获得企业融资约束程度。从本书的研究出发，后面的相关文献主要从企业层面进行融资约束指标的归纳。

从企业层面出发进行融资约束测度研究的文献层出不穷。Fazzari et al.（1988）[124]首次在企业投资方程中挖掘投资现金流敏感性进行企业融资约束的测度，之后这一方法得到了广泛应用。具体到创新领域，考察企业创新活动的融资约束程度往往是通过研发投资对金融因素的敏感性得到（Himmelberg and Petersen，1994；Harhoff，2000；Bond et al.，1999；Mulkay et al.，2000）[129，130，131，132]。研发投资现金流敏感性越大，则企业融资约束程度越深。但也有部分学者对这一指标的正确性持怀疑态度。如 Kaplan and Zingales（1997，2000）[125，126]认为投资现金流的高敏感型未必可以反映企业融资约束程度，原因是企业储存现金流的多少反映了企业未来投资机会的多少，因此现金流的敏感性可能反映了需求信号，并不代表企业遭受严重融资约束。Kaplan and Zingales（1997）[125]基于Fazzari et al.（1988）[124]的研究思路，重新考察企业投资现金流敏感性，发现未遭受严重外部融资约束状况的企业表现出更高的现金流敏感性，即投资现金流敏感性可能并不能完全反映企业融资约束程度，在此基础上，构建了KZ指数衡量企业融资约束。

另有一些相关研究利用企业特征作为代理指标进行企业融资约束的测度。常见的有信用评级指数、企业规模、企业年龄等。Czamitzki（2006）[133]利用信用评级指数对企业融资约束进行测度，认为指数越大，企业融资约束程度越低。Cai et al.（2009）[134]、Feenstra et al.（2014）[135]测度企业融资约束的指标是企业利息支出在销售额的占比，研究认为高利息支出说明企业获得足够的银行贷款，也就是说此时企业的融资约束较低，这一指标对测度中国情景下企业遭受的信贷约束十分有用。Li and Yu（2009）[136]基于中国的研究，同样说明了企业利息支出可以很好地衡量企业融资约束。Sufi（2007）[137]基于同样的思路，认为与传统的投资现金流敏感性指标相比，企业获取银行信贷资源的能力能够更好地度量企业融资约束。Rahaman（2011）[138]进一步细化了企业获得贷款的能力，如银行短期借款，透支额度等具体指标，将其作为企业融资约束的代理指标。此外，部分研究使用企业前期利润所得进行企业融资约束的测度（Harris et al.，2003）[139]。Baneijee and Duflo（2004）[140]指出判定企业是否遭受融资约束的一个重要参考是企业对贷款的反应，认为企业都愿意获得外部资助，一旦获得外源融资，遭受融资约束的企业会扩大生产，而未遭受融资约束的企业将这部分资金另作他图。进一步的实证研究发现，获得外部贷款的企业更多将这部分资金用于扩大规模，反映在销售额和利润增长水平上，据此认为样本中绝大部分企业面临严重的信贷约束问题。

此外，部分文献从企业特征出发，使用企业规模作为融资约束的代理变量。研究者认为中小企业面临更加严重的信息不对称问题，其研发项目的质量很难被贷款方清晰判断，有效监督的成本也更高，且其受规模所限，缺乏有价值的抵押品，这使中小企业很难从外部获得研发资金，因此中小企业受融资约束的影响更大（Müller and Zimmermann，2009；Czarnitzki and Hottenrott，2011）[141, 142]。而企业创新活动前期的沉没成本巨大，大企业可以相对容易的分摊这部分成本，风险抵御能力较强，且能通过成熟的社会资本进行外部融资，因此面临较低的融资约束。Cohen and Klepper（1996）[143]最早使用了企业规模作为融资约束的测量指标，并实证验证了大企业能更轻松获得外源融资的推断。也有研究发现，企业规模与融资约束的关系不是线性的。如 Passet and Du Tertre（2005）[144]基于法国数据的研究认为，仅中等规模的企业才存在融资约束限制，因为企业的创新投入主要分布在大企业和小企业中间，大企业能够轻易获得政府重大项目的资助，而小企业能够轻易获得创新贷款的优惠政策，或推迟支付贷款，反而是中型企业的创新融资没有获得政府青睐，因此中型企业遭遇严重融资约束问题。Savignac（2006）[145]却提出了截然不同的看法，利用企业员工数对企业规模分类，实证研究发现，企业规模越大，融资约束程度越低，并未存在类似中型企业融资约束问题最严重的现象。

综合来看，现有关于企业融资约束的测度研究中，一种是采用一手的企业财务数据对企业融资约束进行度量，如传统的现金流敏感性等。另一种是根据企业特征、调查数据作为融资约束的间接代理指标对企业融资约束进行估计，如企业规模、企业年龄、授信额度等间接指标。两类测量方法各自具有不同的特点，利用财务数据的测度方法相对客观，但可能会因估计方法的差异导致结果发生根本性变化。而间接指标度量法比较直观，但相对前一种测度，其测度的主观性较强，容易受外部环境影响。

2.2.2 融资约束与企业创新

企业创新活动由于信息不对称和缺乏等值抵押品等问题，容易遭受融资约束的限制（Hall et al.，2010）[128]，尤其是在企业的内部资金不稳定，容易受到外部冲击的情况下，企业将不得不求助于外部融资以避免研发活动高昂的调整成本，防止研发突然的中断和再延续带来巨大损失（Hall，2002）[146]。受融资约束限制的企业，其创新水平远低于最理想状态，一旦一个国家的企业普遍遭遇融资约束问题，则整个社会的研发创新活动都将遭到抑制，最终将蔓延为遍及全国的低效创新和经济增长模式。因此，缓解融资约束、有效激励创新，成为学术界关注的热点话题。

之前已经指出，融资约束是指企业外部融资成本与内部融资成本的不对等，导致企业外部正规融资阻塞的现象。Fazzari et al.(1988)[124]在信息不对称理论的基础上提出了企业“融资约束论”。而之所以企业创新领域的这一问题凸显，就是因为创新活动本身的外部性和高风险性特征引起资金市场供给双方更大程度的信息不对称。Hall（2002）[146]在Fazzari et al.（1988）[124]的研究基础上，将融资约束问题指向企业研发创新领域。其实证研究表明，信息不对称问题导致外部投资者面临高风险，投资者往往要求更高的收益回报，因此，企业创新融资很难获得外部融资，限制了企业创新发展。在这一研究之后，Harhoff（2000）[130]、Harris et al.（2003）[139]、Czamitzki（2006）[133]分别采用不同的研究策略对融资约束与企业创新的关系进行验证。Crépon et al.（1998）[147]首次将企业创新决策与创新结果巧妙结合起来，构建了“CDM”研究框架，随后Savignac（2006）[145]沿袭其研究框架，考察了融资约束与企业研发创新的关系。

（1）不同研究策略下融资约束与企业创新关系研究

现有文献围绕融资约束影响企业创新这一话题的相关研究可按

照研究策略大致分为两类：第一类是采用研发投资方程，如在误差修正方程、欧拉方程以及投资加速数模型中纳入企业内部现金流因素，从实证分析中估计研发投资对企业内部现金流的敏感性系数，一般认为研发投资现金流敏感性系数越大，则企业研发创新行为遭受的融资约束越严重。这一研究范式的主要实证文献有 Hall（2002）[146]、Harhoff（2000）[130]、Himmelberg and Petersen（1994）[129]、Mulkay et al.（2000）[132]。另一类研究的策略是构建创新决策方程进行检验，根据创新行为异质性可进一步细分为企业研发决策模型和开发新产品行为决策模型等。这类研究的代表性文献有 Cohen and Klepper（1996）[143]、Bond et al.（1999）[131]、Ayyagari et al.（2007）[148]。

第一类的相关文献有：Himmelberg and Petersen（1994）[129]根据美国 20 世纪 80 年代 179 家高科技行业的小公司进行实证研究，考察企业研发投入与内部财务之间的关系。研究表明，企业内部财务与企业研发投入之间存在统计上的显著关系。他们认为由于资本市场的不完善，内部资金的流动是高科技小型公司进行研发创新的主要决定因素。进一步的研究发现，企业研发投资的内部融资敏感性为实体投资敏感性的一半，他们认为是企业研发活动高昂的调整成本造成了这一现象。Mulkay et al.（2000）[132]构建了一个简单的误差修正模型，将产出（销售额或营业额）和现金流作为投资的预测因子，重点比较了法国和美国企业的投资和研发行为，使用 1982—1993 年制造业企业的数据进行实证研究。研究发现，两个发达国家在需求（产出）对投资的长期影响方面未发现显著差异，但现金流对两个国家的一般投资和研发投资均有显著影响。美国制造业企业的现金流与投资的相关性更高，现金流对美国制造业企业研发投入的影响更大。Harhoff（1998）[130]使用 1987—1994 年德国企业面板数据，构建了资本投资方程式研究企业的研发投资问题。实证研究表明，企业规模会影响现金流对资本投资和研发投资的敏感性：比较来看，小企业的研发支出和实体投资支出对企业内部现金流的敏感性更高。进一步，分别运用欧拉方程和投资加速器模型进行比对研究，结果发现，投资加速模型中现金流对研发投资的系数并不显著。而欧拉方程的结果也不够有效，而额外的调查证据表明现金流的敏感性对小企业来讲很可能反映了融资约束的限制。Mancusi and Vezzulli（2010）[149]利用Probit模型分析意大利制造业企业数据时发现，信贷约束对企业研发投入起到了负面的制约作用，企业创新活动遭受比较严重的流动性约束。

上述文献基本都认为企业内部财务因素与企业创新间具有显著关系。但此类研究中也有部分文献对企业内部现金流与企业创新间的显著关系持怀疑态度。如Bhagat and Welch（1995）[150]发现企业负债率与研发投入之间存在负向关系，但在企业现金流与研发投入之间并未观察到任何显著负向或正向关系。Bond et al.（1999）[131]以1985—1994年为样本研究期，对英国和德国企业层面的数据进行实证检验，考察现金流对企业研发投资和固定资产投资的重要性。研究结果表明，英国与德国金融体制上的差异导致了融资约束对企业固定投资和研发投资的影响的不同。以德国企业为样本时，简单的计量模型中企业内部现金流对企业固定投资和研发投资均不重要。而同样的条件下，英国企业的现金流显示出显著的敏感性，反映了融资约束对企业研发投资决策行为的影响。

第二类的相关文献有：Savignac（2006）[145]考察了内部财务约束对企业创新的影响，并未选取之前的现金流敏感性反映企业融资约束，而是认为企业内部财务约束能够直接衡量企业创新中的融资约束程度。研究从“CDM”框架展开，重点关注企业创新决策行为及融资约束的影响。研究认为企业资产负债表反映了融资约束的影响，因此深入分析企业资产负债表后发现，不存在融资约束的企业进行创新的绩效更好，而存在融资约束且不开展创新活动的企业绩效最差。融资约束限制了企业创新行为，且这一限制受到企业所属行业特征和企业规模的影响。Czarnitzki（2006）[133]构建了Tobit计量模型研究融资约束与企业研发投入间的关系。实证中使用德国中小企业数据，以信用评级作为融资约束的测度指标。研究表明，企业研发投入中的融资约束问题存在地区差异，德国西部企业的研发投资面临内外部的融资约束。作为对比，德国东部企业研发活动并未遭受显著的外部融资约束，这可能是德国东部企业获得了更多的政府补贴所致。Harris et al.（2003）[139]利用澳大利亚3000多家企业的调查数据对企业创新决策行为进行建模研究。研究表明，大企业创新动力更足，而衡量企业融资情况的上期企业利润率则对企业创新决策并未影响。

（2）不同融资来源下融资约束与企业创新的关系研究

前述的研究总结了不同研究策略下融资约束对企业创新呈现怎样的影响。以下部分重点关注不同的融资来源下，企业创新面临的融资约束问题。创新融资的来源一般分为外源融资和内源融资。通常情况下，企业可以通过IPO上市，增发股权等方式在资本市场直接获得创新资金，即称为股权融资；也可以向银行等金融机构申请贷款间接获得融资，称为债务融资。债务融资和股权融资是企业外源融资的主要融资手段。内源融资是企业利用自有资金抑或主营业务产生的留存收益进行融资。根据融资优序理论（Myers and Majluf，1984）[127]，企业开展创新优先选择内源融资，内部现金流是企业进行创新决策的重要激励因素，但存在一个棘手问题是，内部现金流极不稳定，容易受到外部宏观经济状况和外部短期波动的干扰，在这种情况下，企业将不得不寻求外部资金继续延续创新投资。而基于保留自身控制权的考虑，企业通常会优先考虑债务融资而并非股权融资。而这一点，在国有银行占据金融资源支配地位的中国表现得更为突出。现有的实证研究表明，银行的债务融资在企业创新中占据十分重要的地位。进一步，只有在债务融资仍不足以支撑创新投入时，企业才被迫放弃部分剩余索取权和内部控制权进行股权融资。

具体来看，一些研究从正规融资渠道研究企业创新中的融资约束问题。如 Shamia（2007）[151]使用57个国家的企业数据研究财务状况对小企业创新的影响。实证发现，小企业的创新活动主要靠信贷市场发展。在中国情景下，大企业可以轻易获得银行的信贷资源，也可以通过定向增发从股市融资，反而小企业在信贷市场处于弱势地位，由于创新过程中的信息不对称问题和创新的高风险性和正外部性，这部分企业面临十分严重的融资约束，尤其是信贷约束。Ayyagari et al.（2007）[148]研究了47个发展中国家19000多家企业创新的影响因素，将创新定义为产品创新以及设备更新，甚至包括外企联合等。结果发现，获得外源融资的企业更易创新，进一步的产权异质性检验表明，私营企业比国有企业更具创新活力，而融资状况是影响私营企业创新的至关重要的因素，但国有企业创新活动未受这一因素影响。基于中国数据的研究发现，与国内信贷相比，外资银行对企业的贷款更显著的激励了企业创新活动。Kipar（2011）[152]使用德国企业特有的微观数据，实证估计银行限制性贷款对企业创新的影响。研究表明，金融危机期间，银行的信贷约束降低了企业创新概率。

还有一些研究从非正规金融渠道出发，研究融资约束与企业创新的关系。如 Rajan and Zingales（1998）[8]研究一个国家经济增长中金融因素的影响，指出众多的发展中国家普遍存在缺乏完备金融体系，金融市场发展滞后的问题，而一个国家或地区金融发展可以改善外部融资成本。而一旦企业无法从正规金融渠道获得发展资金，则不得不借助于非正规金融渠道，私营企业中这一现象尤为普遍。研究认为交易债务融资（企业间的短期信贷支持，如应付票据、应付债券等）是一种重要的短期外部融资工具，在信贷约束下，企业通过交易融资扩大企业投资规模已经十分普遍。Bönte and Nielen（2011）[153]利用15个欧盟成员国中小企业数据实证考察了交易债务融资对企业创新的影响。经验结果表明，上下游合作企业间具有互相给予交易债务融资的隐性激励，交易债务融资对企业产品创新具有正面的促进作用，即缓解了面临融资约束的中小企业对企业创新的抑制作用。而过程创新与交易债务融资没有明显关联。Allen et al.（2005）[19]研究中国经济增长的驱动因素问题。他认为在金融发展滞后的情况下，不同于一般意义的“金融发展—经济增长”发展模式，中国的经济增长主要依赖非正规金融的发展，基于声誉和关系的融资渠道支持了私营部门的增长。非正规融资方式是正规金融的有效补充，使饱受融资约束困扰的私营企业获得金融支持。进一步的研究指出，大量成功的企业案例表明在一些企业的生命周期的各个阶段基本不依靠正规融资手段，在企业生命周期的早期阶段可能通过亲属、朋友的私人信贷，而在发展到相对成熟阶段的时候，企业会选择长期合作的关系密切的企业进行融资。但也有学者不认同非正规金融在企业创新中的重要作用，如 Miwa and Ramseyer（2008）[154]认为，企业在遭遇外部暂时的负面冲击时才考虑进行交易型债务融资，这一因素并不是企业创新的直接决定因素。

从非正规融资出发，政府资助也是企业创新重要的资金来源。Czamitzki（2006）[133]以德国中小企业为研究背景，构建了 Tobit 计量模型，考察了企业面临融资约束时，政府资助对企业创新的影响。实证结果发现，德国西部中小企业面临内外部双重融资约束，而德国东部的研究中，政府资助缓解了融资约束对企业创新的限制，企业创新对外部融资约束并不显著。即验证了政府资助作为一种非正规金融手段对企业创新的支持作用。

而当前国内研究企业创新中的融资约束问题时，更多地考虑到国内间接融资为主，资本市场发展不完善的特征，主要考察信贷约束与企业创新的关系。如谢家智等（2014）[155]的研究表明在经济转轨过程中，外部信贷约束对企业研发投资具有显著抑制作用。马光荣等（2014）[156]使用世界银行在中国12000余家企业的调查数据，考察银行授信额度对企业研发行为的影响，研究发现，企业获得银行授信显著增加了企业的研发概率和研发强度。张璇等（2017）[10]考察信贷寻租和融资约束对企业创新的影响，结果发现，融资约束抑制了企业创新，在企业遭遇信贷寻租时，这一抑制作用更强。罗长远和陈琳（2011）[157]使用世界银行调查数据，考察了FDI对企业融资约束的影响。研究发现，FDI降低了银行与企业间的信息不对称问题，缓解了企业融资约束。解维敏和方红星（2011）[158]利用2002—2006年的中国上市公司数据，考察融资约束与企业研发投入间的关系。实证结果表明，地区金融发展水平越高，企业研发强度越大。金融发展对面临融资约束企业的影响更加显著。国内的文献基本都承认中国企业面临严峻的融资约束问题。在面临融资约束时，一些研究者从非正规金融出发，考察了非正规金融手段对企业创新的促进作用。如鞠晓生等（2013）[20]从企业内部营运资本管理角度解释中国工业企业的创新可持续性问题。实证研究表明，在内源融资不稳定，而外源融资手段单一时，企业内部的营运资本管理缓解了融资约束，融资约束程度越深的企业，其内部营运资本管理对企业创新的平滑作用越显著。还有部分学者在近年来企业投资“金融化”背景下，针对金融资产配置这一非正规金融手段是否在企业创新中起“蓄水池”作用展开研究（王红建等，2017；刘贯春，2017；亚琨等，2018）[159, 18, 160]，但研究结论大都证实企业内部金融资产配置“挤出”了企业创新。

2.3　文献评述

本章对政府资助影响企业创新的激励效应、融资约束与企业创新的相关研究进行系统梳理。总体来看，国内外学者关于政府资助影响企业创新的认识是一个不断深入和细化的过程。研究内容从最初对经典文献的简单效仿到后来立足实际的不断创新，研究方法从简单的定性剖析和统计对比到后来的案例分析和计量实证。毋庸置疑，这些广泛而卓有成效的研究对本书后续工作具有重要的启迪意义和借鉴价值。然而，在企业普遍遭遇融资约束的现实背景下，针对政府资助对企业创新的激励机制的讨论仍然有待进一步研究，特别是以下两个关键问题尚未深入展开。

第一，绝大多数研究认为政府资助会对企业创新产生激励效果，但在企业创新活动中，政府资助究竟发挥挤入效应还是挤出效应，学术界并未达成一致意见。关于引起政府资助效果的争议性的原因，学者们认为主要可能有以下几个因素：首先，研究客体单元中可能包含干扰因素，如通常的研究会利用一般性的政府补贴数据研究政府资助对企业创新的影响，而一般性的政府补贴中包含有非创新类资助，可能会对政府创新资助政策的作用效果造成干扰。其次，计量实证差异，如政府资助存在的内生性问题，创新样本选择中存在的选择偏差问题等。最后，创新指标的界定存在差异。现有文献大多聚焦政府资助政策对企业研发投入的影响，这可能只包含了部分政府资助效应，文献中较少关注对企业创新产出的影响（Jaffe and Le，2015；Bronzini and Piselli，2016）[161, 162]，导致研究结论不一。

第二，现有研究多是泛泛谈及政府资助对企业创新的激励机制，从微观视角，系统剖析政府创新资助对企业创新的外部激励机制的文献尚付阙如。有部分文献探究了政府资助影响企业创新的内部激励效应（Georghiou，2004；Clarysse et al.，2009；Montmartin and Herrera，2015；李政等，2018）[100, 101, 103, 163]，也有部分文献探究政府资助通过信号传递、信息认证等间接方式激励企业外部融资，缓解企业面临的融资约束问题（张杰等，2015；李莉等，2015；秦雪征等，2012）[16, 17, 164]。但这些文献或者缺乏政府资助的外部激励机制的考察，或者缺失严密的逻辑推演，导致所得结论可能具有偏颇。如何结合我国企业创新的融资特征，从融资激励视角构建政府创新资助影响企业创新的理论模型，从而揭示政府创新资助影响企业创新的融资激励机制具有重要的现实意义。遗憾的是，已有文献对此缺乏必要的论证与检验。

鉴于文献的不足之处，本书从以下方面丰富了现有研究：

首先，理论阐述政府创新资助对企业创新的融资激励机制，结合企业初始禀赋的现实特征，刻画演绎了政府创新资助融资激励机制的信息传递机制、优化配置机制和监管机制。这不仅拓宽和丰富了政府资助政策的剖析视角，而且完善了政府资助对企业创新作用机制的理论研究。

其次，实证检验政府创新资助对企业创新的融资激励机制在企业创新中的存在性和异质性。利用得分倾向匹配法考察创新资助的平均激励效应，然后从债务融资渠道和股权融资渠道考察创新资助的融资激励效应。设计信息不对称指标，探究基于信息传递机制的创新资助的一般性融资激励机制。构建实体资产配置指标和金融资产配置指标，利用固定效应模型和似不相关SUR模型考察企业不同的内部配置动机下创新资助的额外融资激励机制。

最后，通过手工搜集和数据库筛选的手段，以政府的创新资助作为研究变量，剔除了其他类别政府补贴的影响，企业创新指标的选取从创新投入和创新产出两个层次考量，使研究结论更具准确性和针对性。此外，经验章节选择倾向得分匹配法、Heckman＋2SLS工具变量法、似无相关回归等多个计量方法，有效克服了企业创新研究中的样本选择偏误和反向因果内生性问题。

第3章 理论框架

传统的“政府支持论”认为，市场机制存在内在缺陷，研发创新成果的外部性会导致企业的“搭便车”行为，此外企业创新活动具有高风险性特征，最终导致企业的研发创新偏好减弱（李政等，2018）[163]。而政府的介入可以解决此类“市场失灵”问题，提升企业的投资动力激励企业创新。

学术界主要从以下三个方面研究创新资助的激励机制：首先，政府的创新资助大大弱化了创新型企业对未来研发项目的风险预期。政府创新补贴资金的无偿提供相当于对企业开展新的研发项目承担了一部分的经济风险，企业可以预期创新项目的失败对自身造成的经济亏损会由于政府资助而降低，因而激励企业的创新行为。其次，创新知识的溢出效应会惠及企业其他未获得政府资助的研发项目，短期内迅速提升这些研发项目的成功概率。众所周知，创新活动具有明显的外部溢出性，政府资助企业某一研发项目时，科研团队对新知识的学习会溢出到企业别的研发项目，大大降低企业开展新研发项目的初期成本，提升了这些未获得创新资助项目的成功概率。同时，企业获得政府创新资助会形成“光环”效应，吸引高等院校、上下游企业、科研机构进行合作交流，为企业创新项目的开展提供值得借鉴的经验，提升企业科研团队的实力。最后，政府创新资助能够溢出到企业其他创新项目，降低了企业创新的固定成本（Lach，2002；Montmartin and Herrera，2015）[84,103]。当前的创新资助类型中，有一些用于对企业创新项目的设备进行升级改造，政府这一类型的资助可以延长研发设备的工作寿命，提升机器的运转周期，也使其他相关的创新项目的固定成本大大降低。

现有研究主要关注政府创新资助通过上述三种机制激励企业进行创新（Clarysse et al.，2009；Radas and Anicc，2013）[101,165]。但以上激励效应主要还是从企业内部激励出发，解决企业创新活动中的市场失灵问题。邢斐和张建华（2009）[166]认为政府介入弥补了市场机制在企业研发资源配置领域的失灵。林毅夫（2017）[167]认为政府参与企业研发创新活动目的是解决企业研发成果的外部性及其导致的研发创新惰性问题，进而提升私人企业的研发投资动力激励企业创新。但是近年来，随着知识产权保护法律法规的相继出台，企业创新中的“搭便车”行为得到了极大的抑制，“搭便车”行为法律可控，企业创新动力不足在很大程度上得到了缓解（吴超鹏和唐菂，2016）[168]。因此从传统的内部动力激励机制解释政府创新资助对企业创新的激励效应可能不再符合企业的经营现状。当前，中国企业进行自主创新的最大障碍是融资约束问题，研究创新资助激励作用面临一个现实问题是：倘若企业从事创新活动的融资不足，即便政府创新资助通过内部激励效应促进企业创新，但创新项目实施所需的大量资金又如何解决？

鉴于此，本章在已有研究基础上，尝试构建一个创新资助的外源融资激励机制分析理论框架，并在此框架基础上，进一步放松初始约束条件，通过推导出理论假说进行必要的经验分析。

3.1 政府创新资助模式

3.1.1 政府创新资助概念界定与说明

政府主要通过以下三种手段对企业创新产生效果：首先是通过

对扶持的创新行业采取税收优惠措施刺激企业进行研发创新。其次是通过财政部门的创新项目直接投资激励企业创新，这类政府支持政策的投资项目以基础性的科研项目为主，基础性科研往往包含企业无法绕开的知识信息，但这类项目私人收益较少，社会收益较多，且通常需要投入巨额资金，导致企业对这类项目望而却步，而政府的直接投资可以通过基础性科研项目的技术溢出效应促进企业创新。最后，政府通过创新资助激励企业创新。现有研究普遍认为，税收优惠政策对企业创新具有挤入作用（戴晨和刘怡，2008）[169]，而对于政府创新资助、直接投资等政策在企业创新中发挥挤入作用还是挤出作用则争议较大。

本书选择争议较大的政府创新资助政策作为研究的切入点，现有大多数文献都使用一般性的政府补贴总额作为衡量创新资助的变量进行研究，但政府的补贴中不仅包括创新类资助，还包括鼓励企业安置职工就业而给予的奖励款项，拨付企业的粮食定额补贴、环境治理补贴、拆迁补偿经费等非创新类补贴。政府补贴对企业创新的作用效果的相关文献中极大一部分掺杂了其他类别补贴的影响，这将对创新政策的效果研究产生干扰，这是因为非创新类的补贴主要目的是帮助濒危企业渡过经营难关，抑或是为满足监管规定而保住本地“壳资源”，显然这类补贴理应筛除（彭红星和王国顺，2018）[121]。本书通过手工搜集和数据库筛选的手段，以政府的创新资助作为研究变量，剔除了其他类别政府补贴的影响，使研究结论更具准确性和针对性。

各级政府和相关部委均有不同类别的创新资助计划用于支持企业创新。具体来看，首先包括了科技部资助的政策引导类专项科技计划如：星火计划、火炬计划、国家重点新产品计划、国家软科学计划等，设备更新类项目如小微企业培育、技术装备及管理智能化提升等，以及重点资助的国家重点基础研究发展计划（973 计划）、国家高技术研究发展计划（863 计划），还有其他专项计划如：科技型中小企业技术创新基金、国家重大科学仪器设备开发专项等资助项目。企业可以根据自身条件申请符合自身需求的资助项目。其次，还包括地方性的科技支持计划，如地方科技计划、地方人才资助款、地方性知识产权专项资金划拨款，地方知识产权局资助的专利补助，企业博后工作站相关补贴等。本书所采用的政府创新资助数据将基于上述标准进行选取。

3.1.2 企业创新的特征与政府创新资助模式的分析

相较于企业其他投资活动，企业创新活动的周期漫长、风险巨大，往往需要大量资金注入。根据融资优序理论，企业通常优先考虑内部融资进行创新（Hall，2002）[146]。但在外部经济环境剧烈动荡的时期，企业内部利润不断下滑，通过内源融资无法保证企业创新投入的持续稳定，此时，为了避免创新活动突然中断与重启给企业带来巨大的调整成本，使企业受损，企业不得不寻求更多渠道的外源融资。但创新活动具有的严重的信息不对称和缺乏等值抵押品等负面特征（Hall and Lerner，2010）[128]，增加了企业外源融资难度。

政府在对企业进行创新资助时，会根据当前国家经济发展战略规划和重点行业的产业转型升级目标，会同专家进行商讨决策，有针对性地制订创新资助项目细则。企业内部对自身科研创新实力进行评估，对重点研发项目的未来商业前景、经济模式、风险程度进行分析，然后决定是否申请政府创新资助。一旦企业决定申请并递交申请材料，政府会组织行业内技术专家审查企业递交的材料，并对企业申请项目优劣进行评估，最终确定是否资助该企业并给出资助额度。获得资助的企业利用政府提供的资助额度，在考虑自身内部资金实力的情况下，根据自身需要进行不同程度的外部融资，再对资助项目分阶段注入资金，进行项目研发。企业在项目实施过程中，需要定期对政府报告项目进度和资金去向，一旦政府发现企业有骗取政府补贴挪为他用的行为，则立即终止资助。项目完成后，政府会再次会同业内专家对企业创新项目进行最终验收，并进行成果评价。

如何激励外源融资支持企业创新活动的关键点在于降低企业与外部投资者间的信息不对称程度。从企业角度，企业了解自身研发创新的技术优势所在，十分清楚即将开展的创新项目的商业前景、未来回报率以及潜在可预估的经济风险等关键信息，但企业不愿将这些关键信息泄露给公开市场。在与竞争对手的比拼中，投资机会转瞬即逝，为了避免创新信息外漏给竞争对手，企业会在财报中减少与研发创新相关信息的公开披露，还可能夸大自身实力，隐藏项目风险来争取更多的外部融资。从投资者角度，为了缓解信息不对称问题，投资者不得不付出不菲的信息筛查成本对高创新水平企业进行审查，花费大量人力、物力搜集企业研发项目的相关信息。而一旦注入资金，投资者仍需要监督企业研发项目的进展情况，防止道德风险问题使自身利益受损。

而颇具公信力的第三方机构—政府资助部门的介入可以通过创新资助等财政手段影响企业的创新决策，进而影响企业与外部投资者之间的互动关系。在政府发放给企业创新补助资金前，须对企业的创新项目进行严格审查，政府将组织专家对企业技术创新实力以及申请项目的商业前景、发展模式、风险承担、长期创新战略规划等多个方面进行打分。政府的创新政策的实施具有一套完备的审查程序，组织的专家也会深入考察隐含在公开披露内容背后反映企业真正实力的关键信息。政府的创新资助政策包含了大量对外部投资者利好，对市场有价值的隐性信息（Takalo and Tanayama，2010）[15]。尽管企业的创新信息在公开市场披露不足，但其获得的政府资助为外部投资者传递了政府技术认证信号，蕴含的意思是该企业的研发项目是政府背书的优秀项目，值得大力投资（王刚刚等，2017）[170]。在这一过程中，“搭便车”者转变为外部投资者，他们不必负担组织专家评估创新项目的成本，但可以共享企业创新项目的关键技术信息，政府充当了隐性技术评估的角色。因此，外部投资者基于对政府技术认证的信任加大了对对象企业的投资额度，政府创新资助发挥了“杠杆效应”，从外源融资缓解了企业的融资约束问题，进而促进企业创新。

3.2　融资激励视角下政府创新资助影响企业创新的理论框架

为了说明政府创新资助对企业创新的外部融资激励机制，本章在当前企业普遍遭遇“融资难”问题的现实背景下，构建了包含企业、外部投资者、政府三个主体的理论模型，并逐步放松初始约束条件，深层次考察政府创新资助影响企业创新的融资激励机制。本节首先考察政府创新资助对企业创新的一般性融资激励机制。

3.2.1　基本假设

（1）企业家

假设市场上的某企业家为风险中性，存在某研发项目所需资金总额为 I。根据企业研发创新能力水平将企业划分为两种类型，高创新水平企业 H 和低创新水平企业 L，遵从 Boadway and Keen (2005)[171] 的研究，假设企业的研发创新能力为私人信息，而企业的初始资金 Z 为公共信息，但 Z 不足以支撑研发项目所需资金。假设 H 型企业在市场上占比为 t，其参与执行研发项目可获得正的 NPV；L 型企业在市场上占比为 $1-t$，参与执行研发项目的 NPV 为负。ρ_i、R_i定义为 i 企业的项目成功概率和预期回报率，$i \in \{H, L\}$。与 Holmström and Tirole (1997)[172] 一致，本书假定 $\rho_H > \rho_L$。

（2）政府

政府是外源融资的主体之一，通过发放资助资金支持企业的研发项目。假设政府给予资助企业固定额度的无偿资助 T，无须偿还。企业根据自身的创新水平决定是否申请政府资助。起初政府无法了解企业的创新水平，只有通过一定的筛查手段对企业身份进行识别，决定是否发放资助。

（3）外部投资者

企业也可以通过私人渠道对创新项目进行融资，私人资金无须申请但需要在期末给予投资人一定的报酬。理论上，私人部门可以无限制的提供资金给企业的创新项目，本书假设外部投资市场是充分竞争的，投资者期望的报酬与市场的期望收益率相同。与政府部门不同，外部投资者没有完备的筛查条件，仅仅知道市场上两类企业的份额。投资者在决定是否投资于某一创新项目时，先观察企业是否得到了政府创新资助，然后决定是否投资。

3.2.2 无政府创新资助的理论模型

在没有政府资助的情况下，企业需要寻找私人部门进行融资，从时间线来看，首先，企业对自身技术创新实力具有完备的信息，即企业清楚自己的创新能力类型。企业根据内部资金水平和自身类型决定是否通过外源融资渠道对创新项目融资。其次，外部投资者决定是否对企业的这一创新项目进行投资。在决定投资后，企业的创新项目开始执行，总创新投入为：

$$I = Z + I^N \tag{3-1}$$

式中，Z 为企业的初始资金；I^N 是外部融资额度。

已知投资者无法识别企业的创新水平，但对市场上的高创新水平企业的份额 t 具有完备信息，因此，外部投资者投资企业创新项目成功的先验概率为：

$$\rho_1 = t\rho_H + (1-t)\rho_L \tag{3-2}$$

其中，ρ_H、ρ_L 分别为高创新水平企业和低创新水平企业的项目成功概率。

最后，项目如期完成后实现收益，企业根据合同约定与投资者进行收益分配。假定总收益为：

$$R_i = R_i^M + R_i^N \tag{3-3}$$

其中，R_i^M 为企业的收益回报，R_i^N 为投资者的收益回报①。

由式（3-3）得到企业的预算约束：

$$\rho_i R_i^M \geqslant Z \tag{3-4}$$

由式（3-4）可知，外部投资者获得的收益上限为：

$$R_i^{N\max} = R_i - R_i^M = R_i - \frac{Z}{\rho_i} \tag{3-5}$$

外部投资者的约束条件为：

$$\rho_1 R^N \geqslant rI^N \tag{3-6}$$

其中，r 是资本收益率。

创新项目能够得到外部资金的条件是：

$$R^{N\min} = \frac{rI^N}{\rho_1} \leqslant R_H^{N\max} \tag{3-7}$$

由式（3-5）、式（3-7）得到：

$$\frac{rI^N}{\rho_1} \leqslant R_H - \frac{Z}{\rho_H} \tag{3-8}$$

最终得到企业开展创新项目须持有的初始资金下限为：

$$Z \geqslant \bar{Z} \equiv \frac{I - \frac{R_H \rho_1}{r}}{1 - \frac{\rho_1}{\rho_H r}} \tag{3-9}$$

上述分析给出了在无政府资助条件下，开展一个创新项目对企业的初始资金要求最低值，接下来考虑政府资助纳入模型后企业和

① 根据 Holmström and Tirole（1997）[172]，我们假定 $R_H^N < R_L^N$。

外部投资者的决策变化。

3.2.3 有政府创新资助的理论模型

与之前的假设一致，企业根据自身的创新水平决定是否申请政府创新资助。接下来，考虑企业申请政府资助产生的申请成本，Takalo and Tanayama（2010）[15]的理论模型假设企业申请成本为一固定常数，但事实上，低创新水平企业伪装成高创新水平企业进行资助申请会产生额外的信号成本（Spence，1978）[173]。根据 Lerner (2000)[174]的研究，这一额外的信号成本包括企业伪装自身创新类型产生的资金成本，通过不正当手段通过申请产生的寻租成本以及材料造假败露产生的惩罚成本。而除了这一成本之外，高创新水平企业和低创新水平企业在申请时均会产生固定成本，如申报系统填写的资金成本和时间机会成本，应付检查耗费的材料成本和人力成本等。相比较而言，企业的固定成本较低，且可控，而低创新水平企业伪装自身类型产生的信号成本较高（安同良等，2010）[54]。因此，为了便于比较，与 Takalo and Tanayama（2010）[15]不同，此处假设企业申请资助产生的固定成本忽略不计，而额外产生的信号成本为 sig。政府与企业间也存在信息不对称，政府对企业的创新水平并不具备完全信息，但政府可以利用自身强大的资源调配能力组织专家对企业资质进行技术审查，筛选出政府认可的高创新水平企业进行创新资助。但政府掌握的信息毕竟有限，无法完全识别企业的创新类型，因此，假设政府能够准确识别企业创新水平的概率为 θ①。即便政府的筛查程序无法完全鉴别出高创新水平的企业，但与市场上的其他投资主体相比，政府具有其他投资机构无法企及的

① Takalo and Tanayama（2010）[15]假设政府可以完全识别企业类型，但事实上，政府是有限理性主体，政府的筛查程序仅能做到增加高创新水平企业的鉴别水平，无法保证获得资助的企业都具有高技术水平。

资源调配能力和基础资金实力，政府资助部门具有权威的创新项目评估机构，能够组织起一大批顶尖的评审专家进行资质评估，政府同样可以依赖企业申请资助的历史数据与当前申请的同类项目进行横向比较，进一步提高优质项目的鉴别能力。另外，企业忌惮于创新信息外泄不愿将关键信息披露给外部投资者，但对具备公信力的政府部门企业并无此顾忌，因此，政府部门在获知企业创新水平方面具有明显的信息优势。

基于以上分析，H 型企业与 L 型企业选择是否申请政府创新资助，H 型企业申请时必定发送与自身技术水平相符的信号特征，但同时，由于政府无法直接区分 H 型企业和 L 型企业，L 型企业可能传递与自身不符的身份信息骗取政府资助。这一不完全信息动态博弈过程如下：

H 型企业申请补贴的收益为：$\theta(\rho_H R_H^M - Z + T) + (1-\theta)(\rho_H R_H^M - Z)$，不申请资助时的预期收益为：$(\rho_H R_H^M - Z)$，很明显 H 型企业一定会申请政府创新资助。而对于 L 型企业，其隐藏自身信息申请资助的预期收益为：$(1-\theta)(\rho_L R_L^M - Z + T - sig) + \theta(\rho_L R_L^M - Z)$，$sig$ 为低创新水平企业伪装自身信息，申请高额资助的信号成本。而 L 型企业不申请资助的预期收益为：$\rho_L R_L^M - Z$。因此，在 sig 足够小时，低创新水平企业有充分动机伪装为高创新水平企业骗取政府资助。假设低创新水平企业申请创新资助的概率为 $\alpha = f(sig)$，高创新水平企业申请资助的概率为1。

外部投资者观察企业是否收到创新资助，并以此作为行动决策参考，决定是否投资。投资者观察到企业获得政府创新资助发出的信号，使用贝叶斯法则从先验概率中得到后验概率：

$$\rho_2 = P(H/S)\rho_H + P(L/S)\rho_L \tag{3-10}$$

式中，$P(H/S)$ 为在获得资助企业是高创新水平企业的概率，表示如下：

$$P(H/S)=\frac{t\theta}{t\theta+(1-t)f(sig)(1-\theta)} \tag{3-11}$$

外部投资者对企业是否获得资助具有完备信息，倘若 $P(H/S)$ 大于先验概率 t，则外部投资者判断政府筛选后，高创新水平企业的概率有所上升，即政府资助向外传递了企业技术优势的积极信号，提高了外部投资者对高创新水平企业的概率判断。接下来，本书研究什么情况下政府资助将传递积极的企业信息，求解以下不等式：

$$P(H/S)-t=\frac{t\theta}{t\theta+(1-t)f(sig)(1-\theta)}-t>0 \tag{3-12}$$

当 $\theta>f(sig)/[1+f(sig)]$ 时，$P(H/S)>t$，外部投资者判断政府资助传递了积极的企业信号。具体来看，政府资助对企业技术优势信号的传递取决于政府机构准确识别申请资助企业创新水平类型的概率 θ 和低创新水平企业的伪装成本 sig。政府准确识别企业类型的能力 θ 越大，低创新水平企业要想顺利通过政府审查所付出的额外信号成本越高，则低创新水平企业申请资助的概率越低。

接下来考察获得创新资助后，企业与外部投资者的约束方程：

投资者约束满足：

$$rI^N\leqslant\rho_2R^N \tag{3-13}$$

投资者期望得到的最低回报率为：

$$R^{N\min}=\frac{rI^N}{\rho_2} \tag{3-14}$$

$R^{N\min}$ 满足以下不等式：

$$R_i^{N\min}\leqslant R_i^{N\max}=R_i-R_i^M=R_i-\frac{Z}{\rho_i} \tag{3-15}$$

结合式（3－14）得：

$$\frac{rI^N}{\rho_2}\leqslant R_H-\frac{Z}{\rho_H} \tag{3-16}$$

据式（3－16）得到：

$$Z \geqslant \bar{Z}_T \equiv \frac{I - T + sig - \frac{\rho_2 R_H}{r}}{1 - \frac{\rho_2}{\rho_H r}} \tag{3-17}$$

比较 $\bar{Z}$ 与 $\bar{Z}_T$：

$$\bar{Z} > \bar{Z}_T \Leftrightarrow (R_H\rho_H - I)(\rho_2 - \rho_1) + (T - sig)(\rho_H r - \rho_1) > 0 \tag{3-18}$$

据此，提出命题1：

命题1：政府的创新资助降低了研发项目对企业初始资金的最低要求，缓解了企业融资约束程度，进而提升了企业创新水平。直接来看，在满足 $T - sig > 0$ 时，政府创新资助的无偿增加缓解了企业融资约束程度，促进企业创新；但更重要的是，在满足 $\theta > f(sig)/[1 + f(sig)]$ 时，$\rho_2 > \rho_1$，此时政府创新资助向外传递了关于企业技术信息的积极信号，缓解了投资者和企业间的信息不对称问题，通过这一信息传递机制，激励了外源融资，最终促进企业创新。政府准确识别企业创新类型的能力越强，企业伪装自身类型产生的信号成本越大，创新资助对企业创新的外源融资激励效应越强。

3.3 放松约束条件后的分析

3.2小节在企业初始财富同质性假定下分析了企业创新活动中政府创新资助的融资激励机制，但在现实的企业经营中，企业自有资金往往无法达到式（3－17）要求的企业融资约束条件。尤其是近年来国内产能过剩矛盾愈发突出，而政府又频频出台财政和货币政策造成了宏观经济的不确定性（彭俞超等，2018）[175]，使实体企业利润率不断下滑。那么，在企业内部财务波动下如何保证企业创新活动的平稳持续？

Allen et al.（2005）[19]认为，非正规金融在企业发展中作用巨大。遵循这一思路，一些学者发现企业内部资产配置行为在企业创新融资中扮演重要角色（王国刚，2018；简泽等，2018）[176,177]。如鞠晓生等（2013）[20]发现在遭遇严重融资约束问题时，企业倾向于通过内部营运资本管理行为维持企业创新的稳定持续。吴淑娥等（2016）[21]研究表明，企业内部现金持有对企业创新起到了重要的平滑作用。当内部财务紧张时，企业通过抽取现金持有来达到研发平滑，而当财务宽松时，则进行现金存储。但也有研究表明，在遭遇融资约束问题时，企业可能转而利用“短期投机战略”代替“创新发展战略”。亚琨等（2018）[160]的研究表明企业在获利动机下，企业内部金融资产配置挤出创新投资。刘贯春（2017）[18]研究发现，金融资产配置会显著降低当期企业研发创新，金融渠道获利更多起“替代品”作用而不是“蓄水池”作用。

总结以上关于企业内部资产配置的相关文献，在中国企业普遍遭遇“融资难”问题的背景下，企业创新活动中内部实体资产配置扮演的主要是“蓄水池”作用，企业通过实体资产配置行为平滑了研发创新；而企业内部金融资产配置行为主要受企业短期逐利动机驱使，对企业创新具有挤出效应。企业的内部资产配置行为在创新活动中扮演了重要角色，出于不同动机的资产配置行为将对创新资助的融资激励机制造成不同的作用效果。

3.3.1 实体资产配置平滑动机下创新资助对企业创新的融资激励机制

在遭受严重的融资约束时，企业主要依赖内源融资进行创新投入（Hall，2002）[146]。但在外部宏观经济剧烈震荡时期，企业的融资面临两难处境：一方面，外部冲击使企业经营受到影响，内部财务的波动极易造成研发投入被迫中断；但另一方面，创新活动的经费大部分用于支付研发人员不菲的工资报酬，且项目前期投入大量时间和成本用于员工培训，这都使企业在遭遇外部短期冲击时面临高昂的研发调整成本，项目的突然中断和再延续会给企业带来巨大损失（Hall，2002）[146]。在外源融资和内部现金流无法满足维持研发项目的稳定持续时，企业具有通过内部实体资产配置平滑企业创新的动机（Brown and Petersen，2011）[14]。鞠晓生等（2013）[178]的研究认为在企业面临融资约束问题时，企业利用内部的营运资本管理平滑企业研发，维持了企业创新活动的继续进行。Brown et al.（2012）[179]、杨兴全等（2015）[180]、吴淑娥等（2016）[21]沿袭Brown and Petersen（2011）[14]的研究思路，重点考察了企业创新活动中现金持有的平滑作用。据此提出命题2：

命题2：融资约束的存在使企业利用内部实体资产配置来平滑创新。

上述文献都从不同角度肯定了企业内部实体资产配置行为的平滑动机。本节从这一动机出发，放松企业初始财富同质化假定，探讨政府创新资助对企业创新的融资激励机制。

考虑在一个研发项目中，除了外部投资者、自有资金外，企业还利用内部资产配置平滑创新投资。假设企业调整流动性高的闲置资产 B 用于研发活动，资产平滑的调整成本为 C。

则企业预算约束为：

$$\rho_i R_i^M \geqslant Z + B + C \tag{3-19}$$

外部投资者的投资额度为：

$$I_N = I - Z - B \tag{3-20}$$

投资者预算约束为：

$$\rho_1 R^N \geqslant rI_N \tag{3-21}$$

结合式（3-19）得到投资者期望得到的最低回报率为：

$$R^{N\min}=\frac{r(I-Z-B)}{\rho_1} \tag{3-22}$$

进而得到：

$$R^{N\min}=\frac{r(I-Z-B)}{\rho_1}\leqslant R_H^{N\max}=R_H-\frac{Z+B+C}{\rho_H} \tag{3-23}$$

解得：

$$B\geqslant B_S\equiv\frac{I-Z-\frac{R_H\rho_1}{r}+\frac{\rho_1}{\rho_H r}(Z+C)}{1-\frac{\rho_1}{\rho_H r}} \tag{3-24}$$

现在考虑将政府创新资助纳入模型中，企业内部资金的构成为：初始财富 Z、资产配置得到的平滑资金 B、政府创新资助 T。

企业约束为：

$$\rho_i R_i^M\geqslant Z+B+C \tag{3-25}$$

投资者约束为：

$$\rho_2 R^N\geqslant rI^N \tag{3-26}$$

进一步解得：

$$R^{N\min}=\frac{r(I-Z-B-T+sig)}{\rho_2} \tag{3-27}$$

$$R^{N\min}=\frac{r(I-Z-B-T+sig)}{\rho_2}\leqslant R_H^{N\max}=R_H-\frac{Z+B+C}{\rho_H} \tag{3-28}$$

最终得到企业需要内部平滑的额度为：

$$B\geqslant B'_S\equiv\frac{I-Z-T+sig-\frac{R_H\rho_2}{r}+\frac{\rho_2}{\rho_H r}(Z+C)}{1-\frac{\rho_2}{\rho_H r}} \tag{3-29}$$

对比式（3－24）和式（3－29）可以看出，企业获得政府资助后，创新活动的内部平滑需求降低。也就是说，政府资助的发放弱化了企业内部平滑需求。据此，提出命题3：

命题3：政府创新资助弱化了企业内部资产配置平滑行为，企业的创新资助额越多，企业内部实体资产配置对企业创新的平滑效应越弱。

重新回到企业没有获得政府创新资助的情况，在初始财富未达到式（3－9）的要求时，企业通过内部资产配置行为平滑创新项目，根据式（3－22），外部投资者的投资上限为：

$$I^N \leqslant I_1^N \equiv Z + B + \frac{\rho_1}{r}\left(R_H - \frac{Z+B+C}{\rho_H}\right) \tag{3-30}$$

接下来，考察企业获得政府资助且无须企业进行内部平滑的情况，这一情况下根据式（3－16）得到外部投资者的投资上限为：

$$I \leqslant I_2^N \equiv Z + T - sig + \frac{\rho_2}{r}\left(R_H - \frac{Z}{\rho_H}\right) \tag{3-31}$$

将 I_1^N 与 I_2^N 比较，在 $B = T - sig$ 时，政府资助完全代替了企业的内部平滑需求，但很明显，政府资助对外源融资的激励作用更强，一方面是由于政府介入带来的技术认证信号增加了投资者对企业的信心（即 $\rho_2 > \rho_1$），从而增加了企业外部融资，促进企业创新；另一方面企业内部平滑相对高昂的调整成本降低了外部投资者预期收益率，进而缩小了投资规模，而政府资助的介入抑制了企业内部低效的实体资产配置行为，通过这一优化配置机制激励了外源融资，促进企业创新。据此，得到命题4：

命题4：在考虑企业内部实体资产配置的平滑动机时，政府创新资助影响企业创新的融资激励机制包含两部分内容：第一部分与基础模型相同，即政府创新资助释放了基于政府认证的企业隐性技术信号，经由这一信息传递机制，政府创新资助激励了外源融资，最终促进企业创新；第二部分是创新资助弱化企业内部实体资产配置行为后，企业内部调整成本随之降低，从而提高了外部投资者的预期收益率，政府创新资助通过这一优化配置机制激励投资者增加对企业创新项目的投资，最终促进企业创新。

3.3.2 金融资产配置逐利动机下创新资助对企业创新的融资激励机制

3.3.1 节在企业内部实体资产配置的平滑动机下分析了创新资助的融资激励机制。但近期的经验结果表明，面临严重的融资约束使企业维持研发创新活动将承担巨大的前期成本，企业通过自主创新提高产品市场竞争力的战略导向面临巨大的财务风险。在产能过剩矛盾凸显，实体投资利润空间日益趋窄的背景下，金融投资收益却稳步提升（亚琨等，2018）[160]。基于逐利动机的驱使，企业具有愈发明显的“脱实向虚”倾向，投资于高收益的金融产品进行市场套利。目前来看，企业投资“金融化”趋势十分严重，实体经济与虚拟经济的脱节现象已然表现为当前最突出的结构型矛盾之一（鹏俞超和黄志刚，2018）[181]。资金避开实体部门，来回换手于金融市场内部，金融部门对实体投资的配置服务功能正不断受到侵蚀。据此提出命题 5：

命题 5：基于逐利动机的金融资产配置行为对企业创新具有挤出效应。

本节从企业内部金融资产配置的逐利动机出发，考察创新资助影响企业创新的融资激励机制。考虑企业在获得外部融资后的情况，企业与外部投资者之间存在道德风险问题，即企业将这笔资金用于创新发展还是短期逐利投资，外部投资者是无法知晓的。由于市场上存在两种企业：高创新水平企业 H 和低创新水平企业 L，假设高创新水平企业在获得外源融资后继续实施“长期创新发展战略”，而低创新水平企业获取外源融资后转而实施“短期逐利战略”，进行基于逐利动机的金融资产配置活动。与基准模型中一致，高创新水平企业研发项目成功的概率为 ρ_H，低创新水平企业的研发项目成功的概率为 ρ_L（$\rho_H>\rho_L$）。高创新水平企业开展项目花费的成本远大于低创新水平企业，将低创新水平企业因成本节约带来的额外收益计作 C。

同 Holmstrom and Tirole（1997）[172]，假设研发投入规模报酬不变，项目成功的收益为 R，其中企业和投资者分别得到 $R1$ 和 $R2$，即 $R=R1+R2$；如果项目失败则总收益 $R=0$。项目总投资为 I，$I=F+Z$，F 是外部投资额度，Z 代表企业初始财富。假设高创新水平企业执行研发项目最终获得正的净现值，即 $R\rho_H-I>0$；低创新水平企业的项目净现值为负，即 $R\rho_L-I+C<0$。因此，低创新水平企业将外部投资者的资金用于短期获利，尽管此时企业的净收益为负，但在没有足够激励时（即进行创新发展的净收益可能也为负），企业仍会选择投机获利。这也是外部投资激励不足的一个很重要的原因。因此，外部投资者须为企业保留足够收益，当企业进行创新发展的获益大于短期投机的获益时，企业将选择“创新发展战略”。

（1）无政府创新资助的道德风险问题求解

此时，企业的激励相容约束为：

$$\rho_H R1 \geqslant \rho_L R1 + C \tag{3-32}$$

进而得到企业要求得到的最低回报为：

$$R1_{\min} = \frac{C}{\Delta\rho} \tag{3-33}$$

其中，$\Delta\rho=\rho_H-\rho_L$。

研发项目成功时外部投资者预期能够得到的最大回报为：

$$\rho_1(R-R1_{\min})=\rho_1\left(R-\frac{C}{\Delta\rho}\right) \tag{3-34}$$

其中，ρ_1 为投资者的先验概率①。

投资者激励约束为：

$$\rho_1\left(R-\frac{C}{\Delta\rho}\right)\geqslant rF=r(I-Z) \tag{3-35}$$

① ρ_1 的定义以及下文中 ρ_2 的定义与基准模型一致，此处不再赘述。

得到总投资上限为：

$$I \leqslant I_s \equiv Z + \frac{\rho_1}{r}\left(R - \frac{C}{\Delta\rho}\right) \tag{3-36}$$

（2）有政府创新资助的企业道德风险问题求解

对于外部投资者来说，企业在获得研发项目资金后是积极投入创新活动，还是进行短视的金融资产配置，投资者无法获悉，企业可能存在隐藏行为的道德风险问题。而获得政府资助后，企业将受到政府的动态监管，妄图以短期化目标发展的企业要顺利通过政府检查需要付出巨大的额外成本（Montmartin and Herrera，2015）[103]，因此这些企业因短期逐利获得的收益会减少。

政府资助部门一旦发现企业并未将资助资金用于研发项目，而是基于逐利动机进行短期资产配置时，政府会对企业采取惩罚措施，这将对低创新水平企业形成惩罚成本，进一步造成其投机额外收益减少。假设政府资助部门筛查出低创新水平企业的概率为σ，而一旦政府检查出这类企业，会造成其额外收益减少 M。另外，从企业风险角度来看，当前外部宏观经济波动剧烈，政策频繁调整，企业股价异常波动明显，企业正经历十分复杂的经营环境，外部经营风险不断增加（亚琨等，2018）[160]。在外部风险凸显的关键期，企业为避免内外部风险叠加，倾向于调整投资策略降低企业内部风险，目的是对冲不断增加的外部风险。因此，企业很可能出于“风险防御”动机增持金融资产（王红建等，2014）[182]，缩减创新投资。而政府的创新资助降低了外部经济政策的不确定性，及时缓解了企业外部风险程度，进而弱化了企业增持金融资产防范经营风险的动机。

企业激励约束为：

$$\rho_H R1 \geqslant \rho_L R1 + C - \sigma M \tag{3-37}$$

从而企业最低回报为：

$$R1_{\min} = \frac{C - \sigma M}{\Delta\rho} \tag{3-38}$$

外部投资者可保证收入为:

$$\rho_2(R - R1_{\min}) = \rho_2\left(R - \frac{C}{\Delta\rho} + \frac{\sigma M}{\Delta\rho}\right) \tag{3-39}$$

投资者约束为:

$$\rho_2\left(R - \frac{C}{\Delta\rho} + \frac{\sigma M}{\Delta\rho}\right) \geqslant rF = r(I - Z) \tag{3-40}$$

总投资上限为:

$$I \leqslant I'_s \equiv Z + \frac{\rho_2}{r}\left(R - \frac{C}{\Delta\rho} + \frac{\sigma M}{\Delta\rho}\right) \tag{3-41}$$

将 I_s 与 I'_s 比较，得到命题6:

命题6：在企业金融资产配置的逐利动机下，政府创新资助对企业创新的融资激励机制包含两部分内容：第一部分与基础模型相同，即政府创新资助为企业带来隐性技术认证（即 $\rho_2 > \rho_1$），政府创新资助通过这一信息传递机制激励外源融资，促进企业创新；第二部分是创新资助引发的政府机构对企业持续创新的监管以及对持有逐利动机企业的惩罚，缓和了创新企业与外部投资者可能存在的道德风险问题，政府创新资助通过这一监管机制激励外源融资，最终促进企业创新。

综上所述，本章前三节构建了政府创新资助影响企业创新的融资激励机制理论分析框架，通过分析企业与投资者间的不完全信息动态博弈过程，结合企业内部资产配置行为现实特征，提炼出政府创新资助经由信息传递机制、优化配置机制和监管机制这三种融资激励机制促进企业创新。

3.4　本章小结

本章建立了政府创新资助影响企业创新的融资激励机制理论分析框架，并为后续各章研究提供理论上的支撑和方向上的指导。

本章首先剖析了企业创新活动的特征与政府创新资助的模式，指出企业创新活动具有的严重的信息不对称和缺乏等值抵押品等负面特征，普遍面临融资约束难题。而政府资助的事前审查和事后验收机制释放了政府认证的隐性企业信号。以此为基础，采用现代经济学分析方法，在 Takalo and Tanayama（2010）[15] 的研究基础上，构建了政府创新资助影响企业创新的融资激励机制一般性理论框架，理论分析和模型推演发现了政府创新资助对企业创新的一般性融资激励机制：政府创新资助向外传递了关于企业技术信息的积极信号，进而通过外源融资激励效应促进了企业创新。政府准确识别企业创新类型的能力越强，企业伪装自身类型产生的信号成本越大，创新资助产生的外源融资激励效应越强。

在此基础上放松企业初始财富假定，从企业内部资产配置的动机出发，在政府创新资助的融资激励效应一般性框架中分别纳入基于企业平滑动机的实体资产配置和基于企业逐利动机的金融资产配置因素，通过数理模型推导剖析放松企业初始财富假定后政府创新资助对企业创新的额外融资激励机制：①考虑企业平滑动机时的额外融资激励效应是，创新资助弱化企业内部实体资产配置行为后，企业内部调整成本随之降低，从而提高了外部投资者的预期收益率，政府创新资助通过这一优化配置机制激励投资者增加对企业创新项目的投资，最终促进企业创新；②考虑企业逐利动机时的额外融资激励效应时，获得政府资助的企业会受到政府的动态监管，有助于缓和企业与投资者间的道德风险，企业基于短期逐利动机的金融资产配置行为被削弱，创新资助通过这一监管机制激励企业外部融资，促进企业创新。

第 4 章 政府创新资助对企业创新的融资激励效应检验

第 3 章的理论剖析和模型推演显示，创新资助通过信息传递机制、优化配置机制和监管机制这三种融资激励机制影响企业创新。考察创新资助影响企业创新的融资激励机制的前提是证实创新资助对企业创新具有显著的融资激励效应。有鉴于此，本章首先系统验证了企业创新活动中创新资助的融资激励效应，然后从横向比较维度出发，对创新资助影响企业创新的融资激励效应进行异质性分析，从整体上为第 5 章、第 6 章和第 7 章的进一步机制检验奠定基石。

本章的结构安排如下。首先，根据前章理论分析和模型推导，结合当前企业普遍存在融资约束问题的现实背景，提出待检验的假说。其次，设定实证模型，并阐述实证过程中所需的研究方法、样本选择、指标选取和数据检验等。再次，以 2008—2017 年中国上市公司的数据为研究样本，运用得分倾向匹配法等计量方法从整体上验证创新资助对企业创新的融资激励效应。最后，简要总结本章内容。

4.1 研究假设

为全面系统探析创新资助对企业创新的融资激励效应，本章实证部分需要解决以下两个问题：一是整体上创新资助对企业创新具有怎样的融资激励效应？二是创新资助对企业创新的融资激励效应是否具有异质性？遵循这一思路，下面首先从整体上考察创新资助对企业创新的融资激励效应，然后探究上述关系是否存在异质性。

4.1.1 创新资助对企业创新的融资激励效应

第3章的理论分析指出创新资助释放了企业基于政府技术认证的积极信号，纠正了企业内部低效实体资产配置行为，缓解了企业与外部投资者可能存在的道德风险问题，从而为企业获得了额外的外部融资，形成创新资助对企业创新的融资激励效应，最终促进企业创新。此外，从现有文献来看，秦雪征等（2012）[164]发现政府科技计划通过“资金渠道”促进企业创新。李莉等（2015）[17]认为具有公信力的政府作为独立的第三方，对高科技企业的支持行为具有认证效应，企业传递获得政府支持的相关信息有利于提高银行的认知和认可水平，对缓解信贷约束能起到积极作用。据此，提出本章的第一个待检验的假设：

H1：创新资助通过融资激励效应促进了企业创新。

4.1.2 创新资助对企业创新的融资激励效应异质性分析

（1）企业异质性视角分析

对于创新资助的融资激励效应，不同类型的企业是否具有显著差异？现有研究早已从企业异质性入手，考察不同经济体环境、不同规模、不同年龄的企业所面临的融资约束差别（Fritsch et al.，2006；Czarnitzki and Hottenrott，2011；Brown et al.，2012）[183, 142, 179]，因此，有理由相信创新资助的融资激励效应在不同类型的企业中具有显著差别。本节分别按照产权所有制、企业生命周期以及资助级别对企业进行划分，对创新资助融资激励效应进行异质性分析。

首先，从融资状况来看，在中国当前的制度安排下，国有企业与私营企业在信贷市场的地位千差万别。所面临的融资约束程度不同使这两类企业的创新决策也具有显著差异。根据张璇等（2017）[10]的研究，中国金融市场发展滞后，资本的相对短缺和融资途径的单一性导致银行拥有巨大的金融资源调配权力，掌控主要信贷资源的国有控股银行会针对企业产权性质的差别进行选择性的信贷配给（Allen et al.，2005；叶康涛和祝继高，2009）[19, 184]。国有企业凭借天然的所有制优势，更容易获得银行的庇护和青睐，在金融资源配置中处于优先地位（余明桂和潘红波，2008）[185]。除此之外，国有产权性质本身会缓和企业与融资部门间的信息不对称问题（于蔚等，2012）[186]。与之相比，私营企业通常遭受更为严重的信息不对称问题，在当前特殊的制度背景下，私营企业在金融市场受到了不公正的待遇（Brandt and Li，2003）[187]。由于国有企业自身的产权性质已经对外部投资者释放了隐性的政府担保信号，而私营企业在外部融资时，更需要通过政府资助带来的隐性政府认证信号获得外部投资者的青睐。因此，创新资助的融资激励效应在私营企业更加明显。

其次，处于不同生命周期的企业获得资源的能力以及自主创新的动力均有明显差别（解维敏和方红星，2011）[158]。一方面，根据生命周期理论，与生命体具有的形态变动一样，任何企业均须经历从创立到壮大发展再到逐渐衰退的过程（Miller and Friesen，1984；Drazin and Kazanjian，1990）[188, 189]。处于不同阶段的企业，生产经营、内部组织安排以及高管层与外部投资者的关系等都呈现不同的特征。以处于成长期的企业为例，这类企业通常具有无法被人模仿的专利技术，未来价值较高，企业成长性足，但同时，外部投资者单凭以往经验很难对企业未来前景作出准确判断，企业也不愿意将关键的创新信息暴露给公开市场，投资人和企业间的信息不对称程度较高。成熟期企业已经牢固占据一定的市场份额，企业未来价值不足，但产品市场的地位暂时不可动摇，企业风险较低，内部组织安排也进一步呈现逐渐复杂化的发展态势，甚至已经形成职业经理人团队。企业股权集中度不高，关于治理信息的披露较多，组织透明度较高（James，1974）[190]。而处于衰退期的企业在主营业务方面呈现萎缩态势，企业内部组织的信息透明度仍较高，但外部融资环境变差，企业可以凭借充足的内部现金抵御短期风险。着重需要强调的是，不同生命周期的企业所具有的企业特征使企业与外部投资者间的互动关系不同，遭遇的信息不对称程度不同。众所周知，政府资助政策的施行初衷即为解决市场机制的“失灵”问题，在利益双方面临严重信息不对称问题时，政府介入可以作为一种弥补机制缓和上述问题，因此，对于遭受相对较严重信息不对称问题的成长期企业来说，创新资助对外部投资者的信号传递作用更加有效，其在成长期企业的融资激励效应会更明显。另一方面，从企业创新决策的动机来看，处于成熟期的企业比较安于现状，缺少通过自主创新进一步拓展市场份额的动力，而处于成长期的企业受自身规模所限，有更强的危机意识，希冀开展更多的创新项目（Huergo，2006）[191]。而处于衰退期的企业，业务分散化特征明显，企业未来空间进一步萎缩，在内部治理机制上，官僚作风盛行，企业时刻都有被并购的风险（Adizes，1979）[192]，高管层极有可能出于解聘风险做出伤害股东利益的行为。因此，基于对不同阶段企业的创新动机的判断，外部投资者往往更加青睐潜力巨大的成长期企业，导致政府创新资助隐含的企业积极技术信号将更大程度的激励外部投资。

最后，在当前的政府资助模式下，政府创新资助的标准与审核条件成正比。资助的级别越高，政府对申请对象的审核越严苛。尤其是部委级别以上的政府支持计划，如“973”计划、火炬计划等资助额度均在千万元以上的项目，这类资助与一般性的地方政府资助类型相比，申报的材料清单更加复杂，后续的筛查标准也更加严苛。可以预见，获得资助的级别越高，得到的额外融资激励效应更强。综上分析，提出本章假设：

H2：创新资助对企业创新的融资激励效应在不同类型的企业具有显著差异。成长期企业、私营企业以及资助级别较高的企业，创新资助的融资激励效应相对较强，成熟期和衰退期的企业、国有企业以及资助级别较低的企业，创新资助的融资激励效应相对较弱。

（2）投资者异质性视角分析

本节从投资者异质性出发，进一步探讨创新资助影响企业创新的债务融资激励效应和股权融资激励效应是否有所不同。

国外文献通常基于发达国家相对成熟的资本市场和灵活畅通的信贷融资渠道进行企业创新融资研究。但发展中国家的经济发展往往伴随着金融抑制的状态，尤其对当前处于经济转型关键期的中国而言，金融市场发展滞后不前，资本的相对短缺和融资途径的单一性导致银行拥有巨大的金融资源调配权力（张璇等，2017）[10]，银行信贷成为企业创新依赖的重要融资手段。然而，银行作为债权人仅能分享企业创新成功时的固定收益，却需要担负企业研发创新失败后贷款无法追回的巨大损失，这一风险收益结构的不对称会随着银行与企业信息不对称程度的放大而增加。创新型企业中大部分都处于发展的初创期，历史积累的不足导致企业有形资产较少，对于银行而言，在无法获得与研发项目相匹配的等值抵押品时，其需要搜集更多的与项目前景、成功概率有关的信息，银行在企业的研发活动中具有较大的议价能力（徐飞，2019）[11]。

与银行授信不同，股权投资者通常会追逐高风险、高收益的创新项目，重点关注初创型企业的长期价值增值。Brown et al.（2012）[179]以美国中小科技上市公司为例进行研究，发现这部分企业主要利用股权融资进行创新发展。黄少安和张岗（2001）[193]发现中国上市公司倾向于通过股票市场进行融资。债务融资和股权融资的融资类型不同，导致两类外部投资者具有不同的预期回报结构。股权融资时，企业需要让渡部分剩余索取权，而债务融资仅是负债融资，企业只需到期还本付息即可，无须出让剩余索取权。因此，债务融资与股权融资的最大不同在于股权融资需要分享剩余索取权，股权投资获得的剩余索取权越多越能激励外部股权投资，而巨额政府资助经费的获得能够大大增加企业，尤其是处于初创期的创新型企业的初始财富，进而降低外部投资者的剩余索取收益，最终弱化创新资助的股权激励效果①，据此，提出假设：

H3：政府创新资助增加了企业的初始财富，从而弱化了股权投资者的剩余索取权，在其他条件不变时，创新资助影响企业创新的债务融资激励效应大于股权融资激励效应。

上述分析显示外部股权投资者对企业剩余索取权的追求造成创新资助的融资激励更加偏向于债务融资。本节继续按照股权集中度、企业所属产业特征对企业进行划分，深入探究企业类型是否会影响创新资助对企业创新的融资激励偏好效应。

Grossman and Hart（1988）[194]在研究上市公司股东投票权和现金流分配权时，将企业价值分为共享收益和控制权收益。共享收益是所有股东享有的股息红利的贴现值，而高层经营者所独享的个人收益称为控制权收益。控制权收益具有独占性和排他性。从资本流动趋势的渐变规律来看，一般认为通过控制权独享额外私人收益是股权集中的重要原因（Zwiebel and Block，1995）[195]。一旦大股东获得的控制权超过其所享有的现金流权利，大股东能够从控制权中谋取巨大的个人利益。而股权越集中，创新项目失败对大股东造成的损失越大，因此，这些企业风险厌恶程度较高，决策往往具有风险规避偏好，企业剩余控制权转让引发的内部压力更大。这种情况下，股权集中度高的企业偏向于转让更少的剩余索取权，降低自身

① 关于剩余索取权和企业初始财富的严格数学证明，详见附录 A。

效用损失。外部股权投资者注资于这类企业将获得较少的剩余索取权。倘若外部股权投资者对企业剩余索取权的追求是造成创新资助融资激励偏好的直接原因，则可得出以下待检验的假设：

H4：企业股权集中度越高，创新资助对企业创新的债务融资激励效应越强，股权融资效应越弱。

企业所属的产业性质不同，其技术要素密集度也不同。高新技术产业[①]以“带动企业优化升级，实现新技术重大突破”为战略导向，具有高资本密集度、高技术密集度等特征，且产业发展严重依赖基础性研究的发展水平，前期投入巨大、收益期较长，风险较大。与其他产业相比较，高新技术产业的创新活动遭遇的融资约束问题更加严重。此外，许多新提出的技术路线、商业模式都属于初步探索阶段，未有成熟的经验可以借鉴，而企业出于保密和拓展融资渠道的考虑，往往将关键的创新信息对投资者守口如瓶，甚至出现部分投机型企业捏造虚假信息骗取投资人信任。高新技术企业与投资人间形成的信息不对称问题十分严重，而政府部分作为第三方颇具公信力的主体介入外部投资人和企业的互动关系中，可以依据投资人不具备的强大数据库和人才库鉴别出真正具有创新实力的高新技术企业，在高新技术企业，政府创新资助蕴含的对企业隐性技术实力的认证信号可以撬动更大程度的外来资金。高新技术企业研发周期普遍较长，在国内金融市场发展滞后的前提下，企业创新首先依赖内部资金，通过自身主营业务的利润积累进行初始融资。但无法忽略的是，高新技术企业的资本、知识要素密集度很高，一旦外部经济环境不景气，逐步下滑的内部现金流相对于巨额研发投入只是杯水车薪，没有其他融资手段的情况下企业将陷入进退两难的

① 我国确定的重点高新技术的范围划定为生物和新医药技术、新能源与节能技术、新材料技术、电子与信息技术、资源与环境技术、高技术服务业、航空航天技术、高新技术改造传统产业。本书将高新技术企业界定为在国家确定高新技术范围内，从事研发、生产经营活动，具备法人资格的微观实体。

境地，给企业的持续性创新造成损失（Hall and Lerner, 2010）[128]。因此，除了内部融资手段外，高新技术企业还须通过外源融资渠道进行研发创新。现有研究普遍认为高新技术企业的创新活动偏好于股权融资。这是因为股权投资者具有更高的风险抵御能力，往往追求高风险、高回报的创新项目，希望通过企业长期价值增值来换取收益，尤其重视投资于具有强烈创新意愿的初创型企业。而对于债务融资，债务人仅能分享企业创新成功时的固定收益，却需要担负企业研发创新失败后贷款无法追回的巨大损失，这一风险收益结构的不对称会随着银行与企业信息不对称程度的放大而增加。债权人往往具有风险规避偏好，愿意投资于能够获得稳定预期收益率的项目，而高新技术产业的创新回报期漫长且具备不确定性，这使债务投资者向高新技术企业放款时顾虑重重，而得到政府资助后，企业释放了基于政府技术认证的积极信号，政府的隐性担保为债权人长期投资打了一剂强心剂，相对于风险共担、收益共享的股权融资，政府创新资助更易“刺激”高新技术企业的债务融资，进而促进企业创新。据此，提出假设：

H5：与非高新技术企业相比，高新技术企业的创新资助对企业创新的融资激励效应更加偏向债务融资。

4.2 政府创新资助对企业创新的融资激励效应实证检验

4.2.1 实证方法选择

Wallsten（2000）[42]提出政府资助部门在项目审查时会通过“优胜劣汰”的考察原则进行资格审查，因此样本企业的选取可能存在选择偏差。另外，实证中估计政府创新资助的融资激励效应时，难点是剥离出资助效应中哪些是企业内部激励效应，哪些是外源融资激励的效果。基于以上考虑，本节选取倾向得分匹配模型（Propensity Score Matching，PSM）进行实证研究，PSM模型能恰当解决样本选择偏差且能够有效估计外部效应。初步的实证思路是，将未获得政府资助的样本计作对照组，以获得政府资助的样本作为处理组，以对照组为基准尽可能构建与处理组特征接近的组别，尽量使两组样本的控制变量基本不变，区别仅在于企业是否获得政府资助。数学表达为：

$$E(Y_i)=E(Y_i^Y \mid T=1)-E(Y_i^N \mid T=1) \quad (4-1)$$

其中，Y_i是结果变量，企业是否获得政府资助的信息是公开的。T是处理变量，表示企业是否获得了政府资助，1表示获得政府资助，0表示未获得政府资助。Y_i^N表示获得政府创新资助企业在假定未获得资助时的结果变量，这是一个理想观测值，现实中是无法捕捉到的，在条件独立假设下，可以选取一个包含几乎所有与处理变量和结果变量相关的变量集，以此构造与处理组Y_i^N相匹配的样本。即对每个处理组的样本，在对照组里寻找尽可能与其无限接近的对应样本，与通常的做法一致，采用Rosenbaum and Rubin（1983）[196]提出用倾向得分匹配方法进行匹配，将企业获得政府创新资助的概率表示为：

$$P=Pr\{T_{it}=1\}=\chi\{X_{it-1}\} \quad (4-2)$$

式中，X_{it-1}控制了所有影响企业是否获得政府创新资助的共同影响因素。通过查阅现有文献，选择企业规模、杠杆率、年龄、资本密集度等特征变量作为影响获得政府资助的因素。利用式（4-2）可以计算出企业能否获得资助的预测概率值，而核心的思想是将对照组和处理组预测概率值接近的样本进行配对。匹配的个体可以大大降低样本选择偏差问题造成的干扰。

在获得倾向得分值p_i后，可以进一步估计平均激励效果ATT，但问题在于，倾向得分值$P(X)$是连续变量，很难匹配出两个倾向得分完全相同的样本企业。而现有文献的通常做法是通过以下匹配方法进行处理：最近邻匹配法、半径匹配法、核匹配法。最近邻匹配是以之前得到的倾向得分值为基准，前后向同时寻找与处理组样本企业的倾向得分值最接近的对照组样本，进行匹配。假定 $Q(i)$ 是与处理组中第 i 个观测值对应的匹配样本构成的集合。最近邻匹配的原则可用以下数学式表示：

$$Q(i)=\min_{j}\|p_i-p_j\| \tag{4-3}$$

半径匹配的做法是先给定一个常数 r，原则是处理组的倾向得分值与对照组的倾向得分值之差小于 r 时，选取为匹配对象。具体匹配原则可用以下数学式表达：

$$Q(i)=\{p_j \mid \|p_i-p_j\|<r\} \tag{4-4}$$

核匹配是构造一个虚拟对象来匹配处理组，构造的原则是对现有的控制变量做权重平均，权重的取值与处理组、对照组倾向得分值差距呈反向相关关系。

在选择匹配方法后，最终通过对照组和处理组来衡量的政府创新资助激励效应可以表述为：

$$ATT=\frac{1}{N}\sum_{i}\left(Y_{1i}-\sum_{j\in c(i)}w_{ij}Y_{ci}\right) \tag{4-5}$$

这里，Y_{1i}为处理组中企业 i 的创新水平，Y_{ci}表示与企业 i 相匹配的对照组企业的创新水平，$c(i)$ 为与企业 i 匹配成功的企业集合，w_{ij}为赋予企业 i 相匹配的企业 j 的权重，N 为匹配成功的总对数。

4.2.2 样本选取与变量说明

（1）样本选取

本章选取 A 股上市公司为研究样本，时间跨度为 2008—2017 年。样本起始年份选择 2008 年的原因是 2007 年之前的会计制度并没有强制要求上市公司对外系统披露其研发费用的详细信息，2008

年及以后企业研发费用的统计标准才逐步得到统一。为尽量减少数据错漏与变量缺失值影响，综合 CSMAR 数据库、Wind 等多个数据库原始数据，样本起始期定在 2008 年。

本书对原始数据还做了以下处理工作：①按照 1% 的水平对每个样本数据进行 Winsorize 处理；②剔除了部分公司财务变量等相关数据缺失的样本；③对企业总资产和固定资产金额均以固定资产投资价格指数调整为实际值；④保留具有连续 3 年以上观测值的企业数据；⑤对企业盈利水平进行行业调整。在做完以上处理工作后，得到的研究样本包括 2687 家企业，14107 个观测值。

上市公司研发投入数据通过整理国泰安上市公司数据库和上市公司年报得到。年报数据来源于上海证券交易所“上市公司报告”栏目和深圳证券交易所“上市公司报告”栏目。整理上市公司年报中的研发费用时，以年报中公司披露的实质为标准，而不管其披露的形式。披露的形式有以下几种：①上市公司年报中“董事会报告”这一节中明确披露研发支出；②资产负债表中的研究开发支出；③现金流量表中“支付的其他与经营活动有关的现金”项目中的技术开发费用；④管理费用中特别注明的开发费用；⑤年度社会责任报告中特别提及的研发支出；⑥无形资产中批注标记研究开发支出。

上市公司获得政府创新资助的信息披露于公司年报财务报表附注“营业外收入”科目下的“政府补助明细”中。收集公司获得政府资助数据的步骤如下：上市公司年报中“政府补助明细”项列数了政府补助去向的详情，本书通过关键词检索的方法确定每一个政府补助项目是否用于支持企业创新。判定一个项目是否属于创新资助项目的关键词范围包括：①技术名词：如“研究”“创新”“研制”“创意”“技术”“技术开发”“人才补助”“技术项目拨款”“科技计划”“研发”“开发”“专利资助”“新产品”等；②政府创新支持计划关键词：如“星火计划”“火炬计划”“863”

“小巨人”“孵化器”等；③高新科技领域额专有名词：如“抗肿瘤新药”“新型抗凝血药”“集成系统”“机器人”“传感”“云计算”等。

（2）变量定义

①结果变量。本章同时用创新投入变量和创新产出变量衡量企业创新水平。参照已有文献的普遍做法，选取研发支出与总资产的比值（*RD*1）来衡量企业的创新投入强度。在稳健性检验中，采用研发支出与营业收入比值（*RD*2）作为衡量企业创新投入的替代性指标。用企业申请专利的数量（*Pat*）来衡量企业创新产出，体现企业的创新水平。参考周煊等（2012）[197]、黎文靖和郑曼妮（2016）[53]等研究，在稳健性检验中用发明专利申请数量（*Pati*）作为替代性指标衡量企业创新产出。由于专利数的零值较多，参照通常的处理手段，对专利数加 1 取对数。

②处理变量。处理变量使用创新资助哑变量 *Dum_s*，如果企业获得了政府创新资助，则定义为 1，否则为 0。

③控制变量。本书尽可能控制了所有影响匹配效果的变量。控制变量分为几类：第一类，公司特征变量。第一，企业规模。根据熊彼特的创新理论假说，企业规模是影响企业创新实力的重要因素。Okamuro and Zhang（2006）[198]认为，与小企业相比，规模更大的企业具备开展企业创新活动的优良条件。但也有研究认为小企业的技术创新水平更高（Arrow，1962）[4]，小企业的组织架构更加简单，可以更高效地执行研发项目。可以看出，企业规模对企业创新实力的作用方向是不确定的，学术界在此分歧争议很大，但均承认企业规模在企业创新中具有重要作用，在此，借鉴 Hansen and Hill（1991）[199]等学者的做法，以企业固定资产净值的对数作为衡量企业规模的指标。第二，企业负债水平。用企业总负债占企业总资产的比重表示，总负债由短期负债与长期负债相加所得，预期其与因变量企业创新之间具有负向关系。第三，企业盈利水平。用企

业净利润与企业总资产的比值进行衡量，且企业盈利水平经过行业中位数调整，预期企业盈利水平的系数为正。第四，企业年龄。该变量用企业真实年龄经对数化处理后所得。第五，资本密集度。定义为企业固定资产净值与企业员工数的比值，最终结果还需经过对数化处理。第六，企业成长能力。用营业收入增长率作为衡量企业成长能力的代理指标，预期其回归系数为正。第七，股权集中度。根据杨建君等（2015）[200]的研究股权集中度与企业创新具有密切联系，用第一大股东持股比例作为股权集中度的衡量指标。第八，市场势力。具备一定市场实力的企业往往拥有大批高素质的员工，可以迅速转化为企业创新项目亟需的高水平人才。此外，市场势力较大的企业有足够的经验和能力保证关键创新信息不被外泄（Jaffe，1988）[201]。据此预期市场势力与企业创新之间具有正向关系，用对数化的企业营业收入与营业成本之比作为市场势力的代理指标。第二类，行业特征变量。本章控制了行业固定效应，行业特征变量以中国证监会公布的《上市公司分类与代码》为准，将样本企业的行业界分到3分位码行业。需要说明的是行业虚拟变量仅在除固定效应之外的回归中起作用，固定效应模型中这些非时变因素被自动去除了。第二类：企业融资需求变量。银行贷款和股权融资衡量了市场投资者对企业信用能力的评价（Meuleman and Maeseneire，2012；Colombo et al.，2013）[202, 203]，因此，控制了企业借款哑变量（*Dum_l*）和股权融资哑变量（*Dum_e*），当企业某年度具有债务融资（股权融资）时，债务融资哑变量（股权融资哑变量）定义为1，否则为0。主要变量的定义见表4－1。

表4－1　变量名称与定义

变量类型	变量名称	符号	定义
结果变量	创新投入变量	*RD*1	研发支出与总资产之比
	创新产出变量	*Pat*	企业申请专利的数量加1取对数

续表

变量类型	变量名称	符号	定义
处理变量	创新资助哑变量	*Dum_s*	企业获得创新资助时定义为1，否则为0
控制变量	企业杠杆	*Lev*	企业总负债占企业总资产的比重
	企业规模	*Size*	企业总资产取对数
	企业年龄	*Age*	企业真实年龄经对数化处理
	企业成长能力	*Growth*	当年销售增加值与年初销售额之比
	股权集中度	*Holder*	第一大股东持股比例
	市场势力	*Market*	企业营收与营业成本之比
	企业盈利水平	*Pro*	企业净利润与企业总资产之比
	企业资本密集度	*Capital*	企业固定资产净值与企业员工数的比值，并经对数化处理
	企业债务融资哑变量	*Dum_l*	企业某年度有银行借款则定义为1，否则为0
	企业股权融资哑变量	*Dum_e*	企业某年度具有股权融资则定义为1，否则为0

（3）描述性统计分析

表4-2列示了所有变量的描述性统计结果，包括均值、标准差、最小值、中位数、最大值、偏度系数和峰度系数。

从因变量来看，研发投入变量*RD*1和专利申请数*Pat*的均值分别为1.966和1.374，标准差分别为1.768和1.592，且每一指标最大值与均值之差远大于两倍标准差，因此，企业之间创新水平差异较大。进一步，*RD*1的偏度系数为1.663，峰度系数为6.719，说明样本企业创新投入的分布呈现非正态性，具有右偏和尖峰特征；*Pat*的偏度系数为0.940，峰度系数为3.248，意味着样本企业专利申请数的分布同样具有左侧峰值和右部重尾的特征，但其分布不如*RD*1陡峭。

从核心变量来看，样本企业的创新资助均值和中位数分别为

0.261、0.072，中位数远小于均值，这表明大于均值的样本企业数目远不足总样本数的一半，不同企业获得政府资助的程度可能存在较大差异。进一步，样本企业创新资助的偏度系数为3.190，即具有右偏离的特征，峰度系数为14.50，表明创新资助的分布十分陡峭。

从控制变量来看，企业成长能力、企业资本密集度的最大值与最小值相差较大，表明这两个指标在企业间差异较大，企业规模、企业年龄、企业杠杆率、股权集中度、市场势力、企业盈利水平的分布较为平均。企业规模、企业年龄、企业杠杆率、股权集中度的偏度系数均位于（-1，1）内，峰度系数也位于3左右，说明上述指标的分布相对平坦。其余控制变量中，企业成长能力、企业市场势力、企业盈利水平和企业资本密集度的峰度系数与3相差较大，表明这四个指标的分布较为陡峭。

表4-2　　　　全样本变量的描述性统计

变量	样本数	均值	标准差	最小值	中位数	最大值	偏度	峰度
RD1	11924	1.966	1.768	0.010	1.620	9.440	1.663	6.719
Pat	14107	1.374	1.592	0	0.693	8.753	0.940	3.248
Sub	15833	0.261	0.480	0	0.072	2.823	3.190	14.500
Size	21008	21.810	1.327	16.120	21.650	28.510	0.718	4.348
Age	20592	13.900	5.430	0	14	37	0.076	2.781
Lev	20688	0.444	0.228	0.047	0.437	1.164	0.304	2.678
Growth	18905	0.150	0.359	-0.638	0.106	2.236	2.278	13.340
Holder	16900	36.190	15.580	0.290	34.260	99	0.495	2.773
Market	19954	0.360	0.302	-0.036	0.276	1.624	1.863	7.175
Pro	21198	0.045	0.064	-0.226	0.042	0.241	-0.657	7.285
Capital	21167	12.330	1.210	3.948	12.300	19.640	0.167	5.529
Dum_l	22508	0.593	0.491	0.000	1.000	1.000	-0.379	1.144
Dum_e	20242	0.647	0.478	0.000	1.000	1.000	-0.615	1.378

4.2.3 实证检验与结果分析

(1) 倾向得分估计与平衡性检验

PSM 估计的第一步是计算倾向得分值。表 4-3 是运用 logit 概率模型对协变量的估计结果。可以看出，企业规模和企业年龄的系数分别为 -0.178、-0.018，且均在 1% 的水平上显著，说明小企业和年轻企业获得政府资助的可能性更大，这可能是因为大型企业与处于成熟期的企业普遍倾向于申请国家大型创新项目，而小企业和年轻企业参与的以小额研发项目为主，相比较而言，大型创新项目的资助数量较少，而小额度创新项目的数量较多，因此从获得政府资助的可能性上，小企业和年轻企业更易获得资助。企业杠杆率的系数显著为负，表明低杠杆的企业更易获得政府资助，这与 Long and Malitz (1985)[204] 的研究一致，政府出于风险把控的考虑，不太愿意资助债台高筑的企业。企业成长能力的系数显著为正（系数值为 0.257，t=2.38），这与预期一致，成长能力越高的企业，越易得到政府青睐。股权集中度的系数为 -0.007，且在 1% 的水平上显著，说明股权集中度增加 1 个单位，企业获得政府资助的可能性平均下降 7%。这一结果与 Chen et al. (2011)[205] 的研究一致，股权越集中，双代理问题凸显，企业创新资源配置不足。市场势力、企业盈利水平以及企业资产密集度的系数不再显著，这些企业特征变量并不影响政府创新资助的分配。企业债务融资哑变量与股权融资哑变量的系数分别为 0.190 和 0.155，且分别在 10% 水平上和 5% 水平上显著，表明企业的这两种外源融资情况的好转都有助于提升企业获得政府资助的可能性。

表4-3 协变量对政府是否进行创新资助的影响

政府是否进行创新资助	估计系数
Size	-0.1782*** (-6.13)
Age	-0.0180*** (-2.80)
Lev	-0.7225*** (-3.67)
Growth	0.2574** (2.38)
Holder	-0.0070*** (-3.33)
Market	-0.0200 (-0.15)
Pro	-0.3725 (-0.82)
Capital	-0.0284 (-0.89)
Dum_e	0.1553** (2.34)
Dum_l	0.1900* (1.79)
_Cons	5.5140*** (8.64)
N	13063

注：检验统计量下方括号内为相应t值，*、**、***分别表示在10%、5%与1%水平上显著。

在完成得分倾向匹配后，需要进行所有协变量的平衡性检验来保证匹配结果的准确性。表4-4报告了平衡性检验结果，可以看出，经过匹配后所有变量T检验的p值基本大于10%，表明协变量在对照组与处理组之间没有显著差异，所有协变量在两组之间是平衡的，均满足条件外生假设。为了进一步直观分析协变量匹配前后的平衡性检验效果，本书在图4－1、图4－2中列示了控制组和实验组在匹配前、匹配后的核密度分布图，本书发现，匹配前控制组与实验组的核密度函数差异很大，而经过匹配之后，两组的核密度函数分布比较相似，证明匹配结果较好。

表4－4　　　　平衡性检验

协变量	样本类别	均值		偏差率	偏差变化率	T检验	
		处理组	对照组			T值	P>|t|
Size	U	21.71	22.24	-37		-15.010	0.000
	M	21.72	21.69	2.300	93.80	1.020	0.330
Age	U	13.18	13.62	-8.200		-2.930	0.003
	M	13.20	13.29	-1.700	79	-1.220	0.221
Lev	U	0.395	0.479	-38.60		-14.180	0.000
	M	0.396	0.394	1.300	96.60	0.960	0.339
Growth	U	0.151	0.132	6		2.140	0.032
	M	0.145	0.144	0.100	99.10	0.040	0.968
Holder	U	35.57	39.09	-22.30		-8.320	0.000
	M	35.71	35.48	1.500	93.30	1.100	0.273
Market	U	0.369	0.322	15.70		5.590	0.000
	M	0.366	0.386	-6.600	58.10	-1.710	0.102
Pro	U	0.0519	0.0481	4.200		1.490	0.138
	M	0.0524	0.0537	-1.400	66.10	-1.170	0.242
Capital	U	12.18	12.38	-18.80		-7.100	0.000
	M	12.19	12.16	2.700	85.70	1.690	0.104

联合检验	Pseudo R^2	LR chi^2	P>chi^2
U	0.191	89.920	0.000
M	0.001	26.610	0.131

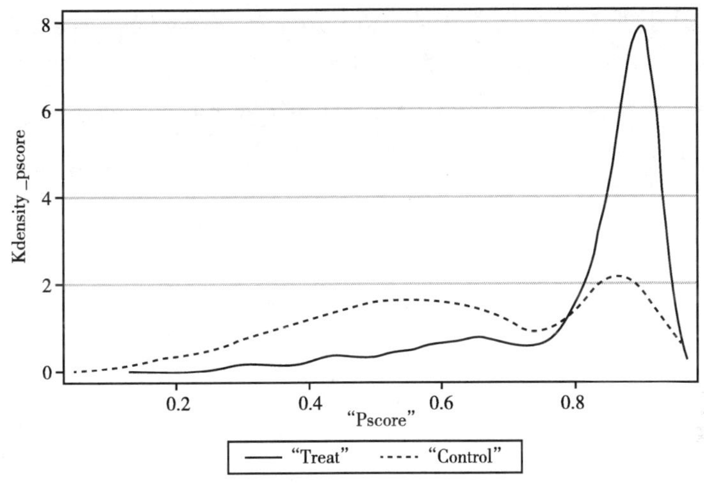

图 4－1　总体样本匹配前的 P－Score 拟合图

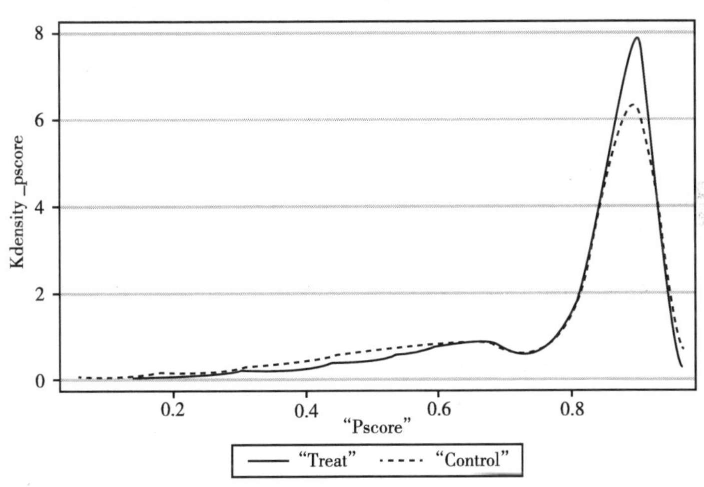

图 4－2　总体样本匹配后的 P－Score 拟合图

（2）创新资助的平均激励效应

经过平衡性检验后，本节依次采用上节提出的最近邻匹配、半径匹配以及核匹配方法估计创新资助对企业创新的平均激励效应，结果列于表4-5。从企业创新投入*RD*1的ATT结果来看，无论选择最近邻匹配、半径匹配还是核匹配进行估计，获得创新资助的企业自身研发投入水平较未获得政府资助的企业均明显提高，处理组的平均处理效应（ATT）分别为0.256、0.228、0.298，且均在1%的水平上显著为正。这说明政府资助对企业创新投入起到了显著的激励效应。这一结果与白俊红（2011）[32]、张杰等（2015）[16]的研究一致，证实了政府资助对企业创新活动的挤入效应。而从企业创新产出*Pat*的ATT结果来看，上述三种匹配方法进行估计的ATT值同样均在1%的水平上显著为正，与未获得政府资助的企业相比较，获得资助的企业创新产出水平明显提高，证明政府资助对企业创新产出同样具有显著的激励效应。

表4-5　平均处理效应结果

匹配方法	结果变量	平均处理效应估计结果	
		ATT	T值
最近邻匹配	*RD*1	0.256***	3.69
	Pat	0.256***	4.68
半径匹配	*RD*1	0.228***	4.02
	Pat	0.284***	6.60
核匹配	*RD*1	0.298***	5.38
	Pat	0.280***	6.63

*** 表示在1%水平上显著。

（3）政府创新资助的融资激励效应识别

上节验证了政府创新资助对企业创新的激励效应，为了进一步验证H1的结论，本节考察政府创新资助是否通过融资激励效应促进了企业创新。在上节全样本的基准PSM估计基础上，本节从企业债务融资、企业股权融资两个主要外源融资渠道检验政府创新资助对企业创新的融资激励效应。

首先，从企业债务融资角度考察政府资助的融资激励效应，按照债务期限将企业银行借款划分为短期银行借款和长期银行借款，表4-6的（1）（2）行显示了无短期借款企业和有短期借款企业的ATT结果，可以看出，在无短期借款的企业中，无论利用何种匹配方法，未获得政府资助的企业与获得政府资助的企业在创新投入水平上并不存在显著差异，表明政府创新资助在无短期借款的企业中并未发现具有激励效应，同样的，以企业创新产出（*Pat*）作为结果变量时，也基本未发现政府创新资助对*Pat*具有激励效应。作为对比，在对有短期借款企业的ATT分析中，以创新投入为结果变量，采用最近邻匹配、半径匹配以及核匹配方法进行估计的ATT值分别为0.314、0.308、0.350，且均在1%的水平上显著，说明获得政府资助的企业相较于未获得政府资助的企业在创新投入上有了显著提升，政府创新资助对具有短期借款的企业具有融资激励效应。以创新产出作为结果变量时，三种匹配方法的ATT结果均显著为正，从而从企业创新产出角度证明政府创新资助对具有短期借款的企业具有融资激励效应。

表4-6的（3）（4）行是利用企业长期借款进行分类PSM匹配后得出的ATT结果，从式（3）无长期借款样本企业的ATT值看出，三种匹配方法下企业获得政府创新资助对企业创新的平均处理效应分别为0.293、0.258、0.304，且基本都不显著，表明样本企业无论是否获得政府创新资助其创新投入水平并未存在显著差异，政府创新资助在无长期借款的企业中并未发现具有激励效应。类似的，使用企业创新产出作为结果变量时，也发现获得政府资助的企业与未获得政府资助的企业在创新产出上并不存在显著差异，政府资助对*Pat*也不具有激励效应。进一步，对有长期借款企业进行ATT结果分析中发现，采用上述三种匹配方法估计政府资助对企业创新投入的平均处理效应结果分别为0.149、0.190、0.275，且均至少在5%的水平上显著，表明与未获得政府创新资助的企业

相比，获得政府创新资助的样本企业在创新投入上有显著提升，政府资助对具有长期借款的企业有融资激励效应。同样的结论在以创新产出作为结果变量时也得到了验证。

其次，从股权融资角度考察政府创新资助的融资激励效应，表4-6的（5）（6）行分别显示了无股权融资样本企业和有股权融资样本企业的ATT结果，从创新投入*RD*1的结果来看，无股权融资的样本中，三种匹配方法估计得出的ATT结果并不十分显著，而有股权融资的样本对应的ATT结果分别为0.269、0.286、0.326，均在1%的水平上显著，说明政府创新资助对获得股权融资的企业具有创新投入激励效应；当以创新产出变量*Pat*作为结果变量时，未获得股权融资的企业基本都不具有显著的ATT效应，而获得股权融资的企业均具有显著为正的ATT效应，这表明政府资助对获得股权融资的企业具备明显的创新产出激励效应。

综上，按照企业债务融资、股权融资分类的PSM匹配结果验证了H1提出的政府创新资助作用于企业创新时具有融资激励效应：政府创新资助对获得外源融资（债务融资、股权融资）的企业具有激励效应，而对未获得外源融资的企业并无激励效应。因此，政府创新资助通过激励外部融资水平进而对企业创新产生了激励效应。

表4-6　创新资助对企业创新的融资激励效应识别的检验结果

	最近邻匹配		半径匹配		核匹配	
	*RD*1	*Pat*	*RD*1	*Pat*	*RD*1	*Pat*
无短期借款的ATT效应（1）	-0.250 (-0.9)	0.196 (1.23)	-0.024 (-0.10)	0.298* (1.71)	-0.019 (-0.10)	0.179 (1.16)
有短期借款的ATT效应（2）	0.314*** (4.24)	0.215*** (3.54)	0.308*** (5.07)	0.245*** (3.65)	0.350*** (5.85)	0.247*** (3.74)

续表

	最近邻匹配		半径匹配		核匹配	
	*RD*1	*Pat*	*RD*1	*Pat*	*RD*1	*Pat*
无长期借款的ATT效应(3)	0.293 (1.44)	0.262 (1.31)	0.258 (1.49)	0.280 (1.48)	0.304** (1.97)	0.209 (1.62)
有长期借款的ATT效应(4)	0.149** (1.97)	0.256*** (3.33)	0.190*** (2.64)	0.188** (2.08)	0.275*** (3.95)	0.181** (2.07)
无股权融资的ATT效应(5)	0.105 (0.75)	0.415 (1.46)	0.212* (1.73)	0.135* (1.82)	0.236* (1.66)	0.306 (0.94)
有股权融资的ATT效应(6)	0.269*** (3.38)	0.224*** (3.00)	0.286*** (4.13)	0.192** (2.42)	0.326*** (4.76)	0.165** (2.1)
无风险投资的ATT效应(7)	0.042 (0.22)	0.243 (1.33)	0.050 (0.32)	0.080 (0.52)	0.174 (1.18)	0.036 (0.25)
有风险投资的ATT效应(8)	0.286*** (3.45)	0.218*** (2.60)	0.261*** (3.96)	0.255*** (3.78)	0.301*** (4.63)	0.256*** (3.84)

注：检验统计量下方括号内为相应t值，**、***分别表示在5%、1%水平下显著。

4.2.4　稳健性检验

（1）其他外源融资渠道下的激励效应

为了稳健起见，本节又从风险投资角度继续研究创新资助的融资激励效应，根据前面的假设，政府的融资激励效应主要来源于创新资助分配过程中，政府的严格审查筛选机制传递出的优良技术认证信号对外部融资的激励效应，据此，本书预计政府资助同样会撬动信息高效传递的风险投资入场。

按照是否具有风险投资将企业分类，进而对企业进行分类PSM匹配。表4-6的（7）（8）行显示了两类样本企业的ATT结果。对于未获得风险投资的样本企业，无论选择哪种匹配方法进行估计，创新资助对创新投入的激励效应和对创新产出的激励效应都不显著，而在获得风险投资的企业组，以*RD*1作为结果变量的三种匹配方法估计出的ATT结果分别为0.286、0.261、0.301，均显著。以*Pat*作为结果变量的三种匹配方法估计出的ATT结果分别为0.218、0.255、0.256，均在1%的水平下显著。这表明创新资助对获得风险投资的企业具有激励效应。上述结果表明，从风险投资角度，政府资助对企业创新具有融资激励效应，这与前述的预期一致，证实了基准结果的稳健性。

（2）替换性指标[①]

在核心解释变量和控制变量不变的情况下，以企业研发支出与营业收入比值（*RD*2）作为衡量企业创新投入的替代性指标。用发明专利申请数量（*Pati*）作为替代性指标衡量企业创新产出，再次进行PSM估计，具体ATT结果见表4-7。可以看出，以企业短期借款、企业长期借款以及企业股权融资进行分类PSM匹配的结果中，以创新投入变量*RD*2为结果变量时，ATT值与显著程度未发生明显变化，替代性指标的估计结果验证了基准估计的稳健性。但以企业发明专利申请数作为结果变量时，无论从企业短期借款、企业长期借款抑或股权融资渠道考察创新资助的融资激励效应，与未获得政府创新资助的企业组相比，获得政府资助的样本组并未发现明显激励效应，可能的解释是与实用新型和外观设计专利相比，发

① 为了进一步验证创新资助对企业创新是否具有融资激励效应，本节还建立中介效应模型进行稳健性检验，囿于篇幅，该部分检验置于附录B。

明专利从申请到获得批准的时限更长，政府资助对企业发明专利的激励效应的发挥可能具有一定的时滞性。还有一种解释是，企业在策略性创新动机的驱使下，刻意追求企业专利申请总数的增加，忽略了时限较长，见效较慢的发明专利数量的增加，这一解释与黎文靖和郑曼妮（2016）[53]的研究一致。

表4-7　　稳健性检验：替换性指标

	最近邻匹配		半径匹配		核匹配	
	RD2	*Pati*	*RD2*	*Pati*	*RD2*	*Pati*
无短期借款的ATT效应(1)	0.422 (0.68)	0.274 (1.46)	0.573 (1.05)	0.171 (1.05)	0.556 (1.16)	0.100 (0.70)
有短期借款的ATT效应(2)	0.318** (2.17)	0.067 (0.87)	0.543*** (4.78)	0.127** (2.07)	0.667*** (5.96)	0.133 (1.22)
无长期借款的ATT效应(3)	0.518 (1.63)	0.254*** (2.80)	0.541 (1.31)	0.172** (2.36)	0.675* (1.92)	0.115 (1.59)
有长期借款的ATT效应(4)	0.425*** (2.86)	0.125 (1.29)	0.472*** (3.94)	0.063 (0.76)	0.701*** (6.04)	0.061 (0.76)
无股权融资的ATT效应(5)	0.379 (1.32)	0.204* (1.85)	0.459** (2.08)	0.218** (2.53)	0.603 (0.85)	0.202** (2.44)
有股权融资的ATT效应(6)	0.724*** (3.72)	0.157* (1.75)	0.582*** (3.88)	0.083 (1.14)	0.694*** (4.68)	0.057 (0.79)

注：检验统计量下方括号内为相应t值，*、**、***分别表示在10%、5%与1%水平下显著。

4.3 政府创新资助对企业创新的融资激励效应异质性实证检验

（1）企业异质性视角的实证检验

为验证 H2，讨论不同类型的企业间创新资助影响企业创新的融资激励效应是否存在显著差异，本节基于分样本的企业数据重新进行 PSM 匹配。表 4-8 展示了不同样本下政府创新资助对企业创新的平均处理效应。表 4-8 第（1）至第（7）列是以创新投入 *RD*1 作为结果变量时的 ATT 结果，第（8）至第（14）列显示的是以创新产出 *Pat* 为结果变量时的 ATT 结果。具体来看，第（1）至第（3）列是按照企业生命周期①分类 PSM 匹配后得出的估计结果，可以看出，初创期企业创新资助的基准 ATT 效应为 0.378，且在 1% 的水平下显著，而对应的 ATT 结果在成熟期企业和衰退期企业分别为 0.085、0.205，均不显著，说明初创期企业创新资助对企业创新投入具有明显的激励效应，而成熟期企业和衰退期企业创新资助对企业创新投入并无显著的激励效应，这一结果初步证明处于初创期的企业政府资助起到了显著的激励效应。进一步，分析处于不同生命周期企业政府创新资助对企业创新的融资激励效应。与表 4-7 类似，本节通过比较未获得银行借款（未获得股权融资）企业 ATT 效应与获得银行借款（获得股权融资）企业的 ATT 效应探究政府资助是否具有债务（股权）融资激励效应。可以看出，将样本限定在未获得银行借款的企业时，三类处于不同生命周期阶段的企业 ATT 效应分别为 0.291、-0.230、-0.890，均不显著，

① 本书参考 Dickinson（2011）[206] 的做法，根据经营、投资、筹资现金的净流量组合把企业划分为成长期、成熟期和衰退期三个阶段分样本分析。

作为对比，将样本限定在获得银行借款的企业时，仅初创期企业的ATT结果显著为正（$b=0.320$，$t=3.78$），这说明与成熟期和衰退期的企业相比，初创期企业政府创新资助的债务融资激励效应更明显。此外，将样本限定在未获得股权融资的企业时，处于不同生命周期的三类企业的ATT效应均不显著（t值分别为1.60、-0.07、0.72），而将样本限定为获得股权融资的企业时，仅初创期企业的ATT效应显著为正（$b=0.425$，$t=4.71$），说明初创期企业政府资助的股权融资激励效应显著，而这一效应并未在成熟期企业和衰退期企业中得到体现。综上，与成熟期企业和衰退期企业相比，初创期企业的政府资助对企业创新投入具有更加明显的融资激励效应。接下来探究三类企业的政府资助在影响企业创新产出时的融资激励效应，具体的ATT结果见表4-8第（8）至第（10）列。从第（8）列的结果可以看出，初创期企业的政府资助对企业创新产出同样具有显著的融资激励效应，这与创新投入作为结果变量的结果一致。第（9）列的结果证实成熟期企业政府资助对企业创新产出同样不具备显著的融资激励效应。而第（10）列的结果表明衰退期企业的政府资助对创新产出具有显著的债务融资激励效应（无银行借款样本的ATT值不显著，而获得银行借款样本企业的ATT值为0.169，且在5%水平下显著为正），这与前面提出的理论假设有所出入，可能的解释是，处于衰退期的企业往往是亟待转型升级的传统企业，而银行基于信用风险的考虑仍将信贷资金配置于这些传统企业，而这些企业往往具有更好的创新成果变现能力，因此政府资助传递的积极信号使企业容易外部信贷资金，进而促进企业创新产出。综合*RD*1和*Pat*的结果来看，与成熟期企业和衰退企业相比，初创期企业的政府资助具有更加显著的融资激励效应，验证了H2的第一部分结论。

表4-8第（4）列、第（5）列展示了按产权性质分类PSM匹配后得出的ATT结果，其中，国企和私营企业基准ATT效应分

别为0.292、0.365，均在5%的水平下显著，私营企业政府创新资助的额外激励效应更强。进一步，分析国企和私营企业的政府创新资助影响创新投入的融资激励效应。将样本限定在未获得银行借款的企业时，国有企业和私营企业政府资助对创新投入的ATT效应均不显著，反过来，将样本限定在获得银行借款的企业时，国有企业政府资助对企业创新投入的ATT效应仍不显著，而私营企业政府资助对企业创新投入的ATT效应为0.235，且显著。这说明和国有企业相比，私营企业的政府资助对企业创新投入具有显著的融资激励效应（债务融资渠道）。此外，将样本限定为未获得股权融资的企业时，国企政府资助对企业创新投入的平均处理效应显著，而私营企业政府资助对企业创新投入的ATT结果不显著，而对于获得股权融资的样本企业，国有企业相应的ATT结果反而不显著，而私营企业相应的ATT结果显著为正（$b=0.206$，$t=2.91$），这一结果从股权融资渠道验证了私营企业的政府资助对企业创新投入的显著融资激励效应。下一步，探究国有企业和私营企业的政府资助影响企业创新产出的融资激励效应。表4-8第（11）列、第（12）列展示了*Pat*作为结果变量时两类企业的ATT结果。可以看出，基准ATT结果显示私营企业政府创新资助对企业创新产出的平均处理效应更强（国有企业的b值为0.186，私营企业的b值为0.281，均在1%的水平显著）。而针对国企和私营企业的政府资助影响创新产出的ATT结果同样显示私营企业政府资助影响企业创新产出的融资激励效应更强（包括债务融资渠道和股权融资渠道）。综合*RD*1和*Pat*的结果来看，与国有企业相比，私营企业的政府创新资助具有更加显著的融资激励效应。这验证了H2第二部分结论。

最后，本节实证分析资助级别[①]对政府创新资助融资激励效应的影响。表4-8第（6）列、第（7）列展示了以*RD*1作为结果变

① 按照政府资助额度是否大于五千万对企业进行分类。

量时，高资助企业与低资助企业的ATT结果。基准ATT效应显示高资助企业政府创新资助的激励效应十分显著（$b=0.302$，$t=4.11$），而低资助企业政府资助的激励效应并不显著。进一步，限定样本为未获得银行借款的企业时，高资助企业和低资助企业政府资助对企业创新投入的平均处理效应均不显著，而作为对比，将样本限定为获得银行借款的企业时，高资助企业政府资助对企业创新投入的平均处理效应显著为正（$b=0.337$，$t=4.65$），而低资助企业的对应ATT结果仍不显著，这说明与低资助企业相比，高资助企业政府资助影响企业创新投入的融资激励效应更加明显（债务融资渠道）。此外，限定未获得股权融资企业和获得股权融资企业的比对结果显示，与低资助企业相比，政府资助更加明显的激励了高资助企业的外部股权融资水平，进而促进企业创新投入。接下来，分析两类企业的政府资助影响企业创新产出的融资激励效应，表4-8第（13）列、第（14）列的结果显示，与低资助企业相比，高资助企业的政府资助对企业创新产出具有更加明显的融资激励效应。综上，可得出：高额资助影响企业创新的融资激励效应更明显，这验证了H2的最后一部分结论。

表4-8　创新资助的融资激励效应ATT结果：企业异质性视角

Panel A：*RD*1为结果变量

	按生命周期分样本			按产权性质分样本		按资助级别分样本	
	初创期 (1)	成熟期 (2)	衰退期 (3)	国企 (4)	私营企业 (5)	高政府资助企业 (6)	低政府资助企业 (7)
基准ATT效应	0.378*** (4.37)	0.085 (0.57)	0.205 (1.09)	0.292*** (2.62)	0.365*** (3.98)	0.302*** (4.11)	-0.068 (-0.75)
无银行借款的ATT效应	0.291 (0.72)	-0.230 (-0.64)	-0.890 (-1.05)	-0.314 (-0.51)	-0.080 (-0.25)	-0.268 (-0.96)	-0.269 (-0.71)

续表

Panel A：*RD*1 为结果变量

	按生命周期分样本			按产权性质分样本		按资助级别分样本	
	初创期 （1）	成熟期 （2）	衰退期 （3）	国企 （4）	私营企业 （5）	高政府资助企业 （6）	低政府资助企业 （7）
有银行借款的 ATT 效应	0. 320 *** （3. 78）	0. 133 （0. 89）	0. 175 （0. 94）	0. 209 （1. 60）	0. 235 ** （2. 33）	0. 337 *** （4. 65）	−0. 115 （−1. 19）
无股权融资的 ATT 效应	0. 341 （1. 60）	−0. 016 （−0. 07）	0. 177 （0. 72）	−0. 397 * （−1. 79）	0. 278 （1. 46）	0. 319 ** （2. 21）	−0. 121 （−0. 64）
有股权融资的 ATT 效应	0. 425 *** （4. 71）	0. 087 （0. 47）	0. 332 （1. 21）	0. 364 （1. 61）	0. 206 *** （2. 91）	0. 363 *** （4. 33）	−0. 024 （−0. 21）

Panel B：*Pat* 为结果变量

	按生命周期分样本			按产权性质分样本		按资助级别分样本	
	初创期 （8）	成熟期 （9）	衰退期 （10）	国企 （11）	私营企业 （12）	高政府资助企业 （13）	低政府资助企业 （14）
基准 ATT 效应	0. 237 *** （3. 56）	0. 118 （1. 49）	0. 236 （1. 53）	0. 186 *** （2. 73）	0. 281 *** （5. 35）	0. 299 *** （6. 41）	−0. 015 （−0. 31）
无银行借款的 ATT 效应	−0. 031 （−0. 11）	0. 393 ** （2. 03）	0. 365 （1. 54）	0. 074 （0. 36）	0. 179 （1. 17）	0. 140 （1. 01）	0. 023 （0. 14）
有银行借款的 ATT 效应	0. 263 *** （3. 95）	0. 179 * （1. 92）	0. 169 ** （2. 37）	0. 148 ** （2. 10）	0. 360 *** （6. 41）	0. 237 *** （4. 66）	−0. 045 （−0. 90）
无股权融资的 ATT 效应	0. 202 * （1. 95）	0. 230 ** （2. 37）	0. 440 *** （5. 31）	0. 240 *** （2. 94）	0. 282 * （1. 65）	0. 331 （0. 33）	0. 046 （0. 68）

续表

Panel B：*Pat* 为结果变量							
	按生命周期分样本			按产权性质分样本		按资助级别分样本	
	初创期 (8)	成熟期 (9)	衰退期 (10)	国企 (11)	私营企业 (12)	高政府资助企业 (13)	低政府资助企业 (14)
有股权融资的 ATT 效应	0.204 *** (2.59)	0.188 (1.45)	-0.074 (-0.63)	0.150 (1.60)	0.250 *** (3.62)	0.198 *** (3.19)	-0.054 (-0.84)

注：囿于篇幅，表 4-8 省略了使用替代性指标 *RD*2、*Pati* 作为结果变量的 ATT 结果，完整结果参见附录 C。检验统计量下方括号内为相应 t 值，*、**、*** 分别表示在 10%、5% 与 1% 水平下显著。

（2）投资者异质性视角的实证检验

为验证 H3，探讨创新资助对企业创新的债务融资激励效应和股权融资激励效应是否有所不同，本节基于分样本的企业数据重新进行 PSM 匹配。表 4-9 显示了不同样本下创新资助对企业创新的 ATT 效应结果。其中，第（1）列、第（2）列分别是以创新投入变量 *RD*1、创新产出变量 *Pat* 为结果变量时的 ATT 结果。

首先，从第（1）列的 ATT 结果来看，将样本限定在无银行借款、无股权融资的企业时，创新资助对企业创新投入的 ATT 效应结果为 0.046，但并不显著。进一步，限定样本为无银行借款、有股权融资的企业时，创新资助对企业创新投入的激励效应 ATT 结果为 0.221，且在 10% 的水平下显著为正，结合上述两个 ATT 效应结果，可以说明创新资助对企业创新投入具有股权融资激励效应，作为对比，当以有银行借款、无股权融资的企业为研究样本时，创新资助对企业创新投入的 ATT 结果为 0.277，且在 1% 的水平下显著。可以看出，创新资助对企业创新投入的债务融资激励效应明显大于股权融资激励效应，这初步验证了 H3 的结论，创新资助对企业创新的债务融资激励效应更加显著。

其次，从第（2）列的 ATT 结果来看，当限定样本为无银行借款、无股权融资的企业时，创新资助对企业创新产出的 ATT 结果为0.084，但并不显著，这与第（1）列的结果一致，进一步，当以无银行借款、有股权融资企业为研究样本时，创新资助对企业创新产出的 ATT 结果为0.190，且在1%的水平下显著。再进一步，当限定样本为有银行借款、无股权融资的企业时，创新资助对企业创新产出的 ATT 结果为0.307，也同样在1%的水平下显著。不难看出，创新资助对企业创新产出的债务融资激励效应相对较强，股权融资激励效应相对较弱。这一结论从创新产出层面验证了 H3。

表4-9　创新资助的融资激励效应 ATT 结果：投资者异质性视角

	结果变量：*RD*1 （1）	结果变量：*Pat* （2）
无银行借款、无股权融资的 ATT 效应	0.046 (0.09)	0.084 (0.48)
无银行借款、有股权融资的 ATT 效应	0.221* (1.89)	0.190*** (3.01)
有银行借款、无股权融资的 ATT 效应	0.277*** (2.59)	0.307*** (5.14)

注：囿于篇幅，表4-9省略了使用替代性指标 *RD*2、*Pati* 作为结果变量的 ATT 结果，完整结果参见附录 C。检验统计量下方括号内为相应 t 值，*、*** 分别表示在10%、1%水平下显著。

为了进一步验证 H4 与 H5，考察创新资助的债务融资偏好效应是否会受企业类型的影响，本节继续基于分样本的企业数据进行 PSM 匹配。表4-10显示了不同类型企业的 ATT 效应。其中，第（1）列至第（4）列显示了以创新投入变量 *RD*1 为结果变量的 ATT 结果，第（5）列至第（8）列显示了以创新产出变量 *Pat* 为结果变量的 ATT 结果。具体来看，第（1）列至第（2）列是按照股权集中度分样本的匹配结果，在第（1）列的高股权集中度企业中，创新资助对企业创新投入的债务融资激励效应（ATT值为0.398，且显著）明显大于创新资助对企业创新投入的股权融资激励效应（ATT值为0.125，不显著）。作为对比，第（2）列低股权集中度企业中，并未发现创新资助对企业创新投入的融资激励效应偏向于债务融资。据此，可以看出，股权集中度更高的企业，创新资助的融资激励效应更偏向于债务融资，这从企业创新投入层面验证了H4。进一步，第（5）列至第（6）列从企业创新产出层面考察H4，不难看出，股权集中度较高的企业，创新资助对企业创新产出的债务融资激励效应更加显著，这从企业创新产出层面验证了H4。

表4-10第（3）列显示了高新技术企业组的ATT结果，可以看出，将样本限定在无银行借款、有股权融资的企业时，创新资助对企业创新投入的ATT结果为0.057，且显著，而将样本限定在有银行借款、无股权融资的企业时，创新资助对企业创新投入的ATT结果为0.096，且显著。对比这两个ATT结果可以看出，高新技术企业政府创新资助对企业创新的融资激励效应偏向于债务融资。进一步，从第（4）列非高新技术企业组的ATT结果来看，将样本限定在无银行借款、有股权融资的企业时，创新资助对企业创新投入的ATT结果并不显著，而将样本限定在有银行借款、无股权融资的企业时，创新资助对企业创新投入的ATT结果也不显著，说明非高新技术企业并未发现政府创新资助对企业创新投入的融资激励效应偏向于债务融资。据此，从企业创新投入层面验证了H5，与其他企业相比，高新技术企业的政府创新资助对企业创新的债务融资激励效应更强。另外，第（7）列、第（8）列展示了以创新产出变量*Pat*为结果变量时，高新技术企业和非高新技术企业的分类匹配结果，不难看出，高新技术企业组的创新资助同样具有明显的债务融资激励偏好，而非高新技术企业组并未发现这一特征，这从创新产出层面验证了H5。

表 4-10　创新资助的融资激励效应 ATT 结果：投资者异质性视角的进一步检验

因变量：*RD*1

	按股权集中度分样本		按企业技术特征分样本	
	高股权集中度企业 (1)	低股权集中度企业 (2)	高新技术企业 (3)	非高新技术企业 (4)
无银行借款、无股权融资的 ATT 效应	0.052 (0.49)	0.775 (1.35)	0.045 (0.04)	0.890 (1.45)
无银行借款、有股权融资的 ATT 效应	0.125 (0.58)	0.187** (2.46)	0.057** (2.21)	0.513 (1.54)
有银行借款、无股权融资的 ATT 效应	0.398** (2.58)	0.409 (1.54)	0.096** (1.98)	0.165 (1.03)

因变量：*Pat*

	按股权集中度分样本		按企业技术特征分样本	
	高股权集中度企业 (5)	低股权集中度企业 (6)	高新技术企业 (7)	非高新技术企业 (8)
无银行借款、无股权融资的 ATT 效应	0.071 (1.04)	0.092 (0.53)	0.589 (1.61)	0.042 (0.16)
无银行借款、有股权融资的 ATT 效应	0.007 (0.03)	-0.111 (-0.37)	-0.123 (-0.47)	0.077 (0.37)
有银行借款、无股权融资的 ATT 效应	0.223** (2.27)	0.206 (1.55)	0.189** (1.99)	0.187 (1.60)

注：囿于篇幅，表 4-10 省略了使用替代性指标 *RD*2、*Pati* 作为结果变量的 ATT 结果，完整结果参见附录 C。检验统计量下方括号内为相应 t 值，** 表示在 5% 水平下显著。

4.4　本章小结

本章实证检验了创新资助对企业创新的整体融资激励效应。首先，根据理论章节的推理演绎，结合不同类型企业、不同类型投资者的异质性特征，提出了研究假设。其次，实证分析中基于我国上市公司 2008—2017 年的非平衡面板数据，运用得分倾向匹配法等计量方法考察创新资助对企业创新的融资激励效应。实证结果表明：运用得分倾向匹配法将企业创新中的创新资助效应剥离出来后，发现政府创新资助对企业创新投入和创新产出都具有激励效应。进一步，分别从企业债务融资和股权融资两个主要融资渠道对政府创新资助影响企业创新的外部激励效应进行检验，发现创新资助对企业创新投入和创新产出均具有显著的融资激励效应。企业异质性研究表明，成长期企业、私营企业以及资助级别较高的企业，创新资助对企业创新的融资激励效应相对较强，成熟期和衰退期的企业、国有企业以及资助级别较低的企业，创新资助对企业创新的融资激励效应相对较弱。投资者异质性研究表明，创新资助影响企业创新的债务融资激励效应大于股权融资激励效应。企业股权集中度越高，创新资助对企业创新的债务融资激励效应越强，股权融资效应越弱。高新技术企业的创新资助对企业创新的债务融资激励效应更加显著。

政府创新资助影响企业创新的信息传递机制检验

第4章的实证分析已经证实了创新资助对企业创新具有融资激励效应，这为进一步探究创新资助对企业创新的融资激励机制奠定了基础。根据第3章的理论推演，创新资助通过一般性的融资激励机制和放松约束条件后的融资激励机制作用于企业创新，本章考察创新资助对企业创新的一般性融资激励机制。理论章节指出，创新资助降低了创新项目对企业初始资金的最低要求，缓解了企业融资约束程度，进而提升了企业创新水平。具体来看，创新资助释放了基于政府技术认证的积极信号，缓解了外部投资者和企业间的信息不对称问题，通过这一信息传递机制为企业获得了额外的外部融资，最终促进企业创新。据此，本章首先分析创新资助在融资约束与企业创新中扮演什么角色，并提出理论假设。其次，建立调节效应模型考察创新资助在融资约束与企业创新的关系中的调节作用。再次，构建信息不对称指标对创新资助的一般性融资激励机制进行检验。最后，简要总结本章。图5-1是本章研究框图。

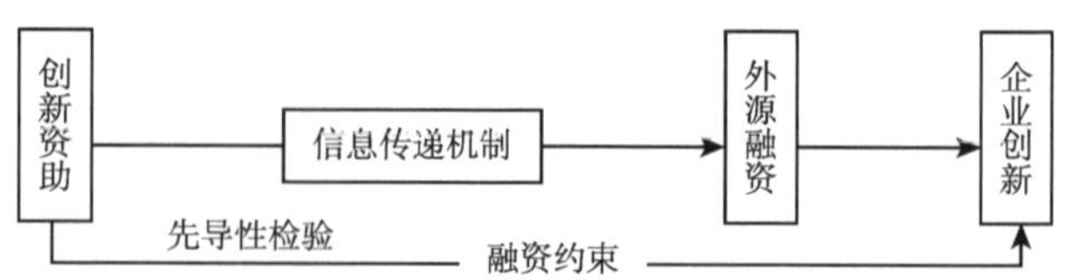

图5-1 研究框图

5.1 研究假说

5.1.1 融资约束视角下创新资助对企业创新的影响

融资约束是系统研究创新资助的融资激励机制绕不开的话题，尤其是在当前中国企业普遍遭遇“融资难”问题的现实背景下，考虑创新资助在融资约束与企业创新的关系中扮演什么角色对本书研究具有先导性意义。

传统的“政府支持论”认为，市场机制存在内在缺陷，研发创新成果的外部性会导致企业的“搭便车”行为，此外企业创新活动具有高风险性特征，导致企业的研发创新偏好减弱。而政府创新资助政策制定的初始目的即是解决企业创新活动中的“市场失灵”问题（Guan and Yam，2015）[207]，学术界普遍认为政府资助通过提升私人部门的创新投入动力激励企业创新。

目前关于政府资助的作用研究中忽略了企业创新决策面临的一个重要问题：融资约束。与其他投资相比，创新投资的周期漫长，风险较高，且具有较强的正外部性。此外，创新活动还面临高昂的调整成本。这几点特征结合在一起，使企业创新伴随着严峻的融资约束问题，且在经济大幅波动的金融危机时期更为明显。具体来讲，首先，信息不对称的存在使外部投资者很少能深入了解企业内部研发的详细过程，也无法有效监督一线研发人员的努力水平，因此投资者必须要求很高的风险溢价作为回报，造成了企业创新外部融资成本高企的现实情况。其次，企业创新的调整成本巨大（Hall，2002）[146]。与实体投资相比，创新投入主要用于支付技能娴熟的技术工人、高素质研发人员的工资报酬。削减创新投入意味着部分研发人员失去工作，如果研发支出的波动来自外部环境的短期冲击，则中断之后的再延续需要重新雇用新的研发人员，这将产生额外的雇用成本，且在前期对新的研发员工进行培训又需要额外产生不菲的培训成本。Hamermesh and Pfann (1996)[208]的研究表明研发人员的重新雇用和培训成本巨大。除此之外，创新活动具有天然的外部性特征，而持有关键创新知识的研发人员的解雇将加剧创新知识的外泄，一旦这些关键信息被竞争对手获得，将迅速降低企业正在进行的研发项目的价值（Akcigit and Liu，2014）[209]。根据 Bernstein and Nadiri （1989）[210]的研究，创新项目的开展通常需要研发人员之间的协调合作，人员的变动牵一发而动全身，可能会拖垮项目的预期进程，造成难以消除的损失。正是基于以上原因，企业的创新遭受十分严峻的融资约束问题。受限于高昂的外部融资成本，企业被迫依赖内源融资。但在巨额研发费用面前，内部资金可能无法完全满足投资要求（Hall et al.，2010；任曙明和吕镯，2014）[128, 211]。那么企业如何维持可持续性创新？

当前中国金融体系的发展现状来看，"金融抑制"仍然是企业所处金融环境的常态，加之资源配置畸形的问题，透过外源融资渠道解释"新常态"的中国经济下企业创新水平的持续增长显得苍白无力（鞠晓生等，2013；刘贯春等，2018）[20, 212]。Allen et al. (2005)[19]认为，不同于主流的"金融－经济增长"发展模式，中国的经济发展主要依赖于非正规金融的发展。遵循这一逻辑，已有部分学者从企业内部流动性资产管理角度考察企业创新行为中的融资约束问题。如鞠晓生等（2013）[20]、吴淑娥等（2016）[21]的研究分别证实了营运资本管理和现金持有对企业创新活动的融资平滑作用。刘贯春等（2017）[18]发现金融资产持有类似于企业对创新活动进行的"预防性储蓄"行为。但在遭遇融资约束困境时，由于研发经费所涉及的投资额巨大，并且 2008 年金融危机以来受外部宏观经济的影响，企业利润存在不同程度的下滑，因此仅仅依赖内部流动性管理可能无法保证企业创新稳定。

基于此，根据第3章的理论推演可以得出政府资助在企业创新活动中扮演了十分重要的作用，与传统的“政府支持”论主张的政府介入通过内部激励效应提升了企业创新水平不同，本书从融资视角，主张政府创新资助作为一种非正规金融手段，引发了融资激励效应，缓和了企业融资约束，最终推动企业创新。中国经济步入“新常态”之后，淘汰过剩产能，加速企业升级转型成为政府治理企业的第一要务。随着中国经济社会的逐渐转型，传统唯GDP至上的晋升激励机制正在发生调整（吴非等，2018）[213]。党的十八届三中全会指出，要“完善发展成果考核评价体系，纠正单纯以经济增长速度评定政绩的偏向”，以技术创新为标尺的新理念正逐步注入当前的政治绩效考核标准中（韩晶等，2016）[214]，地方政府可能不再仅仅以地区工业产出最大为治理目标，而更强调创新作为引领发展的第一动力。具体来看，政府资助为维持创新投入水平提供了直接的资金来源，形成了直接的融资激励效应。通常情况，企业的研发投资周期长，所需资金数额巨大，容易受到外部宏观经济冲击的影响。当企业获得一个前景优良的投资机会时，受限于融资约束，且内源融资又无法完全满足时，企业下一步的投资计划可能会延迟，而市场上的机会转瞬即逝，一旦企业不能在第一时间挖掘出潜在项目，企业将错过他们的先发优势，在短期产品生命周期、专有性问题的干扰下，这些投资机会对企业的价值将迅速降低。上述问题表明企业投资远未达到最理想状态，这种情况下，企业的资金需求就显得极为迫切。而外部的政府资助可以将更多的融资优惠和专项投资惠及类似于创新活动这样的生产性公共物品，从而弥补了企业的资金缺口，维持企业投资规模的扩张（解维敏等，2009；白俊红，2011）[31, 32]。除了上述的直接融资激励效应外，政府创新资助发送了基于企业技术认证的信号，通过政府隐性担保刺激外部投资者入场，进而激励企业创新。

然而我们也要看到创新资助对企业创新的负面效应。如在财政补贴刺激下，企业纷纷进行创新投入，导致要素市场的需求激增，要素价格增加，从而提高了企业研发成本，削弱了企业创新的水平(Leahy and Neary，1997)[215]。另一方面，政府资助作为一种行政干预手段，很容易造成资源错配的情形，这无疑也会挤出部分创新。特别是在外源融资成本较大时，企业往往会利用“寻租战略”代替“创新战略”获取财政补贴，最终导致政府的资源不能配置于真正的创新型企业，扭曲了企业间的竞争，削弱了创新企业的研发动力。总体来看，虽然政府创新资助具有一定程度的挤出效应，但大多数研究认为负面的挤出效果远小于其带来的正面激励效果（Gonzalez and Pazo，2008；康志勇，2013)[216, 99]。事实上，在经济增速放缓，企业亟待升级转型的关键转型期，国家加快了创新驱动战略的步伐，近年来，政府对高新技术行业、高端制造业的专项资金支持力度与日俱增，释放的政策信号也增加了企业用“创新战略”代替“寻租战略”的信心。基于此，本章提出假设：

H1：创新资助在融资约束和企业创新的关系中起弱化的调节作用，即创新资助强度越大，融资约束对企业创新的抑制作用越弱。

5.1.2 创新资助对企业创新的一般性融资激励机制

在金融市场上，外部投资者和企业双方对企业创新的未来前景的信息高度不对称，由此导致的逆向选择问题是造成创新型企业“融资难”的主要原因（林毅夫和李永军，2001；白重恩等，2005)[217, 218]。第3章的理论分析指出政府创新资助释放了基于政府技术认证的积极信号，缓解了外部投资者和企业间的信息不对称问题，通过这一信息传递机制为企业获得了额外的外部融资，最终促进企业创新。据此，本章提出假设：

H2：创新资助向外传递了关于企业技术信息的积极信号，缓解了投资者和企业间的信息不对称问题，通过这一信息传递机制，创新资助激励了外源融资，最终促进企业创新。

5.2　融资约束视角下政府创新资助影响企业创新的实证检验

5.2.1　融资约束的测度

目前，已有不少国内外文献针对企业融资约束的测算进行研究，学术界普遍采用 KZ 指数或 WW 指数作为衡量企业融资约束的代理变量，但根据鞠晓生等（2013）[20]的研究，上述测度指标包含了具有内生性的金融变量，可能会对准确测度企业融资约束产生偏误。还有部分学者采用一些企业财务指标如企业杠杆率、企业担保抵押水平反映企业的融资约束水平，然而我们发现，这些财务指标过于简单，未能完全反映企业真实的融资约束水平。所以，选择一个适合当前中国企业融资环境的企业融资约束代理变量是十分重要的。

为缓解内生性问题，本节依照 Hadlock and Pierce（2010）[219]的做法，根据企业财务报表对融资约束程度进行划分，使用具有强烈外生性特征的企业规模（*Size*）和企业年龄（*Age*）这两个非时变性变量构造 SA 指数。根据 SA 指数的计算公式①，本节对每个企业观测年度的 SA 指数进行测算。SA 指数绝对值取值越大，则企业遭受的融资约束程度越深。表 5 - 1 列示了 SA 指数的分布统计

① 根据 Hadlock and Pierce（2010）[219]的做法，SA 指数的计算公式为 $-0.737 \times Size + 0.043 \times Size^2 - 0.04 \times Age$。

结果。由于SA指数测量的是每个企业的某个观测年度的数值，因此同一家企业遭受的融资约束程度极有可能随时间发生变动。一般情况下，短期内企业的融资约束状况稳定不变，倘若SA指数指示的融资约束程度在某个企业频繁波动，则说明构建的SA指数掺杂了大量无关噪声（Hadlock and Pierce，2010）[219]。按照SA指数的分位数，将样本企业的融资约束程度划分为四个等级①，本节统计了企业在研究样本期间融资约束程度发生等级变动的企业占比为6.12%，说明SA指数衡量的企业融资约束程度相对稳定，指标具有可用性。此外，表5-1的统计结果显示，SA指数的偏度系数为0.4986，峰度系数为4.5082，说明企业SA指数的分布并不均匀，具有右偏和尖峰的特征，不同企业的融资约束状况差异较大。

表5-1　SA指数的分布

SA分位数	1%	5%	10%	25%	50%	75%
分位数值	-4.1643	-4.0069	-3.9422	-3.7949	-3.6353	-3.4637

SA分位数	90%	95%	99%	偏度	峰度
分位数值	-3.3063	-3.2102	-2.9750	0.4986	4.5082

5.2.2　实证模型设定

假说H1表明创新资助弱化了融资约束对企业创新的抑制作用。为验证该假说，需要构建计量方程，将创新资助、融资约束及两者的交互项纳入其中。参考周黎安（2005）[220]、张璇等（2017）[10]等的研究，在控制了其他可能影响企业创新因素的基础上，建立如下反映创新资助、融资约束与企业创新关系的基准模型：

$$Y_{it+1} = a_0 + a_1 Dum\_Fc_{it} + a_2 Sub_{it} + a_3 S\_f_{it} + \sum a_k Control_{it} + \gamma_t + \gamma_i + \varepsilon_{it} \quad (5-1)$$

① 以SA指数的1/4、1/2、3/4分位数将企业的融资约束程度划分为四等。

其中，i 代表企业，t 表示年份，因变量 Y 代表企业创新水平，分别从创新投入和产出两方面衡量企业的创新水平。*Dum_Fc* 为衡量企业融资约束程度的虚拟变量①。*Sub* 代表创新资助，*S_f* 表示融资约束与创新资助的交互项。为了控制可能存在的内生性问题和企业创新的滞后性，本书对因变量取下一年的数据。*Control* 包含了所有的控制变量，并控制了 γ_t（年份）、γ_i（个体）等因素的影响，ε为随机扰动项。根据 H1，本节预计 *Dum_Fc* 的回归系数显著为负，*Sub* 的系数显著为正，交互项的系数显著为正。

5.3.3　实证方法选择

本书的计量研究所选用的是面板数据，通常可以采用混合回归、固定效应模型或者随机效应模型。在企业个体效应不显著时优先考虑混合回归，否则应使用固定效应模型抑或随机效应模型。根据伍德里奇（Wooldridge，2010）[221]，倘若样本的个体效应与解释变量不相关，则合适的做法是使用随机效应模型，这样能增加估计效率。倘若，个体效应与解释变量相关，则在计量上随机效应估计值不是一致的，这种情况下应当首选固定效应模型。F 统计量的原假设是不存在固定效应模型，该统计量可以用来比较混合回归和固定效应模型；用 LM 统计量对随机效应和混合回归，LM 的原假设是不存在随机效应；使用 Hausman 检验构造的 H 统计量对固定效应模型和随机效应模型进行选择，H 统计量的原假设为个体效应与解释变量不相关。得到三个统计检验结果后，倘若 F 统计量和 LM 统计量都不显著，则合适的模型是混合回归，倘若上述两个统计量至少一个显著，则继续进行 Hausman 检验，若 Hausman 检验不显著则首选随机效应模型，否则选择固定效应模型。

---

①　遵从文献中常见处理办法，以中位数为划分依据界定融资约束虚拟变量 *Dum_Fc*。

混合 OLS、固定效应模型和随机效应模型三种估计方法的检验结果如表 5-2 所示。可以看出，F 检验 $Prob > F = 0.0000$，表明固定效应模型优于混合 OLS。BP 检验 $Prob > chi2 = 0.0000$，随机效应模型优于混合回归。Hausman 检验 $Prob > chi2 = 0.0000$，采用固定效应模型优于随机效应模型。据此，本节选择固定效应模型作为计量方程（5-1）的估计方法。

表 5-2　混合 OLS 估计、固定效应估计、随机效应估计的检验结果

	检验值	
	统计量	*Prob.*
F test（$Prob > F$）	24.38	0.0011
BP test（$Prob > chi2$）	17.16	0.0021
Hausman test（$Prob > chi2$）	59.08	0.0000

5.3.4　样本选取与变量说明

（1）样本选取

本节实证仍然基于 2008—2017 年 A 股上市公司数据。公司财务数据综合了 CSMAR 数据库、Wind 咨询和等多个数据库的原始资料，创新资助和企业创新的数据通过手工整理上市公司年报得到。

（2）变量说明

①因变量。与第 4 章相同，本章同时用创新投入变量和创新产出变量衡量企业创新水平。

②核心变量。创新资助 *Sub* 和融资约束虚拟变量 *Dum_Fc* 是本章实证的核心变量。根据上述数据搜集过程得到的企业创新资助数据，用创新资助总额与总资产的比值来衡量企业获得政府创新资助的多少。此外，为检验创新资助在融资约束与企业创新关系中是否具有调节作用，实证纳入了融资约束哑变量与创新资助变量的交互项（*S_f*）。

③控制变量。本书尽可能控制了所有影响企业创新的公司特征变量。控制变量的具体定义与第 4 章基本相同，此处不再赘述。

完整的变量名称与定义见表 5 – 3。

表 5 – 3　　变量名称与定义

变量类型	变量名称	符号	定义
因变量	创新投入变量	*RD*1	研发支出与总资产之比
	创新产出变量	*Pat*	企业申请专利的数量加 1 取对数
解释变量	创新资助变量	*Sub*	企业创新资助总额与总资产的比值
	融资约束哑变量	*Dum_Fc*	见详细构建过程
	融资约束哑变量与创新资助变量的交互项	*S_f*	
控制变量	企业杠杆	*Lev*	企业总负债占企业总资产的比重
	企业规模	*Size*	企业总资产取对数
	企业年龄	*Age*	企业真实年龄经对数化处理
	企业成长能力	*Growth*	当年销售增加值与年初销售额之比
	股权集中度	*Holder*	第一大股东持股比例
	市场势力	*Market*	企业营收与营业成本之比
	企业盈利水平	*Pro*	企业净利润与企业总资产之比
	企业资本密集度	*Capital*	企业固定资产净值与企业员工数的比值，并经对数化处理

（3）描述性统计分析

基于以往的经验研究，本章按照 SA 指数对样本企业进行划分[①]，做了分样本的描述性统计分析，结果见表 5 – 4[②]。从企业创新投入来看，融资约束较重的样本企业 *RD*1 均值为 1.717，而融资

① 与之前一致，以 *SA* 指数中位数作为划分融资约束的依据。

② 全样本的描述性统计结果与第 4 章一致，此处不再赘述。

约束较轻的样本企业 *RD*1 均值为 2.178，两个子样本的 *RD*1 均值差为 -0.460，且通过了 1% 水平下的均值 T 检验；从企业创新产出的统计结果来看，融资约束较重的样本组 *Pat* 均值为 1.079，融资约束较轻的样本组 *Pat* 均值为 1.631，子样本的均值差为 -0.551，且在 1% 的水平下显著。上述结果表明，融资约束较重企业的创新活动显著小于融资约束较轻企业的创新活动。第三行统计了政府创新资助的情况，可以看出，融资约束较重企业和融资约束较轻企业的创新资助均值分别为 0.221、0.301，均值差为 -0.079，且通过了 1% 水平下的均值 T 检验，说明获得更多政府资助的企业面临的融资约束普遍较轻。

表 5-4　按 SA 分样本的描述性统计

变量	融资约束程度较重样本		融资约束程度较轻样本		均值 T 检验		
	均值	标准差	均值	标准差	均值差	T 值	P 值
*RD*1	1.717	1.655	2.178	1.833	-0.460***	-14.29	0.0000
Pat	1.079	1.513	1.631	1.615	-0.551***	-20.84	0.0000
Sub	0.221	0.437	0.301	0.516	-0.079***	-10.39	0.0000
Size	22.060	1.051	21.560	1.514			
Age	17.910	3.537	9.904	3.800			
Lev	0.490	0.212	0.397	0.233			
Growth	0.125	0.366	0.174	0.350			
Holder	34.320	15.190	38.060	15.740			
Market	0.336	0.287	0.384	0.313			
Pro	0.041	0.170	0.068	1.419			
Capital	12.390	1.197	12.190	1.197			

注：均值 T 检验的原假设为两个子样本均值相等，*** 表示在 1% 的水平下显著。

（4）相关性分析

在实证分析之前，本节对主要变量之间的相关关系进行分析，并以此判断其中是否存在多重共线性问题。表5－5显示了计量研究中主要变量的Pearson相关系数矩阵表。计量研究中，若两个变量之间的相关系数小于0.8时，通常可断定不存在多重共线性问题，而表5－5的相关系数矩阵显示，所有变量间的相关系数矩阵不大于0.5，初步断定本章的实证检验不存在多重共线性问题。另外，本节继续对变量间的方差膨胀因子进行分析，结果发现VIF值均低于5。由此进一步断定本章讨论的变量间不存在多重共线性问题。

表5－5相关系数矩阵中，两个因变量*RD*1和*Pat*之间显著正相关，说明本章选择的因变量具有内在一致性。政府创新资助*Sub*与*RD*1的相关系数是显著为正的0.341，与*Pat*的相关系数是显著的0.260，这与本书的预期一致，初步验证创新资助对企业创新活动的支持作用。控制变量与因变量*RD*1、*Pat*的相关系数都与预期基本一致，更加详细的分析还有待实证部分的进一步检验。

5.3.5　实证检验与结果分析

根据（5.2.3）节的模型选择结果，本节采用固定效应模型估计计量方程（5－1），表5－6第（1）列、第（2）列示了相应回归结果，为了稳健起见，表5－6第（3）列、第（4）列显示了方程（4－1）系统GMM的估计结果。为保证结果稳定，GMM估计采用了稳健标准误。Arelleno－Bond序列相关检验中，扰动项的差分存在一阶自相关，但不存在二阶自相关，Hansen检验也显示工具变量不存在过度识别问题。以上检验保证了系统GMM方法的合理性。

表 5-5 相关系数矩阵

	Pat	*RD*1	*Sub*	*Size*	*Age*	*Lev*	*Growth*	*Holder*	*Market*	*Pro*	*Capital*
Pat	1										
*RD*1	0.260*	1									
Sub	0.176*	0.341*	1								
Size	0.123*	-0.236*	-0.203*	1							
Age	-0.237*	-0.137*	-0.097*	0.134*	1						
Lev	-0.147*	-0.243*	-0.179*	0.378*	0.259*	1					
Growth	0.037*	0.071*	0.022*	0.004	-0.092*	-0.003	1				
Holder	0.046*	-0.073*	-0.088*	0.258*	-0.161*	0.030*	-0.003	1			
Market	-0.016	0.242*	0.154*	-0.143*	-0.069*	-0.367*	0.091*	-0.018*	1		
Pro	0.002	0.141*	0.032*	-0.032*	0.013	-0.044*	0.002	-0.007	0.023*	1	
Capital	-0.088*	-0.320*	-0.150*	0.327*	0.065*	0.135*	-0.086*	0.088*	-0.128*	-0.051*	1

注：* 表示在 10% 水平下显著。

具体来看，首先，四列估计模型中创新资助 *Sub* 的回归系数均在 1% 的水平下显著为正。这说明在样本期间，政府资助促进了企业创新。需要说明的是，在模型的回归中，本书只控制了创新资助变量的一次项，原因是同时包含其平方项的回归中平方项对应的系数不显著，也就是说创新资助与企业创新并非呈倒“U”形关系。事实上，政府资助是“挤出”还是“挤入”企业创新历来是学术界争论的焦点。部分研究从信息不对称理论、委托—代理理论出发，认为政府的参与导致创新效率损失。如顾元媛（2011）[222]、廖信林等（2013）[223]研究发现研发补贴挤出了企业研发投入。肖文和林高榜（2014）[224]认为，公有产权属性的科技创新投入会产生委托—代理问题，在缺乏及时有效的监管机制下，政府的创新投入难以达到理想效果。另有部分研究持有“政府支持”论，认为政府介入克服了研发创新活动中的“市场失灵”问题，通过内部激励提升了企业的研发动力。如 Almus and Czarnitzki（2003）[225]、解维敏等（2009）[31]以及白俊红（2011）[32]都认为研发补贴对企业研发投入有促进作用。朱平芳和徐伟民（2003）[68]实证分析了科技激励政策对大中型工业企业自筹的研发投入及其专利产出的影响，经验结果支持政府创新政策对企业创新的积极效果。根据本章的实证研究，政府资助与企业创新符合“挤入”效应，肯定了“政府支持有效”论，与解维敏等（2009）[31]、白俊红（2011）[32]的研究一致。其次，融资约束哑变量 *Dum_Fc* 的系数都在 1% 的水平下显著为负，表明融资约束对企业创新起到显著的抑制作用，验证了 H1 的部分结论。2008 年金融危机以来，受宏观经济的负面影响，中国金融市场一直处于“金融抑制”状态，企业融资渠道单一的现状并未改变，中国企业的创新活动遭遇了严峻的融资约束问题。同时也证明了 SA 指数作为融资约束的衡量指标起到了预期的作用效果。最后，融资约束与创新资助变量的交互项系数都显著为正，说明创新资助缓解了融资约束对企业创新的抑制作用，政府创新资助在融资约束与企业创新的关系中起弱化的调节作用。这也与本书的理论预期一致，证实了 H1 的结论。

从控制变量的估计结果来看，企业杠杆率的系数都显著为负，表明负债水平的增加抑制了企业创新，这与本章的预期一致。企业规模的系数大都在 1% 的水平下显著为正，表明大企业的创新活动更加明显，这也支持了熊彼特的市场垄断假说以及创新活动需要企业具备一定规模的观点。从理论上讲，企业年龄对企业创新的影响是不确定的，一方面，成立越久的企业通常已经发展出被市场认可的成熟工艺，因此没有激励去继续从事创新活动；而另一方面，创办年限越长的企业更容易积累深厚的知识储备，反而更有可能去主动开发新的工艺。根据表中的结果，企业年龄与企业创新水平负相关，表明创办越久的企业，越保守和故步自封，缺乏动力去创新。盈利能力与创新正相关，这也与詹宇波等（2018）[226]的研究一致，盈利越多的企业越可能将自身利润用于开发新的产品线，积极从事创新活动。企业资本密集度与创新负相关，表明资本密集程度更大的企业更倾向于发挥自身资本优势推动企业发展，从而抑制了其从事创新活动的意愿。市场势力的回归系数大都显著为负，表明市场势力大的企业反而具有相对较低的创新水平，可能的解释是，背靠垄断权利的大市场势力企业的竞争压力不足，从而没有足够动力进行创新。更主要的是，稳固的产品线带来的可预期的收益回报阻断了企业高风险的创新投入（Gayle，2001）[227]。股权集中度与企业创新显著负相关，而学术界关于股权集中度与企业创新的关系并未达成一致，Hill and Snell（1988）[228]、Ahuja et al.（2008）[229]持有股权集中度促进创新的观点，因为大股东希冀通过创新项目的开展获得长期回报，获得更多的私人收益。Chin et al.（2009）[230]则研究认为股权集中度对企业创新具有负面影响。本节实证研究发现股权越集中，企业创新水平越低，可能的解释是股权集中度过高会导致一股独大而风险承担也太大，从而抑制企业创新。企业成长能力

与企业创新显著正相关，这也与本章的预期一致，具有强劲营收增长率的企业势必利用富余的留存收益进行研发创新。

表 5－6　　　　　　　　基准回归

	FE		系统 *GMM*	
	*RD*1 (1)	*Pat* (2)	*RD*1 (3)	*Pat* (4)
*L. RD*1			1.0860 *** (8.48)	
L. Pat				3.1712 *** (8.16)
Dum_Fc	－0.1515 *** (－3.28)	－0.1254 *** (－3.15)	－0.6702 ** (－2.20)	－2.5168 *** (－8.84)
Sub	0.7782 *** (11.72)	0.4619 *** (8.89)	1.1963 *** (3.14)	3.0890 *** (9.04)
S_f	0.0575 *** (3.69)	0.0837 ** (2.38)	0.8474 ** (2.57)	3.3186 *** (8.73)
Size	－0.0733 *** (－4.39)	0.3872 *** (25.29)	0.3687 *** (3.52)	0.8053 *** (7.83)
Age	－0.0161 *** (－3.81)	－0.0342 *** (－9.15)	－0.1553 *** (－3.04)	－0.4088 *** (－9.20)
Lev	0.0430 (0.37)	－0.6765 *** (－10.22)	－0.7070 * (－1.84)	－5.3110 *** (－9.22)
Growth	0.0996 * (1.82)	0.1315 *** (3.64)	0.4604 *** (2.99)	1.1679 *** (9.28)
Holder	－0.0001 (－0.32)	－0.0020 ** (－2.04)	－0.0273 * (－1.85)	－0.0624 *** (－8.77)
Market	0.3624 *** (4.38)	－0.1155 ** (－2.55)	－3.6192 ** (－2.00)	－3.4082 *** (－8.71)

续表

	FE		系统 GMM	
	*RD*1 (1)	*Pat* (2)	*RD*1 (3)	*Pat* (4)
Pro	1.3391 ** (1.97)	0.1912 ** (2.06)	1.6753 ** (2.14)	0.2896 *** (5.76)
Capital	-0.2990 *** (-16.46)	-0.1755 *** (-15.17)	-0.4796 ** (-1.99)	-0.8033 *** (-7.34)
_Cons	5.7673 *** (16.48)	-5.1994 *** (-15.52)	-66.7200 *** (-2.81)	-17.1290 *** (-8.84)
Adj - R^2	0.346	0.457		
个体效应	Control	Control	Control	Control
时间效应	Control	Control	Control	Control
N	11732	13063	9395	10796
F	312.05	267.45	99.06	241.74
AR (1)			0.001	0.001
AR (2)			0.35	0.67
Hansen			0.74	0.88

注：检验统计量下方括号内为相应 t 值，*、**、*** 分别表示在 10%、5% 与 1% 水平下显著。

5.3.6 稳健性检验

(1) 稳健性检验 1：核心变量的替换性检验

在核心解释变量和控制变量不变的情况下，以企业研发支出与营业收入比值（*RD*2）作为衡量企业创新投入的替代性指标。用发明专利申请数量（*Pati*）作为替代性指标衡量企业创新产出，再次检验创新资助、融资约束对企业创新的影响。表 5-7 第（1）列、第（2）列显示了固定效应模型的估计结果，第（3）列、第（4）列显示了系统 GMM 方法的估计结果。其中，AR（2）和 Hansen

检验P值均超过0.05，表明计量方程的随机扰动项不具有二阶自相关，且工具变量不存在过度识别问题。从核心解释变量的估计结果来看，以创新投入变量 *RD2* 为因变量时，创新资助、融资约束哑变量以及两者的交互项的回归系数和显著程度未发生明显变化，验证了基准估计的稳健性。但以发明专利申请数 *Pati* 作为企业创新的衡量指标时，解释变量 *Sub* 的系数不再显著，这与第4章表4－7的稳健性检验中未发现创新资助对企业创新产出 *Pati* 的融资激励效应的结论从逻辑上基本一致，此处的合理解释是创新资助对衡量长期创新实力的发明专利数可能并不具有明显促进作用。

表5－7　　　　稳健性检验1

	FE		*GMM*	
	RD2 (1)	*Pati* (2)	*RD2* (3)	*Pati* (4)
L. RD2			0.6930 *** (4.33)	
L. Pati				1.9700 *** (7.90)
Dum_Fc	－0.2822 *** (－3.09)	－0.1332 *** (－4.04)	－0.0783 (－0.12)	－2.3144 *** (－6.86)
Sub	1.5771 *** (11.72)	0.4674 (1.22)	0.8192 * (1.91)	3.0700 (1.00)
S_f	0.0252 ** (2.14)	0.0542 (1.01)	0.2153 ** (2.18)	－3.0325 *** (－6.91)
Size	－0.0665 ** (－2.01)	0.3433 *** (25.77)	0.4619 ** (2.04)	1.1150 *** (6.76)
Age	－0.0682 *** (－7.81)	－0.0163 *** (－5.31)	－0.1354 (－1.53)	－0.4136 *** (－6.98)

续表

	FE		GMM	
	RD2 (1)	*Pati* (2)	*RD2* (3)	*Pati* (4)
Lev	-2.4392 *** (-10.20)	-0.3785 *** (-7.16)	-2.9976 * (-1.73)	-5.5583 *** (-6.87)
Growth	-0.2992 ** (-2.43)	0.0903 *** (3.13)	-1.3682 *** (-6.87)	0.9603 *** (7.08)
Holder	-0.0163 *** (-8.24)	-0.0023 *** (-3.47)	0.0006 (0.01)	-0.0580 *** (-6.87)
Market	3.9904 *** (19.31)	0.0556 (1.46)	1.9110 (0.45)	-3.2980 *** (-6.81)
Pro	-4.3793 ** (-2.48)	0.1282 * (1.88)	1.5682 (1.58)	0.2017 *** (4.20)
Capital	-0.1583 *** (-4.06)	-0.1045 *** (-10.92)	-0.0340 (-0.08)	-0.5080 *** (-6.40)
_Cons	5.2523 *** (8.12)	-5.5774 *** (-19.27)	-32.4310 (-0.78)	-15.4012 *** (-6.88)
Adj - R^2	0.450	0.230		
个体效应	Control	Control	Control	Control
时间效应	Control	Control	Control	Control
N	11732	13063	9395	10796
F	67.70	54.20	79.520	173.61
AR（1）			0.00	0.00
AR（2）			0.785	0.992
Hansen			1.00	1.00

注：检验统计量下方括号内为相应 t 值，*、**、*** 分别表示在 10%、5% 与 1% 水平下显著。

（2）稳健性检验2：Heckman两步法+2SLS估计

基准回归已经利用系统GMM估计方法克服了模型的内生性问题，但企业创新变量的样本筛选中可能存在样本选择性偏误，原因是当企业不进行研发创新抑或不披露创新关键信息时，其创新数据为零或缺失，而本书选取的样本企业创新投入与创新产出都不为零且没有缺失。另外，利用系统GMM方法解决内生性问题可能存在缺陷。基于以上两点问题，本书参考杨汝岱等（2011）[231]的做法，结合Heckman两步法和两阶段最小二乘法（2SLS）进行稳健性检验，具体做法是将最小二乘法第一阶段①的结果作为创新资助的预测值，代替真实的创新资助值，然后进行Heckman两步法回归。表5-8的回归结果显示核心变量仍然保持稳定，再次验证了本书结论的稳健性。

表5-8　　稳健性检验2：Heckman+2SLS

	*RD*1 (1)	*Pat* (2)
Dum_Fc	-0.2105** (-2.21)	-0.9461*** (-5.59)
Sub	5.0655*** (18.23)	10.4127*** (21.17)
S_r	1.0892*** (4.28)	4.2751*** (9.52)
Size	0.2869*** (10.71)	0.6363*** (14.28)
Age	0.0286*** (4.35)	0.0063 (0.58)
Lev	0.3830*** (2.60)	-1.5359*** (-6.42)

① 工具变量选取创新资助行业均值。

续表

	*RD*1 (1)	*Pat* (2)
Growth	0.0660 (0.89)	-0.3208 *** (-2.68)
Holder	0.0117 *** (7.05)	0.0078 *** (2.91)
Market	-0.1934 * (-1.87)	2.7253 *** (15.93)
Pro	0.7307 *** (2.88)	-4.2455 *** (-10.11)
Capital	-0.1616 *** (-6.54)	0.0401 (0.98)
_Cons	-2.7566 *** (-3.99)	-13.1558 *** (-11.18)
逆米尔斯比率	-2.2643 *** (-16.74)	-2.8064 *** (-12.53)
个体效应	Control	Control
时间效应	Control	Control
N	12004	12004

注：检验统计量下方括号内为相应 t 值，*、**、*** 分别表示在 10%、5% 与 1% 水平下显著。

5.3 信息传递机制检验

5.3.1 信息不对称指标构建

为了深入探究创新资助影响企业创新的一般性融资激励机制是否表现为信息传递机制，本节通过构建信息不对称指标进行实证检验。企业信息不对称指标的衡量一般分为以下两类：第一类从企业特征出发，以企业规模、企业增加机会等作为信息不对称程度的指标（李莉等，2014）[232]。第二类以股票市场为基准，从企业个股的交易资料来捕捉企业信息不对称程度（Easley et al.，1996）[233]。在二级市场中，部分对企业内部信息有更多知情权的投资者处于信息优势地位，而一般的市场投资者会因为其与企业间的信息不对称程度而要求"柠檬"溢价（Carpenter and Petersen，2002）[234]，通过更高的预期收益率弥补信息劣势可能给自身造成的损失。一般情况下，关于企业未来前景的信息不对称程度是决定股票流动性的重要因素。企业与外部的信息不对称程度越深，一般投资者要求的柠檬溢价越高，在市场上企业股票的流动性越差。据此，本节将企业信息不对称程度分解为两部分：一是企业特征因素的贡献；二是股票市场因素的贡献。构建指标对各项贡献的因素值进行衡量，然后利用主成分分析法，捕捉与非对称信息相关的成分。在第一类指标方面，借鉴 Koh（2007）[235]、孙健等（2016）[236] 的思想，使用企业成长机会（*Growth*）这一变量衡量企业信息不对称程度。成长机会越大的企业，外部投资者与企业间的信息不对称程度越高。第二类指标方面，相关文献通过即时报价、交易价格、成交量等公开市场数据对企业信息不对称程度进行测算（Easley et al.，1996；Amihud et al.，1997；Amihud，2002）[233, 237, 238]。如 George et al.（1991）[239] 利用复杂的交易数据对企业信息不对称程度进行推断。Pástor and Stambaugh（2003）[240] 则利用简单的日频数据进行分析测算。① 本节采用 Amihud et al.（1997）[237]、Amihud（2002）[238] 的方法，对企业信息不对称程度的计算基于日频交易数据。

---

① 这里没有使用高频数据作为分析样本，这是因为高频数据采集分析的工作量十分庞大，而样本期间中国股市高频数据的缺失较多，普遍的做法是进行短期（一般以半年为基准）数据分析，这无法满足本书的研究要求。

流动性比率指标 LR 根据市场指令流与股价之间的作用关系对股票的流动性进行识别。企业与外部投资者的信息不对称程度越轻，股票流动性越高，单位成交量对应的价格变化越小。具体公式为：

$$LR_{it} = -\frac{1}{D_{it}}\sum_{k=1}^{D_{it}}\sqrt{\frac{V_{it}(k)}{|r_{it}(k)|}} \tag{5-2}$$

其中，i 表示企业，t 代表年份。$r(k)$ 表示第 k 个交易日的回报，V 是日成交量，D 表示当年交易天数。

另外，分析师对上市公司价值的预测水平从另一方面反映了企业信息不对称程度中股票市场的贡献（叶康涛和刘行，2014）[241]。根据叶康涛和刘行（2014）[241]的做法，采用分析师预测精准度衡量企业信息不对称程度，公式如下：

$$FAC_{it} = \frac{1}{F}\sum_{j=1}^{F}\frac{|FEPS_{ijt} - EPS_{jt}|}{|EPS_{jt}|} \tag{5-3}$$

其中，i、t 分别代表企业和年份，j 代表分析师，F 是 t 年份分析股票 i 的分析师数量。EPS 表示每股收益，$FEPS$ 表示分析师预测的每股收益值。

综上，本节利用企业特征数据和股票交易的微观结构数据构建了指标 $Growth$、LR、FAC，但上述每个指标虽然反映了企业信息不对称的信息，但也可能包含有与信息不对称无关的成分，无法全面反映企业与外界信息不对称的特征。因此，本节采用 Bharath et al.（2008）[242]的做法，对原始指标提取第一主成分，捕捉共同变异信息，也就是与非对称信息相关的成分，记为信息不对称指标 Inf。

首先，对三个指标进行预检验，考察数据间是否存在共享因素。表 5－9 的结果显示，KMO 统计值均较高，表明这些指标之间具有共享因素，适合进行主成分分析。其次，按照特征值大于 1 的原则，提取公因子。表 5－9 的结果显示仅第一主成分的特征值大于 1，且对应的方差累积贡献率已接近 67%，表明第一主成分已经包含了三个初始指标的主要信息，提取第一主成分即可。再次，依据初始成分载荷矩阵计算特征向量，并以特征向量为权重将公因子表示为原始变量的线性组合。最后，计算企业信息不对称程度指数 *Inf*。*Inf* 值越大，表示企业信息不对称程度越深。

表5-9　　企业信息不对称指数的主成分分析过程

Panel A：KMO 检验结果			
指标	企业成长能力	企业流动性比率	分析师预测精准度
KMO	0.5974	0.6650	0.7874
Panel B：主成分分析结果			
	特征值	方差贡献份额	累积方差贡献份额
主成分1	2.0001	0.6667	0.6667
主成分2	0.5215	0.2043	0.8710
主成分3	0.1903	0.1290	1.0000

5.3.2 实证研究设计①

（1）实证模型设计

本节首先检验创新资助是否降低投资者与企业之间的信息不对称，然后识别创新资助对企业创新的一般性融资激励机制。

采用如下计量模型检验政府创新资助是否降低了供求双方的信息不对称程度：

$$Inf_{it} = a_0 + a_1 Sub_{it} + \sum a_k Control + \gamma_t + \gamma_i + \varepsilon_{it} \qquad (5-4)$$

式中，*Inf* 表示金融市场供求双方的信息不对称程度，以上节构建的信息不对称指标为代理变量。*Sub* 表示创新资助。参考张学勇和廖理（2010）[243]等的研究，选择企业盈利水平、企业杠杆率、

① 本节实证研究所采用的变量与4.2小节基本一致，因此不在本节专门介绍样本选取以及变量定义。

企业规模、企业年龄、股权集中度等变量作为控制变量，置于控制变量集 *Control* 中。此外，计量模型也控制了时间效应和个体效应。方程中 *Sub* 的系数符号和显著性是关注的重点，倘若 *Sub* 显著为负，表明创新资助能降低资金供求双方的信息不对称程度。

接下来识别政府创新资助对企业创新的一般性融资激励机制。模型设定如下：

$$Y_{it+1}(RD1_{it+1}, Pat_{it+1}) = a_0 + a_1 Fin_{it} + a_2 Inf_{it} + a_3 Fin \times Inf_{it} + \sum a_k Control_{it} + \gamma_t + \gamma_i + \varepsilon_{it} \quad (5-5)$$

其中，因变量为创新投入变量 *RD*1 和创新产出变量 *Pat*。*Fin* 是一系列外源融资变量集，包括企业短期借款（*Sloan*）、长期借款（*Lloan*）以及企业股权融资（*Equity*）等变量。*Fin* × *Inf* 表示企业信息不对称与外源融资的交互项，反映了信息传递机制的存在性，因此重点关注该项的系数，预计该项系数显著为负。

（2）描述性统计

本节重点对外源融资变量集进行描述性统计分析（表 5－10），其他核心变量以及控制变量的描述性统计结果与第 4 章的统计结果基本一致，此处不再另行分析。从表 5－10 来看，企业短期借款的均值为 0.107，标准差为 0.436，但最大值达到了 16.670，最大值与均值之差远大于两倍标准差，表明企业间短期借款水平相差悬殊，此外，企业短期借款的偏度系数为 4.770，峰度系数为 18.900，这表明企业短期借款的分布呈现严重的右侧重尾和尖峰的特征。从企业长期借款的数据来看，长期借款同样存在分布严重不均的特征，最大值（32.950）与均值（0.127）之差远大于两倍标准差，而企业长期借款的偏度值和峰值分别为 4.662、21.001，表明企业长期借款同样存在左侧峰值和右部重尾的特征。综合企业短期和长期借款数据不难看出，企业借款数据的分布特征与一直以来我国存在的融资结构性矛盾相契合。从企业股权融资的数据看，其偏度值和峰值分别为 4.610、23.014，股权融资的分布比企业借款数据的分布更加陡峭。

表 5-10　变量的统计性描述

变量	样本数	均值	标准差	最小值	中位数	最大值	偏度	峰度
Sloan	21234	0.107	0.436	0.000	0.019	16.670	4.770	18.900
Lloan	20121	0.127	0.771	0.000	0.001	32.950	4.662	21.001
Equity	20242	0.028	0.148	-0.007	0.000	10.550	4.610	23.014

5.3.3　实证检验与结果分析

第 4 章已验证创新资助对企业创新具有融资激励效应。本节进一步考察创新资助影响企业创新的一般性融资激励机制。根据理论章节的分析，政府创新资助通过传递企业隐性技术信号的信息传递机制为企业获得了额外的外部融资，最终促进企业创新。即创新资助的融资激励机制主要表现为信息传递机制。因此，本节首先考察创新资助是否缓解了企业信息不对称程度。表 5-11 是对方程（5-4）进行计量分析的结果。式（1）是固定效应模型的估计结果，可以发现，核心解释变量创新资助的回归系数显著为负，系数值为 -0.1485。显然，创新资助弱化了企业信息不对称程度。这与之前的预期一致，政府创新资助释放了关于企业技术认证的隐性信息，因此缓解了企业信息不对称程度。

为避免创新资助与企业信息不对称之间存在的反向因果问题对估计结果造成干扰，本节继续利用工具变量法对方程（5-4）进行实证分析，借鉴 Zhang et al.（2011）[244] 和 Belderbos et al.（2014）[245] 的做法，选取创新资助的行业均值（*IV*1）和创新资助的行业增长率（*IV*2）这两个工具变量，采用两阶段模型解决可能存在的内生性问题。对工具变量进行 Sargan 检验的 P 值为 0.2453，大于 0.1，说明不存在过度识别问题，Cragg-Donald 检验的 P 值为 0.00，通过了弱工具变量检验，工具变量有效。两阶段模型的回归结果如表5-11第（2）列、第（3）列所示，*Sub*的系数值仍显著为负，表明通过工具变量法克服内生性问题后，原结果仍有效。

表5-11　　创新资助对企业信息不对称的影响

	FE模型	IV估计	
		第二阶段	第一阶段
	(1)	(2)	(3)
Sub	-0.1485** (-2.00)	-2.8615*** (-9.48)	
*Iv*1			0.8359*** (24.59)
*Iv*2			0.5900*** (8.04)
Size	-2.4286*** (-62.46)	-2.6824*** (-54.44)	
Age	-0.0121* (-1.69)	-0.0735*** (-8.33)	
Lev	3.0973*** (13.86)	4.6196*** (16.63)	
Growth	-0.4420*** (-3.96)	-0.2379* (-1.67)	
Holder	0.0371*** (15.66)	0.0408*** (12.94)	
Market	-1.1469*** (-8.20)	-0.5953*** (-3.40)	
Pro	0.0137 (0.05)	0.3166 (0.88)	
Capital	0.1538*** (4.25)	0.1613*** (3.80)	

续表

	FE模型	IV估计	
		第二阶段	第一阶段
	(1)	(2)	(3)
_Cons	41.9996*** (50.43)	47.0879*** (45.72)	
Adj - R^2	0.600		0.141
个体效应	Control	Control	Control
时间效应	Control	Control	Control
N	6750	6750	6750
F	325.15		112.12

注：检验统计量下方括号内为相应t值，*、**、***分别表示在10%、5%与1%水平下显著。

验证创新资助与企业信息不对称间的关系是考察创新资助的融资激励机制的第一步。根据实证设计的步骤，本节对方程（5-5）进行实证分析，探究创新资助影响企业创新的融资激励机制是否主要表现为信息传递机制。具体结果见表5-12。其中，第（1）列至第（3）列分别从短期债务融资激励、长期债务融资激励和股权融资激励三个层面对方程（5-5）进行固定效应模型估计，因变量均为创新投入变量*RD*1。具体来看，第（1）列中*Inf*的系数显著为负，系数值为-0.0350，说明企业信息不对称程度的增加会抑制企业创新投入。企业创新融资面临的最主要问题就是资金市场供求双方的信息不对称问题，本节的结果符合预期。企业短期借款*Sloan*的回归系数在5%的水平下显著为正，说明企业外部短期债务融资促进了企业创新，验证了外部融资对企业创新的促进作用。重点关注的交互项*Inf*×*Sloan*的系数为-0.0051，且在10%的水平下显著为负，说明企业信息不对称是影响企业外源短期债务融资水平的重要因素，企业信息不对称程度的增加抑制了企业短期债务融资对企业创新的激励作用。而表5－11的经验证据表明，政府创新资助缓和了企业与外部投资者间的信息不对称程度，结合表5－11和交互项 *Inf*×*Sloan* 的结果可知，创新资助通过信息传递机制激励企业短期债务融资，最终促进企业创新。

第（2）列检验创新资助的长期债务融资激励机制。其中 *Inf* 的系数同样为负，且在1%的水平下显著，即企业信息不对称变量对企业创新具有抑制作用，这符合预期。*Lloan* 的估计系数为0.1164，但并不显著。重点关注的交互项 *Inf*×*Lloan* 的回归系数为－0.0022，且在5%的水平下显著。显然，信息不对称程度是影响企业长期债务融资水平的重要因素，企业信息不对称程度的增加抑制了企业长期债务融资对企业创新的激励作用。而表5－11的计量结果已经表明创新资助缓解了企业信息不对称程度，因此，创新资助通过这一信息传递机制激励了外部长期债务融资，促进企业创新。

第（3）列检验了创新资助的股权融资激励机制。其中关键变量 *Inf*×*Equity* 的系数显著为负，说明从股权融资渠道来看，信息传递机制也是创新资助的融资激励效应的关键机制，其他核心变量的系数值均与预期相符。

第（1）列至第（3）列是以创新投入变量 *RD*1 为被解释变量考察创新资助的融资激励机制，进一步，第（4）列至第（6）列考察创新资助影响企业创新产出 *Pat* 的融资激励机制。可以发现，第（4）列至第（6）列中 *Inf* 的系数均显著为负，外源融资变量 *Sloan*、*LLoan*、*Equity* 的系数都显著为正，这与之前的结果完全一致。重点关注的变量 *Inf*×*Sloan*、*Inf*×*Lloan*、*Inf*×*Equity* 的系数分别为－0.0041、－0.0399和－0.1664，均至少在5%的水平下显著。可以看出，无论从短期债务融资渠道、长期债务融资渠道抑或股权融资渠道来看，企业创新资助影响企业创新产出的融资激励机制同样均表现为信息传递机制。综合第（1）列至第（6）列的计量结果，无论从投入层面还是从产出层面衡量企业创新，创新资助对企业创新的一般性融资激励机制均表现为信息传递机制，验证了 H2。

表 5 – 12　　　创新资助的信息传递机制检验结果

	因变量：*RD*1			因变量：*Pat*		
	短期债务融资激励渠道 (1)	长期债务融资激励渠道 (2)	股权融资激励渠道 (3)	短期债务融资激励渠道 (4)	长期债务融资激励渠道 (5)	股权融资激励渠道 (6)
Inf	–0. 0350 *** (–3. 61)	–0. 0338 *** (–3. 34)	–0. 0300 *** (–3. 04)	–0. 0540 *** (–5. 61)	–0. 0451 *** (–4. 83)	–0. 0503 *** (–5. 47)
Sloan	0. 4417 ** (2. 00)			0. 2899 (0. 93)		
Inf × *Sloan*	–0. 0051 * (–1. 77)			–0. 0041 ** (–2. 18)		
Lloan		0. 1164 (0. 71)			0. 5519 *** (4. 31)	
Inf × *Lloan*		–0. 0022 ** (–2. 32)			–0. 0399 *** (–3. 86)	
Equity			2. 6680 ** (2. 38)			1. 7197 * (1. 95)
Inf × *Equity*			–0. 0830 * (–1. 81)			–0. 1664 *** (–3. 38)
Size	–0. 2004 *** (–4. 96)	–0. 1432 *** (–3. 51)	–0. 1136 *** (–2. 93)	0. 2669 *** (9. 04)	0. 3229 *** (11. 05)	0. 3021 *** (10. 31)
Age	–0. 0418 *** (–8. 30)	–0. 0415 *** (–8. 16)	–0. 0425 *** (–8. 46)	–0. 0808 *** (–21. 93)	–0. 0825 *** (–22. 32)	–0. 0814 *** (–21. 96)
Lev	–0. 3544 ** (–2. 25)	–0. 3484 ** (–2. 22)	–0. 4827 *** (–2. 98)	–1. 2950 *** (–11. 49)	–1. 2585 *** (–11. 26)	–1. 3008 *** (–11. 39)

续表

	因变量：*RD*1			因变量：*Pat*		
	短期债务融资激励渠道 (1)	长期债务融资激励渠道 (2)	股权融资激励渠道 (3)	短期债务融资激励渠道 (4)	长期债务融资激励渠道 (5)	股权融资激励渠道 (6)
Growth	0.0631 (0.78)	0.0505 (0.63)	0.0813 (1.00)	0.0556 (0.97)	0.0525 (0.91)	0.0471 (0.82)
Holder	-0.0017 (-1.01)	-0.0015 (-0.88)	-0.0018 (-1.11)	-0.0051*** (-3.86)	-0.0052*** (-3.92)	-0.0046*** (-3.46)
Market	0.3333*** (2.65)	0.3302*** (2.61)	0.3217*** (2.59)	-0.7117*** (-11.85)	-0.7055*** (-11.69)	-0.7247*** (-12.10)
Pro	2.3618*** (3.17)	2.2242*** (3.14)	2.1325*** (3.10)	0.3603 (1.54)	0.3309 (1.49)	0.3276 (1.49)
Capital	-0.3434*** (-13.59)	-0.3363*** (-13.23)	-0.3428*** (-13.53)	-0.2146*** (-12.56)	-0.2002*** (-11.67)	-0.2101*** (-12.23)
_Cons	10.7425*** (13.94)	9.4695*** (11.93)	9.0521*** (12.68)	-0.3146 (-0.58)	-1.6061*** (-2.95)	-1.0740** (-2.02)
Adj - R^2	0.1386	0.1369	0.1405	0.1772	0.1814	0.1777
个体效应	Control	Control	Control	Control	Control	Control
时间效应	Control	Control	Control	Control	Control	Control
N	5218	5193	5217	6286	6254	6284
F	41.94	42.41	41.83	88.25	91.62	87.91

注：检验统计量下方括号内为相应 t 值，*、**、*** 分别表示在 10%、5% 与 1% 水平下显著。

5.3.4 稳健性检验

企业创新变量的样本筛选中可能存在样本选择性偏误，原因是当企业不进行研发创新抑或不披露创新关键信息时，其创新数据为零或缺失，而本书选取的样本企业创新投入与创新产出都不为零且没有缺失。因此，本节继续参考杨汝岱等（2011）[231]的做法，结合 Heckman 两步法和两阶段最小二乘法（2SLS）进行稳健性检验，具体做法是将最小二乘法第一阶段①的结果作为信息不对称的预测值，代替真实的信息不对称值，然后进行 Heckman 两步法回归。表5－13 的回归结果显示核心变量 *Inf* 的系数，外源融资变量 *Sloan*、*LLoan*、*Equity* 的系数无论是作用方向还是显著性均与表5－12 的结果大体一致，考察信息传递机制的交互项 *Inf*×*Sloan*、*Inf*×*Lloan*、*Inf*×*Equity* 的系数也都显著为负，再次验证了本节结论的稳健性。

表5－13　创新资助的融资激励机制检验：内生性问题

	因变量：*RD*1			因变量：*Pat*		
	短期债务融资激励渠道 (1)	长期债务融资激励渠道 (2)	股权融资激励渠道 (3)	短期债务融资激励渠道 (4)	长期债务融资激励渠道 (5)	股权融资激励渠道 (6)
Inf	－0.0508*** (－5.32)	－0.0473*** (－5.06)	－0.0411*** (－4.45)	－0.0443*** (－4.80)	－0.0167* (－1.79)	－0.0318*** (－3.53)
Sloan	0.8126*** (3.46)			0.3205* (1.70)		
Inf×*Sloan*	－0.0310* (－1.90)			－0.0191** (－2.13)		
Lloan		0.2752 (1.45)			1.9829*** (7.47)	
Inf×*Lloan*		－0.0105* (－1.91)			－0.1784*** (－8.01)	
Equity			2.1365** (2.07)			2.4578*** (2.90)

① 工具变量选取信息不对称指数的行业均值。

续表

	因变量：*RD*1			因变量：*Pat*		
	短期债务融资激励渠道（1）	长期债务融资激励渠道（2）	股权融资激励渠道（3）	短期债务融资激励渠道（4）	长期债务融资激励渠道（5）	股权融资激励渠道（6）
Inf × *Equity*			-0.0986 * (-1.75)			-0.2197 *** (-4.40)
Size	-0.2728 *** (-6.50)	-0.2375 *** (-5.77)	-0.1959 *** (-4.87)	0.3591 *** (9.66)	0.3961 *** (10.80)	0.3697 *** (10.34)
Age	-0.0059 (-0.94)	-0.0055 (-0.85)	-0.0059 (-0.93)	-0.0492 *** (-5.58)	-0.0503 *** (-5.73)	-0.0501 *** (-5.73)
Lev	0.6002 *** (2.99)	0.6188 *** (3.08)	0.5711 *** (2.83)	-0.1924 (-0.72)	-0.1813 (-0.68)	-0.2234 (-0.83)
Growth	0.0081 (0.09)	-0.0016 (-0.02)	0.0105 (0.11)	0.0132 (0.15)	0.0378 (0.44)	0.0169 (0.20)
Holder	0.0120 *** (5.61)	0.0121 *** (5.64)	0.0118 *** (5.52)	0.0010 (0.41)	0.0007 (0.28)	0.0010 (0.41)
Market	0.7739 *** (6.61)	0.7490 *** (6.36)	0.7635 *** (6.53)	-0.4144 *** (-3.72)	-0.3682 *** (-3.35)	-0.4118 *** (-3.74)
Pro	1.6086 *** (4.51)	1.5440 *** (4.32)	1.4916 *** (4.19)	0.7845 *** (2.74)	0.8302 *** (2.93)	0.8110 *** (2.85)
Capital	-0.2699 *** (-8.96)	-0.2680 *** (-8.87)	-0.2656 *** (-8.84)	-0.2163 *** (-7.67)	-0.2086 *** (-7.46)	-0.2185 *** (-7.80)
_Cons	11.0522 *** (13.11)	10.2982 *** (12.44)	9.4716 *** (11.98)	-2.3733 *** (-3.00)	-3.1746 *** (-4.04)	-2.5060 *** (-3.32)
逆米尔斯比率	-1.6025 *** (-14.92)	-1.5978 *** (-14.79)	-1.5834 *** (-14.74)	-1.0038 *** (-3.21)	-0.9147 *** (-2.94)	-0.9508 *** (-3.07)
个体效应	Control	Control	Control	Control	Control	Control
时间效应	Control	Control	Control	Control	Control	Control
N	7307	7290	7306	8075	8056	8074

注：检验统计量下方括号内为相应 t 值，*、**、*** 分别表示在 10%、5% 与 1% 水平下显著。

5.4　本章小结

本章实证检验政府创新资助影响企业创新的一般性融资激励机制。首先，根据前章的数理推演，提出关于创新资助影响企业创新的一般性融资激励机制的两个研究假设。其次，实证检验部分，基于我国上市公司 2008—2017 年非平衡面板数据，利用双向固定效应、系统 GMM、Heckman + 2SLS 工具变量法等多个计量方法考察政府创新资助对企业创新的一般性融资激励机制。第一，实证中先以政府创新资助和融资约束指标 SA 指数为核心解释变量，以企业创新投入和创新产出为衡量企业创新的被解释变量，初步探究创新资助、融资约束和企业创新三者间的关系。实证结果表明：创新资助在融资约束和企业创新的关系中起弱化的调节作用，即创新资助强度越大，融资约束对企业创新的抑制作用越弱。第二，利用主成分分析法构建信息不对称指数，考察政府创新资助对企业创新的融资激励机制。研究发现，政府创新资助的融资激励机制表现为信息传递机制，即政府创新资助释放了基于政府信用的隐性企业技术认证信号，缓解了外部投资者和企业间的信息不对称程度，使企业获得更多的外部认证性融资，最终促进企业创新。

第6章 政府创新资助影响企业创新的优化配置机制检验

第5章实证分析了政府创新资助的一般性融资激励机制。第5章的立论建立在企业初始财富同质性假设的基本框架下，而在企业的现实经营中，创新型企业的融资约束状况参差不齐，在企业进行创新活动时，不应忽略企业内部资产配置行为对企业创新的影响。已有文献指出，近年来中国企业研发创新活动首先依赖于非正规金融（刘贯春等，2017，2018）[18, 212]。在资本市场发展仍显滞后的背景下，相继有学者研究得出企业内部实体资产配置对企业创新具有平滑作用（蒲文燕和张洪辉，2016；袁东任和汪炜，2016；吴淑娥等，2016）[246, 247, 21]。与此同时，当前实体企业具有愈发明显的“脱实向虚”倾向，企业进行金融资产配置的“逐利”动机得到众多学者的一致认可，金融资产配置“挤出”了企业创新投资。根据第3章的理论推导，在考虑企业基于不同动机的资产配置行为后，创新资助对企业创新具有额外的融资激励机制。因此，本章和第7章在第5章的基础上，放松企业初始财富同质性约束条件，分别在考虑企业实体资产配置行为和金融资产配置行为的基础上，考察创新资助对企业创新的额外融资激励机制。本章首先考察企业实体资产配置平滑动机下创新资助影响企业创新的融资激励机制。图6-1是本章研究框图。

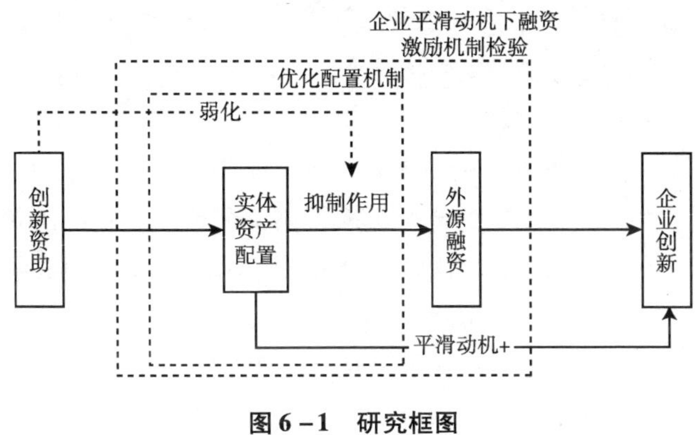

图 6－1　研究框图

6.1　研究假设

第 3 章的数理模型阐述了在企业初始财富无法满足式（3－17）提出对企业自有资金的基本要求时，企业可能基于内部平滑需求进行积极的内部实体资产配置以保证企业创新投资的高水准。为确保理论分析的准确，本节首先需要在第 3 章理论分析的基础上深入探究企业通过怎样的实体资产配置行为平滑企业创新，然后考察企业实体资产配置平滑动机下创新资助对企业创新的融资激励机制。

6.1.1　营运资本视角下实体资产配置对企业创新的平滑作用

前几章的研究已经指出企业创新面临严峻的融资约束问题，在这种情况下，企业主要依赖内源融资。但在受到外部冲击时，企业的融资面临两难处境：一方面，外部冲击使企业经营受到影响，内部财务的波动极易造成创新投入被迫中断；但另一方面，企业在遭遇外部短期冲击时面临高昂的调整成本，项目的突然中断和再延续会给企业带来巨大损失（Brown and Petersen，2011）[14]。因此，企业迫不得已变现内部其他形式的实体资产维持企业创新的平稳持续，即称为企业通过内部实体资产配置行为平滑企业创新。

企业进行创新平滑的一个重要动机是其自身高昂的调整成本(Himmelberg and Petersen，1994)[129]。与实体投资相比，创新投资主要用于支付技能娴熟的技术工人、高素质研发人员的工资报酬。削减创新投资意味着部分研发人员失去工作，如果创新波动来自外部环境的短期冲击，则中断之后的再延续需要重新雇用新的研发人员，这将产生额外的雇用成本，且在前期对新的研发员工进行培训又需要额外产生不菲的培训成本。研发人员的重新雇用和培训成本巨大。除此之外，创新活动具有天然的外部性特征，而持有关键创新知识的研发人员的解雇将加剧创新知识的外泄，一旦这些关键信息被竞争对手获得，将迅速降低企业正在进行的创新项目的价值。进一步，创新活动通常需要研发人员之间的协调合作，人员的变动牵一发而动全身，可能会拖垮创新项目的预期进程，造成难以消除的损失。上述原因都表明企业创新的调整成本巨大，甚至在很多情况下超过实体投资的调整成本①。因此，企业倾向于平滑各个时期的创新投资，以避免活动中断与再延续形成高昂调整成本。

企业的另一个平滑创新的动机是其无法低成本的保有或延续投资项目。对一个处在快速增长行业的公司来说，其自身的创新活动以及创新的外溢性特性会产生源源不断的新投资机会。但在遭遇外部环境的负面冲击，企业利润受阻无法提供稳定现金流时，企业极有可能放弃预期高回报率的投资机会。一旦这些投资机会没有在出现的第一时间被企业挖掘出来，企业将错过他们的先发优势，在短期产品生命周期、专有性问题的干扰下，这些投资机会对企业的价

---

① Bernstein and Nadiri (1989)[210]研究认为创新投资的调整成本大于实体投资。Cooper and Haltiwange (2006)[248]建立了更严谨的分析框架比较两者调整成本的大小，研究发现实体投资的调整成本更温和，两者调整成本的差异也与一般情况下创新投资波动幅度相较实体投资更低的事实相一致。

值将迅速降低。上述问题表明企业投资远未达到最理想状态，这种情况下，企业创新的平滑需求就显得极为迫切。

基于以上两点，企业倾向于利用内部平滑维持各个时期创新投资的平稳性。本节从营运资本管理的角度考察企业创新活动中实体资产配置的平滑作用，强调了常常被忽视的营运资本管理能够作为一种策略削弱融资约束对企业创新活动的抑制作用，在企业创新平滑中扮演重要角色。营运资本定义为流动资产（包括应收账款、存货、现金及现金等价物）和流动负债（包括应付账款和短期负债）的差额，反映了短期资金的来源和用途。2011 年上市公司的财报统计结果显示，所有制造业公司的营运资本总额为 11662 亿元，占总资产比重为 12.5%，固定资产总额为 24800 亿元，占总资产比重为 26.5%，营运资本几乎占了固定资产的一半。Shin and Soenen（1998）[249]、Fazzari and Petersen（1993）[250] 等研究认为，营运资本与固定资本在现代企业中的地位相差无几。营运资本的一个关键特性在于自身具有很强的流动性，其调整成本要小于固定资本、无形资本。与后两者不同，营运资本是可逆的。倘若企业在生产当中对原材料、半成品等存货的消耗快于重置速度，则营运资本投资可以暂时为负。存货可以充当企业生产与营销之间的缓冲，避免生产过程的过度波动，起到平滑生产周期的作用，进一步，企业甚至可以通过存货负投资释放短期流动性以弥补暂时冲击造成的现金流缺口。同样，企业可以通过加快应收账款的清偿或紧缩对新产品的商业信用来变现营运资本。此外，流动资产作为企业短期借贷的抵押也会导致营运资本的减少。再以商业信用为例，Nilsen（2002）[251] 认为，在经济形势下滑或者货币政策偏紧时，具备资本市场入场资格的企业会以商业信用形式向不具备入场资格的企业再分配其外源融资获得的资金。Burkart and Ellingsen（2004）[252] 证明，在金融市场发展尚不成熟的国家和地区，企业常常会求助于卖方提供的商业信用。具体到国内的情况，对于大部分企业来讲，在其他外源融资渠道受阻的情况下，商业信用作为企业最重要的外部短期融资来源，为企业平滑外部暂时冲击带来了大量便利。

可以看出，相较于固定投资，营运资本投资具有较低的调整成本和较高的流动性优势，企业倾向于进行积极的实体资产配置行为维持高水平的企业创新。具体作用如下：当外部负面冲击引发企业内部现金流下滑时，既有投资出现资金短缺的现象，企业不得不减少现有投资水平。但为了保持不同资产的预期边际收益相等①，企业不会等比例的削减各个投资项目。而是按照资本调整成本的不同由低到高逆向缩减，调整成本越低的资本被削减的更多，供给不足的内部空闲资金优先用于支付调整成本更高的投资。而营运资本的流动性比较高，调整成本相对较低，企业更倾向于大比例的缩减营运资本投资，甚至形成负向投资以抵消暂时的外部冲击，将有限的资金配置到调整成本高昂的创新投资上，使企业在受到负面冲击时仍然维持高水平创新。由此，本章提出假设：

H1：企业倾向于进行积极的实体资产配置来维持创新的稳定。具体来看，企业将削减调整成本较低的营运资本投资代替削减调整成本较高的固定资产投资，这一实体资产配置行为在企业创新中发挥平滑作用。

6.1.2 融资约束与企业平滑

正是出于高昂的创新调整成本和新的投资机会转瞬即逝的考虑，企业需要在不同时期维持平滑的创新投资路径。对未遭受融资约束的企业来讲，外部的负面冲击导致融资渠道的受损可以轻易地

---

① 根据 Fazzari and Petersen（1993）[250]，遭受融资约束的公司很可能无法满足各期投资贴现收益率相等，这也正是欧拉方程对不完美的现实资本市场进行诠释的前提。进一步，融资约束使企业无法达成投资的边际收益和边际成本相等，但融资约束没有限制同一时期内不同投资的边际收益相等，也就是说企业将使不同投资的边际收益均等于资金的影子价格，在这一最优条件下企业再考虑对外部负面冲击的应对。

被其他的融资来源抵消，但对于遭受融资约束，融资来源极不稳定的企业来讲，其平滑各个时期的企业创新将更具挑战性。而事实上，从事创新活动的企业往往面临严重的外部融资约束。首先，外部投资者遭遇严重的信息不对称问题。由于创新知识具有外部性特征，为防止关键信息外泄，当期的研发支出明细都会作为商业机密来保存，很少有直接披露的情况出现，导致外部投资者难以准确获取有价值的研发信息。其次，与其他投资相比，创新投资的监督成本更高。创新所得作为一种无形资产，主要表现在高级研发人员的人力资本中，难以准确度量。此外，创新投资周期漫长，产出不确定性极大，外部投资者难以监督研发人员的工作努力程度。种种特征表明创新融资市场更像“柠檬”市场，由于创新项目的优劣难以评价，投资者往往会要求很高的风险溢价，从而增加了创新活动的外部融资成本。

现在考虑受到不同融资约束程度的企业在面对外部不可预期的负面冲击时，是否会产生不同的调整路径。在负面冲击导致主要融资渠道受损时，企业很可能没有足够的资金保持最优的创新投资，倘若没有融资约束的限制，企业可以从其他融资途径获得资金，弥补缺口。但如果企业遭受严重的融资约束无法从外部获得足够资金，企业将不得不优先缩小调整成本较低的营运资本投资，以便维持之前的创新水平。企业的融资约束程度越严重，其营运资本的调整幅度越大。据此，提出假设：

H2：受融资约束程度较高的企业营运资本调整幅度更大，平滑作用更明显。

6.1.3　实体资产配置平滑动机下创新资助的融资激励机制

6.1.1 节深入探究企业如何通过内部实体资产配置平滑促进企业创新。在此基础上，本节详细分析实体资产配置动机下创新资助影响企业创新的融资激励机制。验证这一效应需要探究两个问题。第一，在企业创新活动中，企业获得政府资助后是否会弱化企业的内部平滑动机？对问题一的回答是检验实体资产配置平滑动机下创新资助的融资激励机制的前提。第3章的分析显示，企业获得创新资助将弱化内部资产配置平滑行为，企业的创新资助额越多，企业利用内部实体资产配置平滑创新的动机越弱。据此，提出假设：

H3：企业获得政府创新资助后，其利用实体资产配置进行创新平滑的动机将降低。

第二，考虑企业内部实体资产配置行为后，创新资助对企业创新的融资激励机制是怎样的？第3章的理论分析表明，虽然企业内部实体资产配置能够将企业创新维持在高水平上。但这一行为毕竟只是应付暂时外部负面冲击的无奈之举，无法给予投资者长期稳定的预期收益率，这是因为实体资产平滑过程中相对高昂的调整成本将为企业创新带来额外的负担，从而弱化投资者对项目收益的未来预期①。因此，创新资助的获取相当于零成本的为企业创新提供了一大笔流动资金，降低了内部平滑产生的相对高昂的调整成本，最终激励投资者增加创新项目投资。据此，提出假设：

H4：考虑企业内部实体资产配置行为后，创新资助对企业创新的融资激励机制包含两部分内容；第一部分是第5章分析的基于信息传递机制的创新资助的融资激励机制。第二部分是基于优化配置机制的创新资助的额外融资激励机制，即创新资助的获得降低了企业通过低效内部实体资产配置行为平滑企业创新的动机，从而提高了外部投资者的预期收益率，创新资助通过这一优化配置机制激励外源融资，最终促进企业创新。

---

① 辛宇和徐莉萍（2006）[253]、彭桃英和周伟（2006）[254]、王彦超（2009）[255]的研究均表明超额的内部资产配置行为加剧了现金等内部资产的代理成本，导致企业低效投资。

6.2　实体资产配置影响企业创新的实证分析

6.2.1　企业实体资产配置指标构建

（1）营运资本投资现金流敏感性（*WKS*）的构建

借鉴 Ding et al. （2013）[256] 的思路，本书利用营运资本投资现金流敏感性（*WKS*）考察企业营运资本配置是否在企业研发活动中具有平滑作用。具体指标构建如下：

企业营运资本 *WK* 定义为企业流动资产与流动负债之差。企业营运资本投资 ΔWKI 的计算方法是：

$$\Delta WKI_{it} = \frac{WK_{it} - WK_{it-1}}{K_{it-1}} \tag{6-1}$$

其中，K 由每期期初的固定资本净额表示。i、t 分别代表企业和年份，n 代表企业的年份观测数。

最终，*WKS* 的计算方程如下：

$$WKS_i = \sum_{t=1}^{n}\left[\frac{\left(\frac{cf}{K}\right)_{it}}{\sum_{t=1}^{n}\left(\frac{cf}{K}\right)_{it}} \times \Delta WKI_{it}\right] - \frac{1}{n}\sum_{t=1}^{n}\Delta WKI_{it} \tag{6-2}$$

其中，cf 代表企业现金流，用企业年终净利润与本年计提折旧额之和进行衡量。

指标建立的逻辑如下：若企业的营运资本投资不受内部现金流的影响，则在富余现金流时期内的营运资本投资均值将与现金流匮乏时期的相应均值差距不大，即经过现金流加权的营运资本投资均值与未经过现金流加权的营运资本投资均值之间不应有较大差异。反之，倘若企业营运资本投资支出与现金流正（负）相关，则经过现金流加权的营运资本投资均值将高（低）于未加权的企业营运资本投资均值。因此，*WKS* 为正则预示着企业在现金流富余的时期增加营运资本投资，在现金流匮乏时期减少营运资本投资，*WKS* 越大，则企业利用营运资本平滑研发投资的趋势越明显。

（2）固定资产投资现金流敏感性（*FKS*）的构建

为了进一步验证固定资产投资是否平滑了企业研发支出，本书建立固定资产投资现金流敏感性指标 *FKS*。*FKS* 的构建思路与 *WKS* 类似：若企业的固定资产投资不受内部现金流的影响，则在富余现金流时期内的固定资产投资均值将与现金流匮乏时期的投资均值差距不大，即经过现金流加权的固定资产投资均值与未经过现金流加权的固定资产投资均值之间不应有较大差异。因此，*FKS* 越大，反映了企业的固定资产投资受企业财务波动的影响越明显。具体构建如下：

$$FKS_i = \sum_{t=1}^{n}\left[\frac{\left(\frac{CF}{K}\right)_{it}}{\sum_{t=1}^{n}\left(\frac{CF}{K}\right)_{it}} \times \left(\frac{INV}{K}\right)_{it}\right] - \frac{1}{n}\sum_{t=1}^{n}\left(\frac{INV}{K}\right)_{it} \qquad (6-3)$$

其中，*INV* 表示企业的固定资产投资，定义为购建固定资产和其他长期资产支付的现金。

6.2.2 实证研究设计

（1）实证模型设定

借鉴 Eberly et al.（2012）[257] 和鞠晓生等（2013）[20] 的做法，本书建立模型一考察企业创新中实体资产配置的平滑作用：

$$Y_{it+1}(RD1_{it+1}, RD2_{it+1}, Pat_{it+1}) = a_0 + a_1 WKS_i + \sum a_k Control_{it} + \gamma_t + \gamma_k + \varepsilon_{it} \qquad (6-4)$$

$$Y_{it+1}(RD1_{it+1}, RD2_{it+1}, Pat_{it+1}) = a_0 + a_1 FKS_i + \sum a_k Control_{it} + \gamma_t + \gamma_k + \varepsilon_{it} \qquad (6-5)$$

其中，i 代表企业，t 表示年份，因变量为 $RD1$ 和 Pat，并以 $RD2$ 作为因变量的替换性指标进行稳健性检验①，为了控制可能存在的内生性问题和研发投资的滞后性，本书对因变量取下一年的数据。$Control$ 包含了所有的控制变量，并控制了 γ_t（年份）、γ_k（行业）等因素的影响，ε 为随机扰动项。本书预计模型二中 WKS 的系数显著为正，FKS 的系数显著为负，此时企业的实体资产配置行为表现为企业积极变现营运资本代替固定资产投资来维持企业创新的稳定增长。

进一步，为了验证 H2 的结论，本节建立模型二考察融资约束对实体资产配置平滑效应的影响：

$$Y_{it+1}(RD1_{it+1}, RD2_{it+1}, Pat_{it+1}) = a_0 + a_1 Dum\_sa_{it} + a_2 WKS_i + a_3 S\_w_{it} + \sum a_k Control_{it} + \gamma_t + \gamma_k + \varepsilon_{it} \quad (6-6)$$

其中，营运资本现金流敏感性（WKS）反映的是营运资本对企业创新活动的平滑作用。一旦企业遭受外部负面冲击，内部现金流出现下滑趋势，可能无法继续维持之前的创新投资水平，而创新投资的下降将产生高昂的调整成本，给企业带来巨大损失。因此，企业倾向于通过其他融资渠道弥补创新资金短缺，维持之前的创新水平。倘若企业并未遭受融资约束限制，则可以其他外部融资渠道获得短缺的创新资金。倘若企业主要外部融资渠道受损，遭受严重的融资约束问题，则须调整内部营运资本投资水平，变现流动性高的营运资本配置给调整成本更高的创新投资。也就是说，企业是否利用营运资本进行平滑以及平滑效果的强弱都与企业遭受的融资约束程度相关。参考第 4 章的处理，采用 Dum_Fc 衡量企业的融资约束。

① 第 4 章、第 5 章的实证结果显示，发明专利申请数作为创新产出的衡量指标时，计量结果与预期并不一致，据此，从本章开始，计量方程中不再以发明专利申请数作为创新产出变量的衡量指标。

另外，本书参考 Ding et al.（2013）[257]和鞠晓生等（2013）[20]的研究采用企业成长能力（*Growth*）代替托宾 Q 控制企业的投资机会，销售增长率用企业当年销售增加值与年初销售额相比所得。这样考虑的原因如下：首先，托宾 Q 理论基于发达国家成熟的金融市场，反映了对企业未来盈利能力的预期，然而中国资本市场发展尚不成熟，股价变化往往与企业经营绩效相关程度不高；其次，在本书所选样本区间内，中国资本市场受金融危机影响较大，股市经历了较大波动，以托宾 Q 为指标衡量企业增长机会将难以区分企业自身价值和市场整体回报。

根据之前的分析，为了维持创新水平的平稳持续，企业倾向于利用营运资本投资代替其他投资对创新投入进行平滑，表现为高营运资本投资现金流敏感性（*WKS*）和低固定资产投资现金流敏感性（*FKS*）的投资行为特征。本书预计采用这一投资行为特征的企业将具有更高水平的创新，为了验证这一分析，本书将企业按照不同的投资行为特征分为高 *WKS* 和高 *FKS* 组（HH）①、高 *WKS* 和低 *FKS* 组（HL）、低 *WKS* 和高 *FKS* 组（LH）、低 *WKS* 和低 *FKS* 组（LL），建立模型三考察不同的投资平滑行为对企业创新的影响：

$$Y_{it+1}(RD1_{it+1}, RD2_{it+1}, Pat_{it+1}) = a_0 + a_1 HH + a_2 HL + a_3 LH + \sum a_k Control_{it} + \gamma_t + \gamma_k + \varepsilon_{it} \tag{6-7}$$

其中，*HH*、*HL*、*LH* 为反映企业投资平滑特征的虚拟变量，当企业处于 HH 组时，*HH* 值置为 1，否则为 0；*HL* 和 *LH* 的变量取值以此类推。与之前相同，模型中同样控制了 γ_t（年份）、γ_k（行业）等因素的影响。

为了进一步观察 HL 组企业的特点，模型四以 *HL* 为因变量构建 logit 回归模型，考察企业高营运资本投资现金流敏感性和低固

① 按照均值对 *WKS*、*FKS* 进行高低划分。

定资产投资现金流敏感性的投资平滑特征是否受企业规模（*Size*）、年龄（*Age*）、负债率（*Lev*）和营运资本存量（*Wk'*）的影响：

$$HL = a_0 + a_1 Size_{it} + a_2 Lev_{it} + a_3 Age_{it} + a_4 Wk' + \gamma_i + \gamma_k + \varepsilon_{it} \tag{6-8}$$

（2）数据来源与描述性统计①

本节以 2008—2017 年全部上市公司（金融保险类和当年被 ST 的公司除外）为样本，所使用的财务数据均来自国泰安上市公司数据库，企业创新数据通过整理国泰安上市公司数据库和上市公司年报得到。年报数据来源于上海证券交易所“上市公司报告”栏目和深圳证券交易所“上市公司报告”栏目。

本书对原始数据还做了以下处理工作：（1）按照 1% 的水平对每个样本数据进行 Winsorize 处理；（2）剔除了部分公司财务变量等相关数据缺失的样本；（3）对企业总资产和固定资产金额均以固定资产投资价格指数调整为实际值；（4）保留具有连续 3 年以上观测值的企业数据；（5）对企业盈利水平进行行业调整。

样本的描述性统计结果见表 6－1，因变量与控制变量的描述性统计结果与第 4 章的统计结果基本一致，此处不再赘述。本节重点对核心解释变量营运资本投资现金流敏感性指标（*WKS*）和固定资产投资现金流敏感性指标（*FKS*）进行描述性统计分析。从 *WKS* 来看，其均值与中位数分别为 0.588 和 －0.007，两者相差悬殊，表明中国上市公司的营运资本管理行为千差万别，并不统一。从侧面反映不同上市公司的创新平滑行为也差异较大，存在局部异变的特征。作为对比，*FKS* 的均值与中位数分别是 0.019 和 －0.003，明显看出，营运资本投资的现金流敏感性均值远大于固

① 本章实证研究所采用的因变量以及控制变量与第 4 章基本一致，核心解释变量在 5.4.1 节已详细阐述了构建过程，因此不拟在本章专门设置独立章节来介绍样本选取以及变量定义。

定资产投资现金流敏感性均值，这与假设部分的预期一致：营运资本投资代替固定资产投资在企业实体资产配置行为中占主导地位，而 *WKS* 的局部异变特征也与当前金融资源分配低效、金融扭曲严重的融资现状相符。

表 6－1　变量的统计性描述

变量	样本数	均值	标准差	最小值	中位数	最大值	偏度	峰度
*RD*1	11924	1.966	1.768	0.010	1.620	9.440	1.663	6.719
*RD*2	11924	3.776	3.970	0.010	3.135	24.090	2.579	11.890
Pat	14107	1.374	1.592	0.000	0.693	8.753	0.940	3.248
WKS	20404	0.588	17.330	−66.640	−0.007	99.500	2.281	22.410
FKS	20404	0.019	0.168	−0.317	−0.003	1.014	4.150	24.910
Size	21008	21.810	1.327	16.120	21.650	28.510	0.719	4.348
Age	20592	13.900	5.430	0.000	14.000	37.000	0.075	2.781
Lev	20688	0.444	0.228	0.047	0.437	1.164	0.304	2.678
Growth	18905	0.150	0.359	−0.638	0.106	2.236	2.278	13.340
Holder	16900	36.190	15.580	0.290	34.260	99.000	0.495	2.773
Market	19954	0.360	0.301	−0.035	0.276	1.623	1.863	7.175
Pro	21198	0.088	5.314	−55.910	0.042	758.700	138.000	20.000
Capital	21167	12.330	1.210	3.948	12.300	19.640	0.167	5.529

6.2.3　实体资产配置对企业创新的平滑作用

表 6－2 是根据模型一得到的固定效应模型回归结果①。首先，从前 3 列的结果来看，无论是从企业创新投入还是从企业创新产出来看，在控制了相关因素之后，*WKS* 均与企业创新正相关，系数值分别为 0.0060、0.0136 和 0.0015，均在 5% 水平下显著。这表

① 根据混合 OLS、固定效应和随机效应三种估计方法的检验结果进行面板回归模型选择，最终选择固定效应模型。

明营运资本投资的调整方向与企业内部现金流相同，在外部冲击导致企业内部现金流不足时，企业积极削减流动性较高的营运资本维持企业创新。作为对比，后三列回归结果中，核心解释比变量 *FKS* 的系数分别为 -0.1514、-0.0373、-0.1312，系数值基本都显著为负。这表明固定资产投资的调整方向与现金流相悖。即在受到外部负面冲击导致内部现金流下滑时，企业调整营运资本投资代替固定资产投资来平滑创新，维持企业创新在各个时期的相对平稳，避免研发活动的突然中断和再延续给企业造成的巨大损失。这验证了 H1。这一结论与 Brown and Petersen（2011）[14]、吴淑娥等（2016）[21] 的研究有相似的部分，上述研究同样考察上市公司研发活动中的融资平滑问题，但他们的研究都关注现金持有的平滑作用。与现金持有相比，营运资本的覆盖范围更大，包括了商业信用、存货等要素，能够更灵活的用于缓冲企业投资波动，本书的结论证实了利用营运资本进行创新平滑可能更符合中国落后的资本市场的现状。

其他控制变量的估计结果显示，企业负债率的系数为负，表明杠杆水平越高的企业，越倾向于降低研发支出。这与本书的预期一致，研发活动是一项风险高、投资大的行为，企业债务高企，面临的风险会变大，其将会做出谨慎的研发投资决策。从理论上讲，企业年龄对研发投入的影响是不确定的，一方面，成立越久的企业通常已经发展出被市场认可的成熟工艺，因此没有激励去继续从事研发活动；而另一方面，创办年限越长的企业更容易积累深厚的知识储备，反而更有可能去主动开发新的工艺。根据第（1）列、第（2）列的结果，企业年龄与研发投入负相关，表明创办越久的企业，越保守和故步自封，缺乏动力去创新。盈利能力与研发投入负相关，这也与林洲钰等（2013）[258] 一致，可能的解释是，创新的效益发挥需要时间，短期内的绩效推动作用并不明显。

表 6-2　　　　实体资产配置的平滑作用检验

	(1) *RD1*	(2) *RD2*	(3) *Pat*	(4) *RD1*	(5) *RD2*	(6) *Pat*
WKS	0.0060*** (3.93)	0.0136*** (3.83)	0.0015** (2.02)			
FKS				-0.1514** (-2.53)	-0.0373 (-0.79)	-0.1312** (-2.50)
Size	-0.0373** (-2.41)	-0.1544*** (-5.53)	0.3206*** (22.61)	0.3168*** (22.38)	0.2761*** (22.69)	0.2751*** (21.55)
Age	-0.0312*** (-9.61)	-0.1011*** (-15.02)	-0.0614*** (-24.33)	-0.0614*** (-24.31)	-0.0398*** (-19.95)	-0.0458*** (-20.15)
Lev	-0.4724*** (-4.75)	-1.9045*** (-10.64)	-0.9781*** (-16.86)	-0.9682*** (-16.59)	-0.6013*** (-12.96)	-0.7007*** (-13.51)
Growth	0.2453*** (4.50)	-0.4502*** (-4.12)	0.0512* (1.72)	0.0512* (1.74)	0.0378 (1.58)	0.0487* (1.83)
Holder	-0.0047*** (-4.01)	-0.0221*** (-10.10)	-0.0031*** (-3.43)	-0.0032*** (-3.43)	-0.0044*** (-5.25)	-0.0000 (-0.13)
Market	0.5485*** (7.01)	4.2134*** (21.23)	-0.5573*** (-14.73)	-0.5612*** (-14.79)	-0.2292*** (-7.37)	-0.6588*** (-20.03)
Pro	-0.0249*** (-4.94)	-0.0461*** (-3.93)	0.0042 (1.06)	0.0054 (1.12)	0.0060** (2.27)	0.0050 (1.45)
Capital	-0.3375*** (-19.90)	-0.3739*** (-10.51)	-0.1423*** (-13.54)	-0.1422*** (-13.57)	-0.0972*** (-11.71)	-0.1311*** (-14.43)
_Cons	6.0531*** (18.51)	10.3472*** (17.45)	-3.3494*** (-11.63)	-3.2500*** (-11.31)	-3.6178*** (-14.78)	-3.0831*** (-11.94)
Adj-R^2	0.251	0.391	0.213	0.214	0.176	0.191
行业效应	Control	Control	Control	Control	Control	Control
时间效应	Control	Control	Control	Control	Control	Control
N	10372	10372	14041	10372	10372	14041
F	164.81	211.14	220.54	221.06	149.54	174.30

注：检验统计量下方括号内为相应 t 值，*、**、*** 分别表示在 10%、5% 与 1% 水平下显著。

为了检验营运资本平滑作用的稳健性，本书对几个主要的变量进行替换性检验，受吴淑娥等（2016）[21]启发，以营运资本变动值（Δ*WKI*）和固定资产变动值（*INV*）分别作为 *WKS* 和 *FKS* 的替代指标，然后对基准方程重新回归，结果见表6-3。

从中可以看出：前3列中营运资本变动值均在5%的水平下显著为负，表明营运资本的变动方向与企业创新的方向相反。这表明一旦遭遇财务波动，企业将会削减部分营运资本投资弥补资金缺口，避免研发资金的突然下降带来的巨额调整成本，营运资本起到了创新平滑的作用，验证了营运资本平滑作用的稳健性。后3列是固定资产变动值分别对 *RD*1、*RD*2 以及 *Pat* 的作用结果，*INV* 的系数值分别为0.5133、1.7362 和0.0330，基本都显著为正，表明固定资产投资并未呈现与创新相反的变化，因此结合前3列结果可以看出，企业确实利用营运资本配置代替固定资产配置维持了创新增长，再一次验证了 H1。

表6-3　　　　稳健性检验1：替换性指标

	（1）*RD*1	（2）*RD*2	（3）*Pat*	（4）*RD*1	（5）*RD*2	（6）*Pat*
Δ*WKI*	-0.0210*** (-4.42)	-0.0607*** (-4.62)	-0.0034** (-2.43)			
INV				0.5133** (2.44)	1.7362*** (3.97)	0.0330 (0.26)
Size	-0.6452*** (-8.07)	-0.2862** (-2.26)	0.0523** (2.22)	-0.6919*** (-8.76)	-0.4234*** (-3.28)	0.0505** (2.06)
Age	0.1297*** (7.63)	0.1654*** (6.74)	-0.0039 (-0.42)	0.1378*** (8.05)	0.1913*** (7.52)	-0.0024 (-0.40)
Lev	0.3638* (1.70)	-1.0002** (-2.50)	-0.1333 (-1.53)	0.4493** (2.15)	-0.7524* (-1.91)	-0.1193 (-1.38)
Growth	0.1234*** (2.98)	-0.7433*** (-7.57)	0.0182 (1.08)	0.1139*** (2.71)	-0.7754*** (-7.87)	0.0162 (0.96)

续表

	(1) *RD*1	(2) *RD*2	(3) *Pat*	(4) *RD*1	(5) *RD*2	(6) *Pat*
Holder	-0.0043 (-1.20)	-0.0156** (-2.56)	-0.0043** (-2.01)	-0.0053 (-1.28)	-0.0166*** (-2.75)	-0.0042* (-1.92)
Market	0.4918** (2.26)	1.1319** (2.50)	0.0276 (0.47)	0.4193* (1.92)	0.9052** (1.97)	0.0230 (0.38)
Pro	0.3645 (1.09)	-0.7272 (-1.45)	0.0000 (0.15)	0.3342 (1.02)	-0.8143 (-1.59)	-0.0007 (-0.17)
Capital	-0.0843*** (-2.80)	0.0529 (0.86)	-0.0154 (-1.23)	-0.0684** (-2.24)	0.0998 (1.61)	-0.0130 (-1.07)
_Cons	15.0883*** (9.04)	7.7895*** (3.05)	0.4563 (0.97)	15.7295*** (9.58)	9.7150*** (3.75)	0.4730 (0.98)
Adj-R^2	0.112	0.098	0.032	0.109	0.094	0.032
行业效应	Control	Control	Control	Control	Control	Control
时间效应	Control	Control	Control	Control	Control	Control
N	10734	10734	12960	10737	10737	12970
F	22.54	27.52	21.43	22.21	27.38	21.14

注：检验统计量下方括号内为相应 t 值，*、**、*** 分别表示在 10%、5% 与 1% 水平下显著。

企业创新数据的筛选中可能存在样本选择性偏误，原因是当企业不进行研发创新抑或不披露创新关键信息时，其研发支出数据为零或缺失，而本书选取的样本企业研发投入、专利申请数都不为零且没有缺失。另外，实体资产配置与企业创新之间存在互为因果的内生性问题。基于以上两点问题，本书参考杨汝岱等（2011）[231]的做法，结合两阶段最小二乘法（2SLS）和 Heckman 两步法解决内生性问题，具体做法是将最小二乘法第一阶段①的结果作为营运资本投资现金流敏感性（*WKS*）的预测值，代替真实的 WKS，然

① 工具变量选取行业 *WKS* 均值。

后进行 Heckman 两步法回归，结果见表6-4。

表6-4前3列的结果显示，无论是以创新投入还是以创新产出衡量企业创新水平，*WKS* 的系数均在1%的水平下显著为正。后3列是 *FKS* 分别对三个企业创新变量的作用结果，*FKS* 的系数值均显著为负。可以看出，企业确实利用营运资本配置代替固定资产配置维持了企业创新的增长，再一次验证了H1。

表6-4　　稳健性检验2：内生性问题

	(1) *RD1*	(2) *RD2*	(3) *Pat*	(4) *RD1*	(5) *RD2*	(6) *Pat*
WKS	0.1321*** (9.23)	0.0498*** (10.53)	0.0423*** (11.12)			
FKS				-0.6358*** (2.97)	-0.5067** (2.17)	-0.2224*** (3.40)
Size	-0.2629*** (-8.03)	0.3874*** (23.35)	0.3208*** (24.16)	-0.4530** (-2.20)	-0.2619* (-1.92)	-0.4343** (-2.48)
Age	-0.0417*** (-7.36)	-0.0520*** (-12.48)	-0.0323*** (-9.68)	-0.0325 (-1.20)	-0.0213 (-1.19)	-0.0185 (-0.80)
Lev	0.7808*** (4.03)	-0.9884*** (-9.88)	-0.5769*** (-7.20)	2.4393** (2.53)	1.6038** (2.52)	2.4500*** (2.99)
Growth	-0.1723** (-1.98)	0.0935* (1.88)	0.0716* (1.80)	0.8003** (2.35)	0.5428** (2.41)	0.6757** (2.34)
Holder	-0.0002 (-0.08)	-0.0057*** (-4.83)	-0.0053*** (-5.59)	0.0188** (2.07)	0.0119** (1.99)	0.0181** (2.35)
Market	0.6977*** (6.20)	-0.3596*** (-5.66)	-0.1036** (-2.04)	1.0751** (2.12)	0.8194** (2.45)	0.7848* (1.82)
Pro	-1.7576*** (-2.69)	0.0110 (0.98)	0.0100 (1.12)	-0.3219 (-0.60)	-0.2036 (-0.58)	-0.2778 (-0.61)
Capital	-0.1111*** (-3.12)	-0.1692*** (-9.98)	-0.1270*** (-9.35)	-0.2372** (-2.14)	-0.1550** (-2.11)	-0.2073** (-2.20)

续表

	(1) *RD*1	(2) *RD*2	(3) *Pat*	(4) *RD*1	(5) *RD*2	(6) *Pat*
_*Cons*	11.5578*** (15.04)	-5.0993*** (-14.06)	-4.6719*** (-16.09)	0.6709 (0.17)	-0.4585 (-0.18)	1.4106 (0.42)
逆米尔斯比率	-2.2363*** (-9.15)	0.4408*** (4.28)	0.2959*** (3.58)	9.8242*** (6.49)	6.4979*** (6.49)	8.3458*** (6.49)
行业效应	Control	Control	Control	Control	Control	Control
时间效应	Control	Control	Control	Control	Control	Control
N	12687	12687	13977	13814	13814	14702

注：检验统计量下方括号内为相应 t 值，*、**、*** 分别表示在 10%、5% 与 1% 水平下显著。

6.2.4 融资约束对企业实体资产配置平滑作用的影响

为了验证 H2 提出的命题，本书对模型二进行回归，具体结果见表 6-5。表 6-5 各列分别显示了以 *RD*1、*RD*2 以及 *Pat* 为因变量的回归结果。首先，从 *WKS* 的结果来看，第（1）列 *WKS* 的回归系数为 0.0002，但并不显著，而后两列 *WKS* 的系数分别为 0.0021、0.0025，均在 1% 的水平下显著为正，综合来看，*WKS* 的作用效果与基准回归基本一致，同样验证了营运资本管理的平滑作用。其次，融资约束指标 *Dum_Fc* 的回归系数分别为 -0.1063、-0.1478、-0.1180，均至少在 5% 的水平下显著，说明融资约束的确限制了企业创新，这一点同时反映在创新投入和创新产出中。最后，重点关注的 *Dum_Fc* 与 *WKS* 的交互项 *S_w* 的回归系数分别为 0.0101、0.0016 和 0.0032，均至少在 5% 的水平下显著。这说明融资约束在企业实体资产配置与企业创新的关系中起到了强化的调节作用：企业融资约束程度越深，则该企业内部实体资产配置的平滑创新的作用越明显。这与 H2 的结论相契合。在企业遭遇融资困境，外源融资渠道不畅时，企业的内部平滑作用对企业创新的促进作用更加明显。

表6-5　融资约束对平滑作用的影响

	(1) *RD1*	(2) *RD2*	(3) *Pat*
WKS	0.0002 (0.06)	0.0021 *** (4.43)	0.0025 *** (3.86)
Dum_Fc	-0.1063 ** (-2.19)	-0.1478 *** (-4.58)	-0.1180 *** (-3.05)
S_w	0.0101 *** (3.10)	0.0016 ** (2.00)	0.0032 *** (3.15)
Size	-0.0334 ** (-2.20)	0.2861 *** (22.42)	0.3249 *** (22.06)
Age	-0.0234 *** (-4.86)	-0.0291 *** (-9.96)	-0.0528 *** (-14.70)
Lev	-0.4726 *** (-4.77)	-0.6145 *** (-13.28)	-0.9854 *** (-16.90)
Growth	0.2505 *** (4.62)	0.0346 (1.48)	0.0490 * (1.66)
Holder	-0.0043 *** (-4.19)	-0.0037 *** (-5.46)	-0.0030 *** (-3.57)
Market	0.5415 *** (6.91)	-0.2327 *** (-7.50)	-0.5605 *** (-14.79)
Pro	-0.0279 *** (-5.49)	0.0040 (1.54)	0.0043 (1.07)
Capital	-0.3376 *** (-19.91)	-0.0971 *** (-11.78)	-0.1429 *** (-13.64)
_Cons	5.8534 *** (17.87)	-4.0179 *** (-14.30)	-3.6067 *** (-11.07)
Adj - R^2	0.2524	0.1780	0.2144
行业效应	Control	Control	Control
时间效应	Control	Control	Control
N	10372	10372	14041
F	150.18	136.36	201.32

注：检验统计量下方括号内为相应t值，*、**、***分别表示在10%、5%与1%水平下显著。

进一步，为了稳健起见，本书借鉴 Almeida et al.（2004）[259]和王彦超（2009）[255]的做法，分别从企业规模和企业年龄两个方面划分企业受到的融资约束程度，大企业定义为受到较低融资约束的企业，中小企业定义为受到较高融资约束的企业。中小企业由于面临更加严重的信息不对称问题，其研发项目的质量很难被贷款方清晰判断，有效监督的成本也更高，且其受规模所限，缺乏有价值的抵押品，这使中小企业很难从外部获得研发资金，因此中小企业受融资约束的影响更大。相对来说，大企业持有规模优势并拥有更多的资产抵押品，其更易获取长期贷款用于研发支出，也就是说其对融资约束的敏感性相对较低。同样的，根据 Petersen and Rajan（1995）[260]和 Fritsch et al.（2006）[183]的研究，年幼企业正在急速扩张的发展期，其通常会遭遇更加严峻的融资约束问题。因此，成熟企业定义为受较低融资约束的企业，年幼企业定义为受到较高融资约束的企业，然后对方程（6－4）进行分样本回归，表 6－6 是按照企业规模进行划分的分样本回归结果，表 6－7 是按照企业年龄进行划分的分样本估计结果。从表 6－7 的结果来看，对比第（1）列、第（2）列结果，大企业组 *WKS* 的系数为 0.0119，而中小企业组 *WKS* 的系数为 0.0790，两者均在 1% 的水平下显著，但很明显，实体资产配置对企业创新的平滑作用在中小企业更加突出，这表明受较高融资约束的中小企业营运资本的平滑作用较强，而受融资约束较低的大企业营运资本的平滑作用较弱。另外，采用 *RD*2 和 *Pat* 作为企业创新衡量指标时核心解释变量 WKS 的系数值均在中小企业组更加显著，这与 *RD*1 作为因变量时的结论基本一致，同样说明融资约束程度深的企业，其内部资产配置平滑效果更明显。

从表 6－7 结果来看，无论是从投入还是从产出方面衡量企业创新，处于初创期的企业，其内部实体资产配置的平滑效果均显著强于处于成熟期的企业的内部平滑效果。即同样验证了融资约束对企业内部资产配置平滑行为的强化效应。

表6-6　　实体资产配置的平滑作用：按规模分样本

	因变量：*RD*1		因变量：*RD*2		因变量：*Pat*	
	(1) 大企业	(2) 中小企业	(3) 大企业	(4) 中小企业	(5) 大企业	(6) 中小企业
WKS	0.0119 *** (4.41)	0.0790 *** (3.97)	0.0013 (1.26)	0.0018 *** (3.81)	0.0003 (0.27)	0.0016 *** (2.70)
Size	-0.0719 *** (-3.43)	-0.0209 (-0.86)	0.3350 *** (17.45)	0.2522 *** (15.80)	0.4100 *** (18.79)	0.2813 *** (14.78)
Age	-0.0128 *** (-2.77)	-0.0319 *** (-7.20)	-0.0388 *** (-13.17)	-0.0442 *** (-17.35)	-0.0648 *** (-17.49)	-0.0646 *** (-19.68)
Lev	-1.0972 *** (-8.12)	-0.7322 *** (-5.18)	-0.6940 *** (-9.94)	-0.9015 *** (-14.86)	-1.1245 *** (-12.79)	-1.3791 *** (-17.67)
Growth	0.2897 *** (3.69)	0.1610 ** (2.10)	0.1205 ** (2.42)	0.0223 (0.77)	0.1629 *** (2.67)	0.0362 (0.95)
Holder	-0.0009 (-0.57)	-0.0097 *** (-6.42)	-0.0039 *** (-3.63)	-0.0052 *** (-5.59)	-0.0048 *** (-3.63)	-0.0043 *** (-3.74)
Market	-0.1347 (-1.10)	1.0765 *** (10.46)	-0.2550 *** (-4.89)	-0.0536 (-1.31)	-0.4392 *** (-6.63)	-0.3761 *** (-7.65)
Pro	0.7243 ** (2.40)	-0.0345 *** (-9.84)	0.0611 (1.13)	0.0025 (1.05)	0.1163 (1.45)	0.0008 (0.23)
Capital	-0.2935 *** (-11.91)	-0.4669 *** (-16.78)	-0.2421 *** (-17.13)	-0.0755 *** (-6.06)	-0.3737 *** (-20.44)	-0.1023 *** (-6.48)
_Cons	7.5742 *** (19.49)	8.6816 *** (16.55)	-2.2736 *** (-6.65)	-2.4282 *** (-7.97)	-1.1339 *** (-2.88)	-1.7124 *** (-4.61)
Adj-R^2	0.1147	0.1652	0.1352	0.0910	0.1692	0.1073
行业效应	Control	Control	Control	Control	Control	Control
时间效应	Control	Control	Control	Control	Control	Control
N	4276	6096	5943	8098	5943	8098
F	76.36	100.96	82.42	102.20	137.04	132.98

注：检验统计量下方括号内为相应t值，**、***分别表示在5%与1%水平下显著。

表 6-7　　实体资产配置的平滑作用：按年龄分样本

	因变量：*RD1*		因变量：*RD2*		因变量：*Pat*	
	(1) 成熟企业	(2) 初创期企业	(3) 成熟企业	(4) 初创期企业	(5) 成熟企业	(6) 初创期企业
WKS	0.0030 (1.22)	0.0126 *** (6.17)	0.0016 *** (3.67)	0.0027 *** (2.84)	0.0019 *** (3.07)	0.0020 * (1.69)
Size	-0.0321 (-1.23)	-0.1462 *** (-7.23)	0.2633 *** (16.90)	0.2876 *** (15.16)	0.3283 *** (17.83)	0.3027 *** (13.72)
Age	-0.0274 *** (-3.41)	0.0026 (0.43)	-0.0429 *** (-9.00)	-0.0090 ** (-2.03)	-0.0666 *** (-10.79)	-0.0284 *** (-5.12)
Lev	-1.2287 *** (-7.76)	0.0920 (0.68)	-0.9266 *** (-16.11)	-0.7533 *** (-9.69)	-1.4443 *** (-19.22)	-1.1287 *** (-11.61)
Growth	0.1071 (1.41)	-0.0277 (-0.41)	-0.0097 (-0.35)	0.0706 (1.57)	-0.0111 (-0.31)	0.0846 (1.47)
Holder	0.0021 (1.29)	-0.0089 *** (-6.46)	-0.0042 *** (-4.06)	-0.0056 *** (-5.78)	-0.0034 *** (-2.62)	-0.0061 *** (-5.10)
Market	0.2657 ** (2.28)	0.9815 *** (9.19)	-0.2933 *** (-7.15)	-0.0708 (-1.41)	-0.4794 *** (-8.98)	-0.4755 *** (-8.02)
Pro	-0.0360 (-0.06)	1.8615 *** (4.07)	-0.0018 * (-1.91)	0.5559 *** (2.84)	-0.0038 *** (-3.03)	0.9220 *** (3.29)
Capital	-0.3782 *** (-14.05)	-0.4111 *** (-18.20)	-0.1393 *** (-13.36)	-0.1194 *** (-8.57)	-0.1929 *** (-14.31)	-0.1839 *** (-10.50)
_Cons	7.9498 *** (15.15)	10.0850 *** (24.79)	-1.8991 *** (-6.38)	-3.0483 *** (-8.08)	-1.6112 *** (-4.47)	-1.5467 *** (-3.50)
Adj - R^2	0.1227	0.1807	0.1039	0.0647	0.1174	0.0646
行业效应	Control	Control	Control	Control	Control	Control
时间效应	Control	Control	Control	Control	Control	Control
N	4725	7157	5988	8053	5988	8053
F	68.29	126.47	70.53	42.30	93.51	51.57

注：检验统计量下方括号内为相应 t 值，*、**、*** 分别表示在 10%、5% 与 1% 水平下显著。

6.2.5 企业实体资产配置行为特征的分析

前面的实证分析基本验证了本书提出的假设，在受到负面冲击时，企业倾向于利用营运资本投资代替其他投资对研发融资进行平滑，即表现为高营运资本投资现金流敏感性和低投资现金流敏感性（*HL*）的平滑行为特征，而本书对采取这一投资平滑行为特征的企业具有特别的研究兴趣。按照模型4的设定，本书将企业按照不同的投资行为特征分为*HH*、*HL*、*LH*、*LL*四个组，表6-8描述了四组企业核心变量的均值差异。可以看出，四组企业中*HL*组的研发支出均值最高，表明用营运资本投资代替其他投资进行创新平滑最有利于维持创新投入的高水平，进一步验证了营运资本的创新平滑作用，也说明好的营运资本管理能够作为一种策略削弱融资约束对企业创新活动的抑制作用，尽量维持创新投入在各个时期趋于平稳，避免创新投入大幅波动对企业造成的巨大损失。从企业规模的均值数据来看，*HL*组的规模均值最小，表明规模越小的企业，越倾向于利用营运资本进行平滑，这与本书的预计一致，通常规模越小的企业，越容易遭受融资约束，在没有其他外源融资的情况下，这些企业倾向于利用自身的营运资本管理平滑研发投入。从四组企业年龄的均值看出，*LL*组企业年龄最小，*HL*组次之，表明年幼企业的投资现金流敏感性较低。四组企业成长机会的均值数据中，*HL*组的均值最高，初步表明高*WKS*、低*FKS*投资策略的企业其未来增长机会更大。最后，从营运资本存量的均值结果来看，HL组的营运资本存量均值为8.488，其他三组的该项数据分别为4.456、2.588和5.191，*HL*组与其他组的营运资本存量均值数据差异较大，表明营运资本存量越多的企业，越倾向于利用营运资本进行创新平滑，这也与预期一致。

表 6-8　　四组企业变量均值的描述性统计

	HH 组	*HL* 组	*LH* 组	*LL* 组
*RD*1	0.025	0.042	0.020	0.033
Lev	0.525	0.407	0.500	0.408
Size	20.149	19.306	20.194	19.652
Age	2.674	2.420	2.555	2.310
Growth	0.178	0.213	0.164	0.198
CF	0.747	1.173	0.645	0.941
INV	0.436	1.011	0.399	0.823
Wk'	4.456	8.488	2.588	5.191

接下来对模型三的方程进行回归分析，考察不同的投资平滑行为对企业创新的影响，具体结果见表 6-9。从第（1）列来看，虚拟变量 *HH*、*HL*、*LH* 的系数中，*HH* 和 *HL* 的系数值分别为 0.0598 和 0.1240，且至少在 10% 的水平上显著为正，而 *LH* 的系数显著为负，计量结果表明在其他因素不变的情况下，相较于 *LL* 组，*HH* 和 *HL* 组的平均创新投入更多，其中 *HL* 组的平均创新投入最多。这与本书的预期相符，企业高 *WKS* 和低 *FKS* 的内部平滑行为有利于维持高水平的创新投入，也进一步证实了营运资本管理在企业创新平滑中的重要作用。此外，后两列分别展示了以 *RD*2 和 *Pat* 衡量企业创新时，企业内部实体资产配置行为对创新的影响。不难看出，在控制了其他变量后，与 *HH*、*LH*、*LL* 组相比，*HL* 组的平均 *RD*2 和平均 *Pat* 都更多。

表 6-9　　企业实体资产配置特征与企业创新

	（1）*RD*1	（2）*RD*2	（3）*Pat*
Size	0.2993*** (20.84)	0.2599*** (20.09)	0.2632*** (21.34)
Age	-0.0717*** (-27.79)	-0.0550*** (-23.72)	-0.0467*** (-23.23)

续表

	(1) *RD*1	(2) *RD*2	(3) *Pat*
Lev	−1.1780 *** (−19.93)	−0.8684 *** (−16.65)	−0.7543 *** (−16.12)
Growth	0.0505 (1.57)	0.0442 (1.58)	0.0374 (1.50)
Holder	−0.0045 *** (−5.09)	−0.0015 * (−1.95)	−0.0047 *** (−6.65)
Market	−0.4287 *** (−10.99)	−0.5463 *** (−16.99)	−0.1325 *** (−4.10)
Pro	−0.0005 (−0.11)	0.0007 (0.21)	0.0018 (0.68)
Capital	−0.1782 *** (−16.36)	−0.1593 *** (−17.05)	−0.1235 *** (−14.38)
HH	0.0598 * (1.67)	0.0436 (1.35)	0.0307 (1.08)
HL	0.1240 *** (3.45)	0.0597 * (1.85)	0.1121 *** (3.88)
LH	−0.0635 * (−1.81)	−0.0701 ** (−2.23)	−0.0176 (−0.63)
_Cons	−1.5176 *** (−5.51)	−1.5908 *** (−6.42)	−2.3667 *** (−10.14)
Adj − R^2	0.1363	0.1168	0.1126
行业效应	Control	Control	Control
时间效应	Control	Control	Control
N	10372	10372	14041
F	144.09	113.77	102.73

注：检验统计量下方括号内为相应 t 值，*、**、*** 分别表示在 10%、5% 与 1% 水平下显著。

最后，本书以 *HL* 虚拟变量为因变量，对模型 4 进行 logit 回归，试图进一步探究高 *WKS*、低 *FKS* 的内部实体资产配置行为与企业规模、年龄等因素之间的关联，具体结果见表 6－10。可以看出，无论是全样本的 logit 估计结果，还是 *HL* 组分别与其他三组对比的分样本 logit 回归结果，企业年龄和企业规模的系数都显著为负，表明规模和年龄越小，企业具备高 *WKS*、低 *FKS* 实体资产配置特征的概率越大。杠杆率的系数在这 4 列 logit 估计中都不显著，表明杠杆率高低对企业是否利用内部营运资本管理进行创新平滑并无影响。而营运资本存量的系数在前 3 列中都显著为正，这也基本说明了企业营运资本存量储备越足，其具备高 *WKS*、低 *FKS* 资产配置特征的概率越大。

综上，本节对发挥平滑作用的企业内部实体资产配置行为进行细致分析，综合表 6－8、表 6－9 以及表 6－10 的实证结果可以看出，企业平滑创新的内部实体资产配置特征主要表现为高营运资本投资现金流敏感性和低固定资产投资现金流敏感性，持有这种实体资产配置特征的企业的平均创新水平更高。

表 6－10　以 *HL* 为因变量的 logit 回归结果

	(1)	(2)	(3)	(4)
	全样本	*HL* Vs. *LL*	*HL* Vs. *LH*	*HL* Vs. *HH*
Age	−0.4010*** (−2.76)	−0.6935*** (−3.69)	−0.6033*** (−3.04)	−1.7057*** (−7.49)
Size	−0.3219*** (−6.05)	−0.1658** (−2.32)	−0.3104*** (−4.66)	−0.4295*** (−6.10)
Lev	−0.2524 (−0.89)	0.1600 (0.44)	−0.2812 (−0.79)	−0.2211 (−0.61)
Wk'	0.0066* (1.67)	0.0135* (1.69)	0.0308** (2.44)	0.0013 (0.26)

续表

	(1)	(2)	(3)	(4)
	全样本	*HL* Vs. *LL*	*HL* Vs. *LH*	*HL* Vs. *HH*
_Cons	6.3742*** (5.95)	1.3281 (0.90)	7.8115*** (5.64)	13.1678*** (8.64)
行业效应	Control	Control	Control	Control
时间效应	Control	Control	Control	Control

注：检验统计量下方括号内为相应 t 值，*、**、*** 分别表示在 10%、5% 与 1% 水平下显著。

6.3　优化配置机制检验

6.3.1　实证研究设计

（1）实证模型设定

本节建立以下方程验证 H3 的结论：

$$Pr(HL=1)=a_0+a_1 Sub_{it}+\sum a_k Control_{it}+\gamma_t+\gamma_k+\varepsilon_{it} \quad (6-9)$$

方程（6－9）是以虚拟变量 *HL* 为因变量构建的 Probit 模型，考察创新资助是否影响企业内部实体资产配置决策，根据 H3，预计核心变量 *Sub* 的系数显著为负，即获得政府资助会降低企业利用高 *WKS*、低 *FKS* 的实体资产配置行为进行创新平滑的动机。

验证上述方程是创新资助的融资激励机制检验的第一步，接下来须继续沿袭第 5 章激励机制检验的方法深入考察企业实体资产配置的平滑动机下创新资助对企业创新的融资激励机制。建立方程如下：

$$Y_{it+1}(RD1_{it+1},RD2_{it+1},Pat_{it+1}) = a_0 + a_1 Fin_{it} + a_2 HL_i + a_3 Fin \times HL_{it} + \sum a_k Control_{it} + \gamma_t + \gamma_k + \varepsilon_{it} \quad (6-10)$$

$$Y_{it+1}(RD1_{it+1}, RD2_{it+1}, Pat_{it+1}) = a_0 + a_1Fin_{it} + a_2HL_i + a_3Inf_{it} + a_4Fin \times HL_{it} + a_5Fin \times Inf_{it} + \sum a_kControl_{it} + \gamma_t + \gamma_k + \varepsilon_{it} \tag{6-11}$$

根据 H4 的分析，创新资助弱化企业内部平滑行为后，提高了外部投资者的预期收益率，产生了额外的融资激励机制（优化配置机制）。据此，建立方程（6－10）考察这一额外的融资激励机制。因变量为 *RD*1、*RD*2 和 *Pat*。*Fin* 是一系列外源融资变量集，包括企业短期借款（*Sloan*）、长期借款（*Lloan*）以及企业股权融资（*Equity*）等变量。*Fin*×*HL* 表示企业内部平滑行为与外源融资的交互项，方程（6－10）中重点关注 *Fin*×*HL* 的系数，预计该系数显著为负。

此外，根据 H4 的分析，企业平滑下创新资助的融资激励机制中同时包括了信息传递机制和优化配置机制，为了深入检验两种激励渠道哪个占据主导地位，本节继续建立方程（6－11）同时纳入交互项 *Fin*×*HL* 和 *Fin*×*Inf*。*Inf* 表示信息不对称指标①，*Fin*×*Inf* 表示信息不对称与外源融资的交互项。检验的基本逻辑是，假如控制了 *Fin*×*Inf* 后，*Fin*×*HL* 的系数不再显著，则说明信息传递机制占据主导；假如 *Fin*×*HL* 的系数显著为负，而 *Fin*×*Inf* 的系数不显著，则表明优化配置机制占据主导；倘若两个交互项系数都显著为负，说明信息传递机制和优化配置机制在融资激励机制中同时占据重要地位。

（2）描述性统计

表 6－11 是按照 *HL* 虚拟变量对企业外源融资变量进行分样本统计的分析结果②。从企业短期借款的数据分析，具有高 *WKS*、低

① 具体构建参见第 5 章，此处不再赘述。

② 其他核心变量以及控制变量的描述性统计结果与第 4 章、第 5 章的统计结果基本一致，此处不再另行分析。

FKS 实体资产配置特征的样本企业（*HL* = 1）*Sloan* 均值为 0.0940，而未具有这一资产配置行为的样本企业 *Sloan* 均值为 0.1438，两个子样本的均值差为 7.2938，且通过了 1% 水平下的均值 T 检验；从企业长期借款的统计结果看，高 *WKS*、低 *FKS* 平滑特征的样本企业 *Lloan* 均值为 0.1274，作为对比，其他样本企业 *Lloan* 均值为 0.1736，且在 1% 的水平下通过了均值 T 检验。最后，从企业股权融资的结果看，高 *WKS*、低 *FKS* 资产配置特征企业组的 *Equity* 均值为 0.0276，且同样统计上显著大于其他组 *Equity* 的均值。综合来看，从描述性统计分析上，具有高 *WKS*、低 *FKS* 资产配置行为的样本的外源融资水平明显小于未出现这一行为的样本企业。

表 6 - 11　　按 *HL* 分样本的描述性统计

变量	*HL* = 1		*HL* = 0		均值 T 检验		
	均值	标准差	均值	标准差	均值差	T 值	P 值
Sloan	0.0940	0.4024	0.1438	0.5196	0.0498	-7.29	0.00
Lloan	0.1113	0.7197	0.1736	0.9005	0.0622	-5.01	0.00
Equity	0.0276	0.1239	0.0306	0.2027	0.0029	-3.23	0.00

注：均值 T 检验的原假设为两个子样本均值相等。

6.3.2　实证检验与结果分析

（1）创新资助与企业实体资产配置行为

6.2 节已验证企业实体资产配置行为对企业创新具有平滑作用，本节将考察企业实体资产配置平滑动机下创新资助对企业创新的融资激励机制。首先需要考察 H3，即创新资助是否弱化了企业利用内部实体资产配置平滑创新的动机。

表 6 - 12 中第（1）列是方程（6 - 9）的 Probit 估计结果，因变量为虚拟变量 *HL*。可以看出，核心解释变量创新资助的回归系数为 -0.0973，且在 1% 的水平下显著为负，这表明企业创新资助

每增加一个单位，企业进行高 *WKS*、低 *FKS* 这一内部资产配置行为的概率降低了 9.73%。即企业一旦获得政府创新资助，则其利用内部实体资产配置进行创新平滑的动机将大大弱化。这验证了 H3 的结论。

方程（6-9）存在核心解释变量创新资助引起的反向因果内生性问题，故而在稳健性检验部分利用 IV Probit 模型解决这一内生性问题。创新资助的工具变量选择创新资助的行业均值，企业层面非观测因素所造成的影响只与企业创新资助相关，创新资助的行业均值与企业创新资助相关但又与非观测因素不相关，是合适的工具变量。具体结果见表 6-12 第（2）列，估计结果再次验证了企业创新资助对企业内部实体资产配置决策的负向影响，再次验证了 H3①。

表 6-12　创新资助影响企业实体资产配置平滑行为的实证检验

	Probit 模型 因变量：*HL* (1)	IV Probit 模型 因变量：*HL* (2)
Sub	-0.0973*** (-3.89)	-0.1868** (-2.43)
Size	-0.0169 (-1.63)	-0.0206* (-1.90)
Age	0.0043** (2.02)	0.0039* (1.77)
Lev	0.2095*** (3.41)	0.1969*** (3.15)
Growth	0.1011*** (3.07)	0.1009*** (3.06)

① 为了进一步验证 H3 结论的稳健性，本节继续考察了创新资助在实体资产配置与企业创新中的弱化调节作用，囿于篇幅，该部分检验置于附录 D。

续表

	Probit 模型 因变量：*HL* (1)	IV Probit 模型 因变量：*HL* (2)
Holder	-0.0004 (-0.47)	-0.0005 (-0.67)
Market	0.0951 ** (2.35)	0.1089 ** (2.53)
Pro	0.0047 (0.07)	0.0031 (0.04)
Capital	-0.0375 *** (-3.68)	-0.0403 *** (-3.86)
_Cons	-0.0508 (-0.24)	0.1010 (0.41)
行业效应	Control	Control
时间效应	Control	Control
N	15768	15768
R^2	0.036	

注：检验统计量下方括号内为相应 t 值，*、**、*** 分别表示在 10%、5% 与 1% 水平下显著。

（2）政府创新资助的优化配置机制检验

方程（6-9）的计量分析是考察企业实体资产配置平滑动机下创新资助对企业创新的融资激励机制的第一步，接下来需要验证 H4，对方程（6-10）和（6-11）进行实证分析。具体计量分析列示于表 6-13。

第（1）列至第（6）列分别从短期债务融资激励、长期债务融资激励和股权融资激励三个层面对方程（6-10）和方程（6-11）进行实证分析，因变量均为创新投入变量 *RD*1。具体来看，第（1）列中虚拟变量 *HL* 的系数显著为正，这与理论分析一致：相较于其他企业，具有高 *WKS*、低 *FKS* 实体资产配置特征的企业的创新投入水平更高，即进一步验证了企业通过营运资本投资代替固定资产投资这一内部资产配置行为平滑了企业创新。企业短期借款的系数显著为正，表明企业短期借款促进了企业创新投入，这也与第 4 章的讨论相吻合。重点关注的交互项 *HL* × *Sloan* 的系数为负，但并不显著，表明企业内部资产配置活动的下降并未影响企业短期借款对企业创新投入的作用，即在考虑企业内部平滑行为时，企业创新资助的获取虽然降低了其从事内部实体资产配置活动来平滑企业创新的动机，但这一结果并未影响企业短期借款对企业创新的作用效果。第（2）列是方程（6 - 11）的估计结果，不难看出，新增的变量 *Inf* 以及 *Inf* × *Sloan* 的系数均显著为负，而 *HL* × *Sloan* 的系数依然不显著。这表明在考虑实体资产配置平滑动机时，创新资助的短期借款融资激励机制仍主要表现为信息传递机制。第（3）列、第（4）列检验考虑企业平滑时的长期债务融资激励机制。第（3）列中 *HL* 的系数同样显著为正，符合预期。*Lloan* 的系数为 0.0600，且在 1% 的水平下显著，表明企业长期借款明显促进了企业创新，这一结果与第 4 章的基准结论相吻合。重点关注的 *HL* × *Lloan* 的系数为 - 0.0190，在 1% 的水平下显著。说明企业内部平滑行为是影响企业外源融资水平的重要因素：企业内部平滑程度越高，企业创新活动的资金供给越紧。这一结果与 H4 的预期一致，企业调整部分实体资产维持创新投入，而这一过程产生的调整成本将降低外部投资者对创新项目的预期收益率，抑制了外源融资对企业创新的激励作用。而表 6 - 12 的经验证据显示，创新资助的获得能够弱化企业利用内部资产配置平滑企业创新的动机，因此创新资助通过这一优化配置机制激励了长期债务融资，最终促进企业创新。根据 H4，在考虑企业实体资产配置平滑动机时，原有的创新资助融资激励机制中的信息传递机制也同样发挥作用。据此，第（4）列显示了方程（6 - 11）的结果。通过比较交互项 *Inf* × *Lloan* 和 *HL* × *Lloan* 的系数显著性可以判定实体资产配置平滑动机下，创新资助的融资激励机制究竟以信息传递机制为主，还是以优化配置机制为主。而实际上我们观察到第（4）列中 *Inf* × *Lloan* 和 *HL* × *Lloan* 的系数均显著为负，这表明考虑企业内部平滑行为后，创新资助的融资激励机制除了原有的信息传递机制外，优化配置机制也是一个关键机制。这从企业长期债务融资渠道验证了 H4 的结论。第（5）列、第（6）列考察创新资助的股权融资激励机制。第（5）列中其他核心变量的系数方向符合预期，重点关注的股权融资水平的系数值为 0.2664，在 1% 的水平下显著，验证了外部股权融资对企业创新投入的促进作用，这同样与第 4 章的基础结论相吻合。另一关键变量 *HL* × *Equity* 系数显著为负，说明从股权融资渠道看，优化配置机制也是创新资助的融资激励效应的关键机制，另外，第（6）列同时考察在企业平滑条件下创新资助的融资激励机制中信息传递机制和优化配置机制，结果显示，*Inf* × *Equity* 和 *HL* × *Equity* 的回归系数均显著为负，说明信息传递机制和优化配置机制均是创新资助影响企业创新的股权融资激励效应的重要机制。

第（7）列至第（12）列以企业创新产出变量 *Pat* 为被解释变量考察创新资助的融资激励机制，可以看出核心变量 *HL* 的系数，外源融资变量 *Sloan*、*LLoan*、*Equity* 的系数无论是作用方向还是显著性均与预期一致，进一步，第（8）列中 *HL* × *Sloan* 的系数为负但并不显著，而 *Inf* × *Sloan* 的系数显著为负，说明创新资助对企业创新产出的短期债务融资激励机制主要表现为信息传递机制，优化配置机制不占主导作用。而第（10）列中 *HL* × *Lloan* 和 *Inf* × *Lloan* 的系数均显著为负，说明创新资助对企业创新产出的长期债务融资激励机制中信息传递机制和优化配置机制都占据重要作用。同样的，第（12）列中 *HL* × *Equity* 和 *Inf* × *Equity* 的系数均显著为负，说明以创新产出变量 *Pat* 为被解释变量时，创新资助对企业创新的股权融资激励机制也表现为信息传递机制和优化配置机制的叠加。综合第（7）列至第（12）列的结果可以看出，以企业创新产出变

量 *Pat* 为被解释变量考察创新资助的融资激励机制，其计量结果与第（1）列至第（6）列的结果类似：企业创新资助的短期债务融资激励机制主要表现为信息传递机制，创新资助的优化配置机制并不显著，长期债务融资激励机制和股权融资激励机制中信息传递机制、优化配置机制均扮演重要作用①。

表 6 – 13　　　　创新资助的优化配置机制检验

Panel A：*RD*1 为因变量

	短期债务融资激励渠道		长期债务融资激励渠道		股权融资激励渠道	
	(1)	(2)	(3)	(4)	(5)	(6)
HL	0.0091 *** (4.55)	0.0075 *** (3.31)	0.0083 *** (4.35)	0.0078 *** (3.57)	0.0098 *** (5.13)	0.0095 *** (4.34)
Sloan	0.0040 ** (2.36)	0.2983 (1.57)				
HL × *Sloan*	–0.0040 (–0.37)	0.0270 (1.40)				
Lloan			0.0600 *** (3.37)	0.1399 (1.13)		
HL × *Lloan*			–0.0190 *** (4.54)	–0.0206 *** (2.93)		
Equity					0.2664 ** (2.43)	4.1521 (0.96)
HL × *Equity*					–0.0559 *** (–2.92)	–0.0453 ** (–2.37)
Inf		–0.0010 ** (–2.40)		–0.0010 ** (–2.53)		–0.0021 ** (–2.46)

① 囿于篇幅，表 6 – 13 省略了使用替代性指标 *RD*2 作为被解释变量的计量结果（完整结果参见附录 E），结果显示，以 *RD*2 作为创新的衡量指标时，得到的结果与基准结果一致。

续表

Panel A：*RD*1 为因变量

	短期债务融资激励渠道		长期债务融资激励渠道		股权融资激励渠道	
	(1)	(2)	(3)	(4)	(5)	(6)
Inf×Sloan		-0.0004** (2.20)				
Inf×Lloan				-0.0201* (-1.93)		
Inf×Equity						-0.0000*** (-3.33)
Size	-0.0549*** (-3.04)	-0.0817** (-1.97)	-0.0410** (-2.31)	-0.0343 (-0.82)	-0.0478*** (-2.83)	-0.0070 (-0.17)
Age	-0.0368*** (-10.87)	-0.0411*** (-7.53)	-0.0367*** (-10.76)	-0.0400*** (-7.28)	-0.0371*** (-10.94)	-0.0414*** (-7.62)
Lev	-0.6793*** (-6.73)	-0.6161*** (-3.80)	-0.6799*** (-6.69)	-0.6142*** (-3.80)	-0.6917*** (-6.81)	-0.7903*** (-4.81)
Growth	0.2528*** (4.35)	0.2397*** (2.65)	0.2466*** (4.26)	0.2215** (2.45)	0.2556*** (4.40)	0.2609*** (2.89)
Holder	-0.0060*** (-5.51)	-0.0031* (-1.75)	-0.0059*** (-5.44)	-0.0027 (-1.55)	-0.0060*** (-5.56)	-0.0031* (-1.80)
Market	0.7728*** (9.60)	0.4941*** (3.80)	0.7848*** (9.71)	0.5132*** (3.92)	0.7753*** (9.64)	0.4836*** (3.75)
Pro	-0.0319*** (-6.68)	1.6749*** (2.99)	-0.0309*** (-6.58)	1.5697*** (2.93)	-0.0323*** (-6.89)	1.4565*** (2.84)
Capital	-0.4038*** (-22.57)	-0.3654*** (-13.59)	-0.4054*** (-22.58)	-0.3629*** (-13.33)	-0.4061*** (-22.66)	-0.3651*** (-13.62)
_Cons	8.2140*** (22.10)	8.3020*** (10.39)	7.9313*** (21.65)	7.2753*** (9.03)	8.1057*** (23.89)	6.8903*** (9.27)
Adj-R^2	0.1812	0.1463	0.1820	0.1457	0.1819	0.1491
行业效应	Control	Control	Control	Control	Control	Control
时间效应	Control	Control	Control	Control	Control	Control
N	10372	4814	10337	4789	10368	4813
F	117.26	38.83	123.20	40.84	114.59	39.91

续表

Panel B：*Pat* 为因变量

	短期债务融资激励渠道		长期债务融资激励渠道		股权融资激励渠道	
	(7)	(8)	(9)	(10)	(11)	(12)
HL	0.0197 *** (4.56)	0.0146 *** (3.06)	0.0180 *** (4.54)	0.0150 *** (3.40)	0.0208 *** (5.24)	0.0177 *** (4.17)
Sloan	0.2678 *** (4.25)	1.2598 *** (3.77)				
HL × *Sloan*	−0.0420 ** (−2.13)	−0.0038 (−0.15)				
Lloan			0.0611 ** (2.18)	0.2631 (1.17)		
HL × *Lloan*			−0.0038 ** (−2.27)	−0.0025 *** (−3.11)		
Equity					0.5300 ** (2.29)	0.7346 (0.38)
HL × *Equity*					−0.1676 *** (−3.97)	−0.1542 *** (−2.74)
Inf		−0.0051 * (−1.87)		−0.0000 *** (−3.19)		−0.0021 *** (−3.87)
Inf × *Sloan*		−0.0002 * (1.81)				
Inf × *Lloan*				−0.0030 ** (−2.14)		
Inf × *Equity*						−0.0001 *** (−2.80)
Size	−0.2458 *** (−7.25)	−0.1863 ** (−2.42)	−0.2102 *** (−6.49)	−0.1009 (−1.34)	−0.2134 *** (−6.94)	−0.0663 (−0.93)
Age	−0.1089 *** (−15.55)	−0.1102 *** (−10.76)	−0.1098 *** (−15.55)	−0.1101 *** (−10.64)	−0.1092 *** (−15.60)	−0.1095 *** (−10.72)

续表

Panel B：*Pat* 为因变量

	短期债务融资激励渠道		长期债务融资激励渠道		股权融资激励渠道	
	(7)	(8)	(9)	(10)	(11)	(12)
Lev	-2.2781 *** (-12.25)	-3.3334 *** (-9.50)	-2.2656 *** (-12.11)	-3.2997 *** (-9.35)	-2.2205 *** (-11.90)	-3.3005 *** (-9.09)
Growth	-0.4357 *** (-3.78)	0.1423 (0.73)	-0.4450 *** (-3.86)	0.1146 (0.58)	-0.4491 *** (-3.90)	0.1301 (0.66)
Holder	-0.0260 *** (-11.41)	-0.0255 *** (-7.33)	-0.0257 *** (-11.26)	-0.0251 *** (-7.19)	-0.0255 *** (-11.24)	-0.0249 *** (-7.22)
Market	4.7627 *** (23.52)	4.9843 *** (14.98)	4.7641 *** (23.42)	4.9704 *** (14.71)	4.7782 *** (23.54)	4.9946 *** (14.92)
Pro	-0.0660 *** (-5.47)	-4.6571 ** (-2.16)	-0.0636 *** (-5.25)	-4.7848 ** (-2.19)	-0.0655 *** (-5.35)	-4.8828 ** (-2.20)
Capital	-0.5126 *** (-13.98)	-0.4690 *** (-8.98)	-0.5141 *** (-13.96)	-0.4613 *** (-8.66)	-0.5115 *** (-13.94)	-0.4606 *** (-8.81)
_Cons	15.6742 *** (22.08)	14.2108 *** (9.80)	14.9410 *** (22.04)	12.3636 *** (8.73)	14.9374 *** (23.94)	11.6551 *** (9.04)
Adj - R^2	0.3343	0.3269	0.3336	0.3252	0.3343	0.3260
行业效应	Control	Control	Control	Control	Control	Control
时间效应	Control	Control	Control	Control	Control	Control
N	14041	6286	13984	6254	14036	6284
F	164.76	68.16	166.70	67.65	163.04	68.21

注：囿于篇幅，表 6 - 13 省略了使用替代性指标 *RD*2 作为被解释变量的计量结果，完整结果参见附录 E。检验统计量下方括号内为相应 t 值，*、**、*** 分别表示在 10%、5% 与 1% 水平下显著。

6.3.3　稳健性检验

方程（6 - 10）与方程（6 - 11）都被用来验证创新资助的融资激励机制，故而上述计量方程存在内在联系。此时，若依次对单一方程回归，则估计结果会出现严重偏差；若同时对两个方程进行系统估计（System Estimation），则会显著提高估计效率（陈强，2014）[261]。系统方程的估计方法包括两类，第一类为 3 阶段最小二乘回归（3SLS）或者结构向量自回归（SVAR）方法，主要针对变量之间存在相关性的联立方程组（Simultaneous Equations），即其中某些方程的被解释变量是另外一些方程的解释变量。第二类为 Zellner（1962）提出的似不相关估计量，主要用于扰动项之间存在相关性的似不相关方程组（Seemingly Unrelated Regression，SUR）。

而方程（6－10）与方程（6－11）组成的方程系统扰动项之间存在一定相关性，因此，属于似不相关方程组。由于似不相关方程组的扰动项协方差矩阵不是单位阵，因而采用最小二乘估计（OLS）方法效率较低。相较而言，似不相关估计量效率更佳。因此，在稳健性检验部分选择似不相关回归（SUR）验证变量间的关系。

需要注意的是，使用似不相关技术的前提是方程组扰动项之间存在同期相关性，以是在对方程系统进行估计后，需要对扰动项之间的同期相关性进行检验。Breusch and Pagan（1980）[262]建议使用 LM 统计量。

表 6－14 列示了稳健性检验的计量结果。从第（1）列至第（12）列的结果分析，无论从投入层面还是从产出层面衡量创新，创新资助影响创新的短期债务融资激励机制仍然表现为信息传递机制，而长期债务融资激励机制和股权融资激励机制中均存在两种重要机制：信息传递机制和优化配置机制。此外，为确保联立方程系统相对于单一方程模型更能充分反映创新资助的融资激励机制，对方程（6－10）和方程（6－11）残差之间的同期相关性进行 LM 检验，结果参见表 6－14。可以看出，两个计量方程的扰动项之间均存在一定的相关性，且在 1% 的显著性水平下拒绝了 LM 检验，从而保证了本节实证运用似不相关回归技术的合理性和必要

性。综上，表 6 - 14 的结果与基准机制检验的结果完全一致，验证了融资激励机制检验结果的稳健性。

表 6 - 14　　稳健性检验：似不相关模型

Panel A：*RD*1 为因变量

	短期债务融资激励渠道		长期债务融资激励渠道		股权融资激励渠道	
	(1)	(2)	(3)	(4)	(5)	(6)
HL	0.0084 *** (4.23)	0.0084 *** (4.27)	0.0083 *** (4.42)	0.0083 *** (4.45)	0.0102 *** (5.26)	0.0101 *** (5.31)
Sloan	0.1478 (1.40)	0.1508 (1.40)				
HL × *Sloan*	-0.0180 * (-1.84)	-0.0182 (-0.86)				
Lloan			0.1399 (1.44)	0.1399 (1.42)		
HL × *Lloan*			-0.0193 ** (-1.99)	-0.0194 ** (-2.01)		
Equity					1.0228 *** (3.17)	1.0876 *** (3.15)
HL × *Equity*					-0.0609 * (-1.79)	-0.0606 * (-1.80)
Inf		-0.0010 ** (-2.11)		-0.0104 *** (-3.08)		-0.0001 ** (-2.03)
Inf × *Sloan*		-0.0023 ** (-2.43)				
Inf × *Lloan*				-0.0100 *** (-3.29)		
Inf × *Equity*						-0.0018 ** (-2.55)

续表

Panel A：*RD*1 为因变量						
	短期债务融资激励渠道		长期债务融资激励渠道		股权融资激励渠道	
	(1)	(2)	(3)	(4)	(5)	(6)
Size	0.0058 (0.19)	0.0040 (0.13)	0.0453 (1.54)	0.0439 (1.50)	0.0483* (1.72)	0.0471* (1.69)
Age	-0.0286*** (-5.91)	-0.0289*** (-6.01)	-0.0284*** (-5.82)	-0.0286*** (-5.91)	-0.0296*** (-6.11)	-0.0298*** (-6.22)
Lev	-0.8003*** (-5.09)	-0.7967*** (-5.12)	-0.8058*** (-5.11)	-0.8023*** (-5.14)	-0.8974*** (-5.64)	-0.8952*** (-5.68)
Growth	0.1680** (1.99)	0.1694** (2.03)	0.1570* (1.85)	0.1582* (1.88)	0.1919** (2.27)	0.1933** (2.31)
Holder	-0.0039** (-2.32)	-0.0039** (-2.33)	-0.0035** (-2.06)	-0.0035** (-2.07)	-0.0041** (-2.46)	-0.0041** (-2.47)
Market	0.4959*** (5.22)	0.4958*** (5.27)	0.5154*** (5.39)	0.5154*** (5.44)	0.4862*** (5.12)	0.4862*** (5.17)
Pro	1.4096*** (4.07)	1.4149*** (4.12)	1.3233*** (3.82)	1.3278*** (3.87)	1.2732*** (3.68)	1.2770*** (3.73)
Capital	-0.3699*** (-14.50)	-0.3699*** (-14.65)	-0.3676*** (-14.28)	-0.3675*** (-14.41)	-0.3703*** (-14.56)	-0.3702*** (-14.71)
_Cons	7.9805*** (12.69)	7.0547*** (11.51)	6.9114*** (12.33)	7.9805*** (12.70)	7.0548*** (11.51)	6.9114*** (12.34)
R^2	0.1290	0.1296	0.1297	0.1309	0.1312	0.1319
行业效应	Control	Control	Control	Control	Control	Control
时间效应	Control	Control	Control	Control	Control	Control
N	4814	4814	4789	4789	4813	4813
LM 检验（P 值）	0.0000		0.0000		0.0000	

续表

Panel B：*Pat* 为因变量

	短期债务融资激励渠道		长期债务融资激励渠道		股权融资激励渠道	
	(7)	(8)	(9)	(10)	(11)	(12)
HL	0.0149 *** (3.87)	0.0136 *** (3.26)	0.0153 *** (4.14)	0.0152 *** (3.15)	0.0181 *** (4.80)	0.0174 *** (3.05)
Sloan	0.7529 *** (3.62)	0.7430 *** (3.62)				
HL × *Sloan*	−0.0043 (−0.10)	−0.0020 (−1.05)				
Lloan			0.2363 (1.24)	0.2201 (1.60)		
HL × *Lloan*			−0.0012 *** (−3.06)	−0.0008 *** (−6.76)		
Equity					0.7795 (1.34)	0.7789 ** (2.22)
HL × *Equity*					−0.1655 ** (−2.49)	−0.1090 *** (−2.58)
Inf		−0.0019 ** (−2.05)		−0.0064 *** (−3.03)		−0.0004 *** (−3.02)
Inf × *Sloan*		−0.0020 ** (−2.14)				
Inf × *Lloan*				−0.0001 ** (−2.01)		
Inf × *Equity*						−0.0001 * (−1.86)
Size	0.0655 (1.09)	0.0577 (0.97)	0.1343 ** (2.30)	0.1274 ** (2.20)	0.1301 ** (2.34)	0.1244 ** (2.25)

续表

Panel B：*Pat* 为因变量						
	短期债务融资激励渠道		长期债务融资激励渠道		股权融资激励渠道	
	(7)	(8)	(9)	(10)	(11)	(12)
Age	-0.0775*** (-8.09)	-0.0785*** (-8.31)	-0.0789*** (-8.16)	-0.0798*** (-8.37)	-0.0786*** (-8.20)	-0.0795*** (-8.41)
Lev	-3.8923*** (-12.53)	-3.8751*** (-12.65)	-3.9051*** (-12.51)	-3.8875*** (-12.63)	-3.8901*** (-12.33)	-3.8728*** (-12.45)
Growth	0.0517 (0.31)	0.0545 (0.33)	0.0407 (0.24)	0.0429 (0.26)	0.0574 (0.34)	0.0596 (0.36)
Holder	-0.0281*** (-8.40)	-0.0280*** (-8.50)	-0.0276*** (-8.22)	-0.0276*** (-8.31)	-0.0276*** (-8.27)	-0.0275*** (-8.37)
Market	5.0047*** (26.62)	5.0040*** (27.03)	5.0001*** (26.40)	4.9993*** (26.78)	5.0026*** (26.61)	5.0024*** (27.00)
Pro	-5.3749*** (-7.84)	-5.3528*** (-7.93)	-5.4723*** (-7.97)	-5.4523*** (-8.06)	-5.5400*** (-8.09)	-5.5208*** (-8.18)
Capital	-0.4833*** (-9.58)	-0.4829*** (-9.72)	-0.4743*** (-9.30)	-0.4739*** (-9.43)	-0.4821*** (-9.57)	-0.4815*** (-9.70)
_Cons	10.1589*** (8.29)	12.8146*** (10.36)	8.6218*** (7.21)	11.2000*** (9.27)	8.7886*** (8.02)	10.8908*** (9.86)
R^2	0.3055	0.3068	0.3049	0.3061	0.3057	0.3068
行业效应	Control	Control	Control	Control	Control	Control
时间效应	Control	Control	Control	Control	Control	Control
N	4814	4814	4789	4789	4813	4813
LM 检验 （P 值）	0.0000		0.0000		0.0000	

注：LM 检验的原假设是方程组扰动项之间不存在同期相关性。检验统计量下方括号内为相应 t 值，*、**、*** 分别表示在 10%、5% 与 1% 水平下显著。

6.4 本章小结

本章从基于企业平滑动机的实体资产配置行为出发，考察政府创新资助对企业创新的额外融资激励机制。

首先，根据第3章的数理模型推演，结合企业实体资产配置的现实特征，提出研究假设。

其次，实证分析部分仍然以中国上市公司的2008—2017年的非平衡面板数据为研究样本。构建了衡量企业内部实体资产配置行为的投资现金流敏感性指标 *WKS*、*FKS*，系统考察了企业创新中实体资产配置的作用。实证结果表明：遭受外部负面冲击时，融资约束的存在使企业削减营运资本投资代替削减固定资产投资，来平滑各个时期的创新，以保证企业创新的延续。在此基础上，将实体资产配置纳入政府创新资助的融资激励模型中，考察平滑动机下政府创新资助的额外融资激励效应，经验结果发现：①企业基于平滑动机的实体资产配置行为是影响企业外源融资水平的重要因素，因为企业的实体资产配置行为会产生调整成本，降低企业内部资源配置效率，进而降低投资者的预期收益率，抑制了外源融资对企业创新的激励作用。②在考虑企业平滑动机时，创新资助的短期债务融资激励机制主要表现为信息传递机制，创新资助的优化配置机制并不显著，长期债务融资激励机制和股权融资激励机制中信息传递机制和优化配置机制均扮演重要作用。这一额外的优化配置机制是指政府创新资助的获取能够弱化企业利用实体资产配置平滑企业创新的动机，防止产生高昂调整成本，从而维持了企业内部实体资产的高效配置，创新资助通过这一优化配置机制激励了企业外部融资，最终促进企业创新。

第7章 政府创新资助影响企业创新的监管机制检验

第3章的理论推导已经指出，企业在遭遇严峻融资约束问题无法积累一定的初始财富禀赋用于企业创新时，企业的创新战略可能出现两种截然不同的情况。第一种是企业继续实施“创新发展战略”，通过内部实体资产配置平滑企业创新。还有一种是企业的“创新发展战略”被“短期逐利战略”替代，逐利动机驱使下企业进行金融资产配置“挤出”了企业创新。第6章已经从企业内部实体资产配置的平滑动机出发，考察创新资助影响企业创新的融资激励机制。本章将继续放松企业初始财富同质性约束条件，从企业内部金融资产配置出发，考察创新资助对企业创新的融资激励效应。图7-1是本章研究框图。

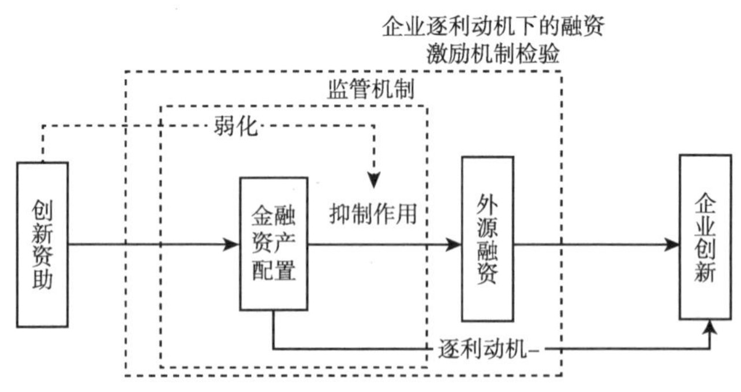

图7-1 研究框图

7.1 研究假设

第3章的数理模型阐述了在企业初始财富无法满足式（3－17）提出对企业自有资金的基本要求时，企业可能在逐利动机驱动下配置金融资产进而“挤出”企业创新。为确保理论分析的准确，本节在第3章理论分析的基础上深入探究企业通过怎样的金融资产配置行为影响企业创新，并在此基础上研究创新资助影响企业创新的融资激励机制。

7.1.1 金融资产配置对企业创新的影响

创新活动由于信息不对称和缺乏等值抵押品等问题，容易遭受融资约束的限制，创新型企业不得不依赖内部资金进行创新投资。但企业的内部资金极不稳定，一旦遭遇外部负面冲击导致企业内部现金流下滑，企业的创新活动将被迫中断，而从中断到创新的再延续过程会产生巨大调整成本，给企业带来巨大损失。为了保证企业创新的平稳持续，实现充足的资金供应，企业会基于储备动机持有现金等金融资产。这方面的研究得到了 Brown and Petersen (2011)[14]、吴淑娥等（2016）[21]的数据支持。Almeida et al. (2004)[259]认为与实体投资相比，金融资产流动性充足，变现能力较强，能在应付企业内部现金流下滑，维持企业创新中起十分重要的作用。因此，以往文献强调了金融资产配置的“蓄水池”作用，当企业内部资金供给不足时，可将提前储备的金融资产迅速变现，避免创新活动的中断和再延续给企业造成损失（王红建等，2017；刘贯春，2017）[159, 18]。

但近年来企业“脱实向虚”倾向愈发严重，许多文献认为这一过程中实体企业进行金融资产配置主要受“逐利”动机驱使而不是“储备”动机。首先，企业内部资源配置必定存在替代关系。在投资总额一定的先决条件下，创新投资和金融资产配置此消彼长。一旦企业将大量资金倾注于虚拟经济，则创新投资势必受到削减，最终对创新活动产生挤出效应。其次，中国经济步入新常态以来，经济增速下滑，实体企业利润普遍较低，而金融投资的收益较高。因此，在利益驱使下，企业将增加房地产以及其他金融领域的投资，削减创新等实体投资（宋军和陆旸，2015）[263]。最后，当前上市公司的激励机制迫使企业高管在“长期创新发展战略”和“短期逐利战略”间做出抉择。由于创新活动的资金需求巨大，且收益回报期漫长，中间过程面临较大的风险。与之相比，现阶段企业配置金融资产的收益更高，投资失败的容错率较大，受激励机制的影响，管理层的收益也更高。因此，在委托—代理问题存在下，高管以“短期逐利战略”代替股东受益的“创新发展战略”，通过金融资产配置不断“挤出”企业创新。据此，本节提出假设。

H1：企业金融资产配置行为“挤出”了企业创新。

7.1.2 金融资产配置影响企业创新的异质性分析

企业所在行业不同、市场竞争程度不同，其技术要素相对密度以及创新投入强度均存在显著差异。据此，本节分别按照行业技术特征和市场竞争程度对企业进行划分，考察企业金融资产配置对企业创新的异质性影响。

首先，自主研发是高新技术企业的生命线。Ortega - Argilés et al.（2010）[264]的研究表明，与非高新技术企业相比，高新技术企业从事创新活动更能提升企业生产率。高新技术行业的技术要素要求更高，新技术层出不穷，核心技术更新换代频繁，对企业的创新投入要求较高，这使企业的金融资产配置行为不会轻易地挤出创新投入，否则一旦前期巨额创新投入中断，其损失不是靠短期的金融资产回报能够弥补的。此外，高新技术企业已经形成优良的创新文化，新的创新项目更易在这类企业落地孵化。而相对应的非高新技术企业，其行业技术要素密度较低，企业研发动机不足，很容易受逐利动机驱使进行大量的金融资产配置，从而“挤出”创新投入。还要指出的是，高新技术企业通常受政府创新政策扶持，享受补贴红利，政府的隐性监管也强化了企业的“创新发展战略”，在企业内部资源配置需要抉择时，金融资产配置势必会让位于创新投资。因此，本节提出假设：

H2：与高新技术企业相比，非高新技术企业的金融资产配置对企业创新的“挤出”效应更明显。

其次，市场竞争程度也将影响企业金融资产配置对创新的作用效果。历来关于企业市场竞争程度与企业创新的关系未有定论。根据“熊彼特假说”，垄断行业的企业创新能力较强，残酷的市场竞争环境抑制了企业创新。Aghion et al.（2005）[265]的研究表明，适当的市场竞争能促进企业创新，一旦市场竞争程度过高企业的创新活动将受到抑制。但 Arrow（1972）[266]认为身处竞争环境的企业，其创新激励较垄断环境的企业更加有效。市场竞争程度促进了企业创新。Koeller（1995）[267]研究发现处于激烈竞争环境的小企业的创新激励更强。Scherer（1967）[268]研究发现创新活动集中于市场竞争程度较高的企业。

可以看出，学术界关于市场竞争程度对企业创新的作用方向仍未达成共识。而具体到当前我国的经济背景，企业市场竞争环境越复杂，企业危机意识越强，企业更加注重自身产品的竞争实力，这就要求企业加大创新力度，通过自主创新提高产品市场占有率。此外，身处激烈市场竞争环境的企业，其信息透明度较高，这在某种程度缓解了管理层和股东之间的委托—代理问题，弱化了企业短期逐利动机，为避免企业被激烈竞争淘汰带来的解聘风险，高管将继续推行“创新发展战略”，从而抑制了金融资产配置对企业创新的挤出。据此提出假设：

H3：企业的市场竞争程度越弱，企业金融资产配置对企业创新的“挤出”效应越强。

7.1.3 金融资产配置逐利动机下创新资助对企业创新的融资激励机制

7.1.2 节考察了逐利动机驱使下企业金融资产配置对企业创新的“挤出”效应。在此基础上，本节深入探究逐利动机下创新资助影响企业创新的融资激励效应。验证这一效应需要研究两个问题。第一个问题是，创新资助的发放是否发挥了持续监管的作用，抑制了企业基于逐利动机的金融资产配置行为？对这一问题的回答是检验逐利动机下创新资助的额外融资激励效应的第一步。第3章的理论模型分析表明，创新资助引发了政府机构对企业持续创新的监管以及对持有“获利”动机企业的惩罚，促使企业减少基于逐利动机的金融资产配置行为。据此提出假设：

H4：创新资助对企业金融资产配置行为具有抑制作用。

第二个要解决的问题是，考虑企业逐利动机时，创新资助影响企业创新的融资激励效应有何不同？第3章的理论分析显示，创新资助的获得给企业带来了政府监管的外在压力，一旦政府发现企业以“短期逐利战略”代替“创新发展战略”将会对企业采取取消补贴继续发放、不再对企业进行创新扶持的惩罚措施，促使企业回到长期发展的轨道上来，这将在某种程度上规避研发企业与外部投资者可能存在的道德风险问题，从而为企业创新带来额外的融资激励效应。据此提出假设：

H5：在金融资产配置的逐利动机下，创新资助对企业创新的融资激励机制包含两部分内容；第一部分是第4章分析的基于信息传递机制的创新资助的融资激励机制。第二部分是基于监管机制的创新资助的额外融资激励机制，即创新资助引发政府机构对企业形成持续动态监管，缓和了企业与外部投资者间的道德风险问题，创新资助通过这一监管机制激励外源融资，最终促进企业创新。

7.2 监管机制检验

7.2.1 实证研究设计

（1）实证模型设定

H1 表明企业在逐利动机的驱使下，企业进行内部金融资产配置并对企业创新造成挤出效应。为了验证该假设，参考王红建等(2017)[159]、刘贯春（2017）[18]的做法，在控制其他可能影响企业创新因素的基础上，建立如下基准模型：

$$Y_{it+1}(RD1_{it+1},RD2_{it+1},Pat_{it+1}) = a_0 + a_1 Fa_{it} + a_2 \Delta Fa_{it+1} + \sum a_k Control + \gamma_t + \gamma_i + \varepsilon_{it} \tag{7-1}$$

式中，i 代表企业，t 表示年份，因变量为创新投入变量 $RD1$、$RD2$ 以及创新产出变量 Pat。Fa 为企业金融资产配置，ΔFa 表示金融资产配置波动项。为了控制可能存在的内生性问题和创新的滞后性，对因变量取下一年的数据。$Control$ 包含了所有的控制变量，并控制了 γ_t（年份）、γ_i（个体）等因素的影响。模型重点关注核心解释变量 Fa 以及 ΔFa 的系数，其中，a_1 描述的是金融资产配置对未来企业创新的影响，a_2 刻画金融资产配置波动对当期企业创新的影响。显然，金融资产配置的增加会挤出当期企业创新活动，即 a_2 系数值显著为负。但倘若金融资产配置发挥“预防性储备”动机，则金融资产配置会促进未来的企业创新活动，此时 a_1 显著为正；倘若金融资产配置发挥逐利动机，则金融资产配置会抑制未来的企业创新，即此时 a_1 显著为负。为此，根据理论 H1 的分析，企业金融资产配置主要发挥逐利动机，预计 a_1 系数显著为负。

接下来，本节深入探究逐利动机下创新资助影响企业创新的融资激励机制。根据 H4，验证逐利动机下创新资助对企业创新的融资激励机制首先需要考察创新资助是否抑制了企业金融资产配置行为。据此，建立如下模型：

$$Fa_{it} = a_0 + a_1 Sub_{it} + \sum a_k Control + \gamma_t + \gamma_i + \varepsilon_{it} \tag{7-2}$$

式中，企业金融资产配置 Fa 为因变量，创新资助 Sub 为核心解释变量。根据假设推断，回归结果中 Sub 的系数值显著为负。

接下来须继续沿袭第 5 章激励机制检验的方法深入考察企业金融资产配置的逐利动机下创新资助的融资激励机制。建立方程如下：

$$Y_{it+1}(RD1_{it+1}, RD2_{it+1}, Pat_{it+1}) = a_0 + a_1 Fin_{it} + a_2 Fa_{it} + a_3 Fin \times Fa_{it} + \sum a_k Control_{it} + \gamma_t + \gamma_i + \varepsilon_{it} \tag{7-3}$$

$$Y_{it+1}(RD1_{it+1}, RD2_{it+1}, Pat_{it+1}) = a_0 + a_1 Fin_{it} + a_2 Fa_{it} + a_3 Inf_{it} + a_4 Fin \times Fa_{it} + a_5 Fin \times Inf_{it} + \sum a_k Control_{it} + \gamma_t + \gamma_i + \varepsilon_{it} \tag{7-4}$$

根据 H5 的分析，创新资助引发的政府机构对企业持续创新的监管带来了额外融资激励机制（监管机制）。方程（7－3）考察了这一额外的融资激励机制。因变量为 $RD1$、$RD2$ 以及 Pat。Fin 是一系列外源融资变量集，包括企业短期借款（$Sloan$）、长期借款（$Lloan$）以及企业股权融资（$Equity$）等变量。$Fin \times Fa$ 表示企业金融资产配置与外源融资的交互项，方程（7－3）中重点关注 $Fin \times Fa$ 的系数，预计该系数显著为负。

此外，根据 H5 的分析，金融资产配置逐利动机下创新资助影响企业创新的融资激励机制中同时包括了信息传递机制和额外的监管机制，为了深入检验两种激励渠道哪个占据主导地位，本节继续建立方程（7 - 4）同时纳入交互项 $Fin \times Fa$ 和 $Fin \times Inf$。Inf 表示信息不对称指标①，$Fin \times Inf$ 表示信息不对称与外源融资的交互项。检验的基本逻辑是，假如控制了 $Fin \times Inf$ 后，$Fin \times Fa$ 的系数不再显著，则说明信息传递机制占据主导；假如 $Fin \times Fa$ 的系数显著为负，而 $Fin \times Inf$ 的系数不显著，则表明监管机制占据主导；倘若两个交互项系数都显著为负，说明信息传递机制和监管机制在融资激励机制中同时占据重要地位。

（2）样本选择与变量选取

本章实证仍然以沪深两市 A 股上市公司为研究样本，时间跨度为 2008—2017 年。企业层面的数据综合 CSMAR 数据库、Wind 咨询和等多个数据库原始数据。上市公司创新数据通过整理国泰安上市公司数据库和上市公司年报得到。年报数据来源于上海证券交易所“上市公司报告”栏目和深圳证券交易所“上市公司报告”栏目。上市公司获得政府创新补助的信息披露于公司年报财务报表附注“营业外收入”科目下的“政府补助明细”中。

本章核心解释变量金融资产配置的选择过程如下：根据中国注册会计师协会的定义，企业金融资产包括交易性金融资产、货币资金、衍生金融资产、应收利息、应收股利、投资性房地产、可供出售的金融资产和长期股权投资②。企业金融资产数据主要来源于国泰安上市公司数据库。因变量与控制变量的定义与前几章相同，此处不再赘述。

（3）描述性统计分析

表 7 - 1 列示了按照全体样本对实证变量进行描述性统计的

① 具体构建参见第 5 章，此处不再赘述。

② 当前实体投资收益低下，实体部门正逐渐偏离主营业务，将自有资金投资房地产进行市场获利，因此，将投资性房地产当作特殊金融资产。

结果，包含均值、标准差、最小值、最大值、偏度系数、峰度系数和观测数目。其中，因变量 *RD*1、*RD*2、*Pat* 和核心解释变量 *Sub* 的全样本描述性统计结果在前章已进行详尽分析，此处不再赘述。本节着重对核心解释变量 *Fa* 进行描述性统计分析，从表 7 - 1 的结果看出，企业金融资产配置 *Fa* 的均值为 0.054，且其最大值与最小值相差较大，因此，企业与企业的金融资产配置水平可能存在差异。进一步，*Fa* 的偏度系数为 3.598，峰度系数为 20.110，说明企业金融资产配置的分布具有非正态性，呈现右偏和尖峰特征。

表 7 - 2 列示了按照核心变量 *Fa* 分样本①的描述性统计结果。从企业创新投入的结果来看，低金融资产配置企业 *RD*1、*RD*2 的均值分别为 2.157 和 4.296，而对应的高金融资产配置企业 *RD*1、*RD*2 的均值分别为 1.874 和 3.528，子样本的均值差分别为 0.282 和 0.768，且均通过了 1% 水平下的均值 T 检验。这表明，相对于高金融资产配置企业，低金融资产配置企业的创新投入水平更高。从企业创新产出的结果来看，低金融资产配置企业的 *Pat* 均值为 1.573，高金融资产配置企业的 *Pat* 均值为 1.315，子样本的均值差为 0.258，且在 1% 的水平下显著。这说明与低金融资产配置企业相比，高金融资产配置企业的创新产出水平也更高。从上述企业创新的分样本统计检验结果可以明显看出，金融资产配置较低企业的创新水平较高，这初步验证了 H1 的结论，金融资产配置对企业创新具有挤出效应，因此，统计结果上低金融资产配置企业的创新水平更高。表 7 - 2 还列示创新资助 *Sub* 的子样本描述性统计结果，可以看出，低金融资产配置企业的 *Sub* 均值为 0.298，高金融资产配置企业的 *Sub* 均值为 0.247，均值差为 0.050，且通过了 1% 水平

① 按照全样本企业金融资产配置的中位数对企业分类，低于中位数的称为低金融资产配置企业，高于中位数的称为高金融资产配置企业。

的均值T检验。这说明，低金融资产配置企业的创新资助水平更高，这与H4的结论不谋而合。

表7-1　全样本变量的描述性统计

变量	样本数	均值	标准差	最小值	中位数	最大值	偏度	峰度
*RD*1	11924	1.966	1.768	0.010	1.620	9.440	1.663	6.719
*RD*2	11924	3.776	3.970	0.010	3.135	24.090	2.579	11.890
Pat	14107	1.374	1.592	0.000	0.693	8.753	0.940	3.248
Fa	11631	0.054	0.097	0.000	0.018	0.991	3.598	20.110
Sub	15833	0.261	0.480	0.000	0.071	2.823	3.190	14.500
Sloan	21234	0.107	0.436	0.000	0.019	16.670	4.770	18.900
Lloan	20121	0.127	0.771	0.000	0.001	32.950	4.662	21.001
Equity	20242	0.028	0.148	-0.007	0.000	10.550	4.610	23.014
Size	21008	21.810	1.327	16.120	21.650	28.510	0.719	4.348
Age	20592	13.900	5.430	0	14	37	0.075	2.781
Lev	20688	0.444	0.228	0.047	0.437	1.164	0.304	2.678
Growth	18905	0.150	0.359	-0.638	0.106	2.236	2.278	13.340
Holder	16900	36.190	15.580	0.290	34.260	99	0.495	2.773
Market	19954	0.360	0.301	-0.035	0.276	1.623	1.863	7.175
Pro	21198	0.088	5.314	-55.910	0.042	758.700	138.000	20.000
Capital	21167	12.330	1.210	3.948	12.300	19.640	0.167	5.529

表7-2　分样本的描述性统计

变量	低金融资产配置企业		高金融资产配置企业		均值T检验		
	均值	标准差	均值	标准差	均值差	T值	P值
*RD*1	2.157	1.7283	1.874	1.7799	0.282	8.18	0.00
*RD*2	4.296	4.0631	3.528	3.9004	0.768	9.91	0.00
Pat	1.573	1.5569	1.314	1.598	0.258	8.16	0.00
Sub	0.298	0.4992	0.247	0.4719	0.050	5.97	0.00

注：均值T检验的原假设为两个子样本均值相等。

7.2.2 金融资产配置与企业创新

本节利用面板估计模型对方程（7－1）进行实证分析，目的是考察企业金融资产配置对企业创新的整体影响。根据 Hausman 检验和似然比检验结果，固定效应模型比随机效应模型更恰当，因此，表 7－3 显示了金融资产配置影响企业创新的固定效应回归结果。不难发现，无论是以创新投入 *RD*1、*RD*2 为因变量还是以创新产出 *Pat* 为因变量，企业金融资产配置的估计系数分别为－1.7135、－1.8645、－1.3842，均在 1% 的水平下显著为负。而当期金融资产配置波动项的系数值均为负，除第（3）列以外，其余两列这一系数值均显著为负。这表明，金融资产配置、当期金融资产配置波动项均与企业创新的变动方向相悖，企业金融资产配置主要发挥逐利动机，挤出了企业创新。

表 7－3　金融资产配置对企业创新的回归结果

变量	*RD*1 (1)	*RD*2 (2)	*Pat* (3)
Fa	－1.7135*** (－6.42)	－1.8645*** (－3.23)	－1.3842*** (－7.23)
Δ*Fa*	－0.9206* (－1.90)	－0.5204** (－2.16)	－0.0375 (－0.10)
Size	0.0644*** (3.00)	－0.0921** (－1.98)	0.4205*** (25.05)
Age	－0.0189*** (－4.42)	－0.0846*** (－9.11)	－0.0375*** (－10.45)
Lev	－0.7902*** (－6.10)	－2.6416*** (－9.42)	－0.7183*** (－7.08)
Growth	0.2268*** (3.13)	－0.8161*** (－5.21)	0.1496*** (2.66)

续表

变量	*RD*1 (1)	*RD*2 (2)	*Pat* (3)
Holder	-0.0039 *** (-2.75)	-0.0236 *** (-7.68)	-0.0009 (-0.75)
Market	0.5765 *** (7.27)	4.2886 *** (24.99)	0.0098 (0.15)
Pro	-0.0184 (-1.54)	-0.0347 (-1.34)	0.0044 (0.41)
Capital	-0.3674 *** (-15.21)	-0.2114 *** (-4.04)	-0.1902 *** (-10.43)
_Cons	3.0714 *** (2.61)	5.0024 ** (1.96)	-4.9281 *** (-4.68)
Adj - R^2	0.2910	0.4135	0.2810
个体效应	Control	Control	Control
时间效应	Control	Control	Control
N	7487	7487	8535
F	74.6606	128.2240	84.7331

注：检验统计量下方括号内为相应 t 值，*、**、*** 分别表示在 10%、5% 与 1% 水平下显著。

与前文类似，本节实证中企业创新数据的筛选可能存在选择性偏误问题。当企业不进行研发创新抑或不披露创新关键信息时，其研发支出数据为零或缺失，而本书选取的样本企业研发投入、专利申请数都不为零且没有缺失。此外，企业金融资产配置与企业创新之间存在互为因果的内生性问题。据此，本节结合 Heckman 两步法和两阶段最小二乘法（2SLS）解决内生性问题①，稳健性检验结

① 具体做法是将最小二乘法第一阶段的结果作为金融资产配置的预测值，代替真实的金融资产配置值，然后进行 Heckman 两步法回归。工具变量选择金融资产配置的行业均值（IV1）和增长率（IV2）。

果见表7－4。

表7－4的结果显示，三列中逆米尔斯比率显著为正，说明选择性偏误是重要的，Heckman两步法更好地控制了因选择性偏误所导致的内生性问题，更适合刻画企业创新行为的决策方式。进一步，无论是以创新投入还是以创新产出衡量企业创新水平，金融资产配置的系数均至少在5%的水平下显著为负。而当期金融资产配置波动项的系数值也均为负，且除第（3）列以外，其余两列的该项系数至少在5%的水平下显著。显然，在使用Heckman两步法结合工具变量法纠正选择性偏误和反向因果内生性问题后核心解释变量系数值的方向和显著性与基准回归基本一致，加强了基准回归结论的稳健性。

表7－4　金融资产配置影响企业创新的稳健性检验

变量	*RD*1 (1)	*RD*2 (2)	*Pat* (3)
Fa	－1.3964*** (－4.90)	－1.5043** (－2.39)	－1.1459** (－2.03)
Δ*Fa*	－1.0867** (－2.10)	－1.3737** (－2.24)	－0.2203 (－0.26)
Size	0.0223 (0.83)	－0.0285 (－0.51)	0.3612*** (6.20)
Age	－0.0134*** (－2.62)	－0.0803*** (－7.61)	－0.0283** (－2.43)
Lev	0.3804** (2.15)	－1.7760*** (－4.82)	2.3483*** (5.91)
Growth	0.2499*** (2.92)	－0.5220*** (－2.92)	0.3537* (1.86)
Holder	0.0010 (0.59)	－0.0139*** (－3.83)	0.0100** (2.47)

续表

变量	*RD*1 (1)	*RD*2 (2)	*Pat* (3)
Market	0.7240*** (7.45)	5.1252*** (25.50)	0.3343 (1.51)
Pro	0.8998*** (2.99)	-5.0687*** (-7.76)	0.6169 (1.50)
Capital	-0.2766*** (-9.57)	-0.1326** (-2.18)	0.0022 (0.04)
_Cons	4.8919*** (8.36)	7.6586*** (6.17)	-5.1370*** (-4.11)
逆米尔斯比率	-1.4395*** (-14.87)	-2.1075*** (-10.31)	-4.5074*** (-17.37)
个体效应	Control	Control	Control
时间效应	Control	Control	Control
N	9831	9831	10267

注：检验统计量下方括号内为相应t值，*、**、***分别表示在10%、5%与1%水平下显著。

7.2.3　异质性检验与结果分析

为验证H2，讨论金融资产配置对企业创新的异质性影响，基于企业技术特征将样本划分为高新技术企业和非高新技术企业，然后对方程（7-1）[①] 进行分组实证估计。表7-5列示了按照企业技术特征划分企业后的分组回归结果。前两列显示了 *RD*1 为因变量时非高新技术企业和高新技术企业的估计结果。不难看出，非高新技术企业组的 *Fa* 系数值为-1.8574，且在1%的水平下显著，

① 分组估计中重点关注金融资产配置 *Fa* 的系数，为了消除当期金融资产配置波动项对异质性结果的干扰，估计前先对方程（6-1）中的 ΔFa 项剔除，然后进行分组回归。

作为对比，高新技术企业组的 *Fa* 系数值为 -1.6688，且显著。这一结果说明高新技术企业的金融资产配置对企业创新投入的挤出作用相对较弱。借助于 Chow 检验进行组间差异性分析，两组间差异通过了 1% 水平的显著性检验，这说明高新技术企业组与非高新技术企业组在统计上确实存在显著差异，H2 得以验证。这与顾夏铭等（2018）[39]的研究结论一致，高新技术企业更易获得政府补贴和税收优惠政策的青睐，相较于非高新技术企业，他们的融资约束程度更轻，通常不会轻易由长期研发创新策略转向短期逐利策略，因此，金融资产配置对企业创新的挤出效应在高新技术企业相对较弱。

稳健起见，本节又分别以创新投入变量 *RD*2 以及创新产出变量 *Pat* 为因变量进行分样本回归，详细结果见表 7-5 第（3）列至第（6）列。从核心解释变量 *Fa* 的系数值来看，无论是以 *RD*2 衡量企业创新还是以 *Pat* 衡量企业创新，相对于非高新技术企业，高新技术企业的金融资产配置对企业创新的挤出作用均更弱，且均通过了 Chow 检验的差异性分析，这与前两列的基准回归结果一致，加强了 H2 结论的稳健性。

表 7-5　　金融资产配置影响企业创新：区分企业技术特征

变量	因变量：*RD*1		因变量：*RD*2		因变量：*Pat*	
	(1) 非高新 技术企业	(2) 高新 技术企业	(3) 非高新 技术企业	(4) 高新 技术企业	(5) 非高新 技术企业	(6) 高新 技术企业
Fa	-1.8574*** (-4.16)	-1.6688*** (-6.11)	-2.3330** (-2.55)	-1.6206*** (-3.29)	-2.3126*** (-6.73)	-0.9629*** (-4.52)
Size	0.2028*** (6.08)	-0.0956*** (-3.93)	0.2949*** (3.88)	-0.3478*** (-8.83)	0.5380*** (20.05)	0.3266*** (16.04)
Age	-0.0323*** (-5.03)	-0.0048 (-0.97)	-0.1096*** (-7.50)	-0.0414*** (-5.19)	-0.0466*** (-8.47)	-0.0273*** (-6.11)

续表

变量	因变量：*RD*1		因变量：*RD*2		因变量：*Pat*	
	(1) 非高新 技术企业	(2) 高新 技术企业	(3) 非高新 技术企业	(4) 高新 技术企业	(5) 非高新 技术企业	(6) 高新 技术企业
Lev	-0.3581* (-1.78)	-1.4143*** (-9.50)	-4.5828*** (-10.00)	-2.1631*** (-8.97)	-0.7463*** (-4.61)	-0.6678*** (-5.50)
Growth	0.0727 (0.69)	0.2584*** (2.88)	-1.0480*** (-4.36)	0.0319 (0.22)	0.0922 (1.07)	0.1505** (2.14)
Holder	-0.0068*** (-3.22)	0.0024 (1.45)	-0.0263*** (-5.45)	-0.0066** (-2.48)	-0.0040** (-2.21)	0.0040*** (2.69)
Market	0.7814*** (7.19)	-0.5588*** (-4.65)	5.1579*** (20.82)	1.5169*** (7.79)	-0.3395*** (-3.73)	0.2008** (2.14)
Pro	0.4149 (0.89)	-0.0137 (-1.46)	-10.2318*** (-9.60)	-0.0133 (-0.87)	0.0247 (0.22)	0.0070 (0.72)
Capital	-0.5087*** (-13.68)	-0.0493* (-1.74)	-0.4202*** (-4.96)	0.2525*** (5.51)	-0.2524*** (-8.18)	-0.0702*** (-3.26)
_Cons	1.6669 (0.91)	3.1379** (2.43)	1.4571 (0.35)	3.5827* (1.71)	-4.5159*** (-2.83)	-5.8954*** (-4.47)
Adj - R^2	0.2634	0.1794	0.3974	0.2469	0.2381	0.2990
个体效应	Control	Control	Control	Control	Control	Control
时间效应	Control	Control	Control	Control	Control	Control
N	5009	4478	5009	4478	5189	5346
F	66.88	20.60	123.33	30.90	61.96	54.44

注：检验统计量下方括号内为相应t值，*、**、***分别表示在10%、5%与1%水平下显著。

为了验证H3，本节按照市场竞争程度对企业进行划分①，然

① 按照营销收入的赫芬达尔指数平均值对全样本企业分组，若样本企业赫芬达尔指数低于平均值，则定义为高市场竞争度企业，否则定义为低市场竞争度企业。

后对方程（7－1）进行分组估计，结果见表7－6。前两列是以企业创新投入变量 *RD*1 为因变量的分组回归结果，可以看出，高市场竞争度企业组与低市场竞争度企业组的 *Fa* 系数值分别为－1.4354、－2.4304，均在1%的水平下显著，进一步，借助于Chow检验进行组间差异性分析，两组间差异通过了1%水平的显著性检验，这说明高市场竞争度高企业的金融资产配置对企业创新投入的挤出作用相对较弱，在我国的经济大环境下，企外部环境的竞争性越强，企业基于危机意识更有动力进行研发创新，希冀以自主研发提升自身产品的市场竞争力（许罡和朱卫东，2017）[269]。在公司治理方面，为避免因企业被竞争淘汰带来的解聘危机，管理层也不会轻易由“创新发展战略”转向“短期逐利战略”。据此，本节结论验证了H3。

此外，本节又分别以 *RD*2 和 *Pat* 为因变量进行稳健性检验，具体结果见表7－6第（3）列至第（6）列。不难看出，与低市场竞争度企业相比，无论以 *RD*2 还是 *Pat* 衡量企业创新，高市场竞争度企业金融资产配置对企业创新的挤出效果均更弱。这与前两列的结果一致，进一步验证了H3结论的稳健性。

表7－6　金融资产配置影响企业创新：区分企业市场竞争程度

变量	因变量：*RD*1		因变量：*RD*2		因变量：*Pat*	
	(1) 市场 竞争度高	(2) 市场 竞争度低	(3) 市场 竞争度高	(4) 市场 竞争度低	(5) 市场 竞争度高	(6) 市场 竞争度低
Fa	−1.4354 *** (−3.82)	−2.4304 *** (−6.13)	−0.8050 (−1.14)	−2.6133 *** (−2.91)	−0.6225 ** (−2.21)	−2.0905 *** (−7.68)
Size	−0.0282 (−0.87)	0.1215 *** (3.75)	−0.0725 (−1.18)	−0.1050 (−1.43)	0.4564 *** (17.86)	0.3889 *** (15.70)
Age	−0.0350 *** (−4.12)	−0.0185 *** (−3.59)	−0.1370 *** (−8.56)	−0.0776 *** (−6.64)	−0.0345 *** (−4.93)	−0.0363 *** (−8.56)

续表

变量	因变量：*RD*1		因变量：*RD*2		因变量：*Pat*	
	(1) 市场 竞争度高	(2) 市场 竞争度低	(3) 市场 竞争度高	(4) 市场 竞争度低	(5) 市场 竞争度高	(6) 市场 竞争度低
Lev	-0.9537*** (-4.21)	-0.7408*** (-4.40)	-2.8942*** (-6.77)	-3.0018*** (-7.87)	-0.5476*** (-3.21)	-0.7123*** (-5.54)
Growth	0.3679** (2.58)	0.1593* (1.87)	-0.0075 (-0.03)	-1.0331*** (-5.34)	0.2568** (2.20)	0.0921 (1.45)
Holder	-0.0024 (-0.95)	-0.0057*** (-3.20)	-0.0243*** (-5.17)	-0.0251*** (-6.17)	-0.0050** (-2.43)	0.0015 (1.01)
Market	0.0787 (0.45)	0.7233*** (7.85)	2.4560*** (7.46)	4.7652*** (22.83)	0.2262* (1.80)	-0.0460 (-0.61)
Pro	1.0826** (2.06)	-0.0172 (-1.42)	-2.9044*** (-2.93)	-0.0366 (-1.34)	0.0324 (0.33)	-0.0036 (-0.34)
Capital	-0.3454*** (-8.68)	-0.3700*** (-12.07)	-0.2319*** (-3.09)	-0.2074*** (-2.99)	-0.1448*** (-4.71)	-0.2077*** (-9.19)
_Cons	4.4976*** (3.44)	3.8006*** (5.11)	5.5033** (2.23)	9.7310*** (5.78)	-6.0886*** (-5.17)	-4.9825*** (-3.48)
Adj-R^2	0.2815	0.2814	0.2932	0.4282	0.3516	0.2343
个体效应	Control	Control	Control	Control	Control	Control
时间效应	Control	Control	Control	Control	Control	Control
N	3876	5611	3876	5611	4526	6009
F	25.84	53.97	27.35	103.22	48.35	45.11

注：检验统计量下方括号内为相应t值，*、**、***分别表示在10%、5%与1%水平下显著。

7.2.4　创新资助影响企业创新的监管机制检验

（1）创新资助与企业金融资产配置行为

7.3.2节已验证基于逐利动机的企业金融资产配置行为对企业

创新具有挤出效应，本节将进一步考察金融资产配置逐利动机下创新资助对企业创新的融资激励机制。验证逐利动机下创新资助的融资激励机制首先需要考察创新资助是否抑制了企业金融资产配置行为。表7－7是对方程（7－2）进行实证分析的结果。第（1）列是固定效应模型的估计结果，可以看出，核心解释变量创新资助 *Sub* 的估计系数为－0.0077，且在1%的水平下显著。显然，创新资助对企业金融资产配置行为具有负面抑制作用，这与H4的结论相符，创新资助引发了政府对企业创新活动的持续监管，缓解了企业创新活动中的道德风险，迫使企业减少金融资产配置，继续实施“创新发展战略”。

为避免创新资助与企业金融资产配置之间存在的反向因果问题对估计结果造成干扰，本节继续利用工具变量法对方程（7－2）进行实证分析，选取创新资助的行业均值（*IV*1）和创新资助的行业增长率（*IV*2）这两个工具变量，采用两阶段模型解决可能存在的内生性问题。对工具变量进行Sargan检验的P值为0.8493，远大于0.1，说明不存在过度识别问题，Cragg－Donald检验的P值为0.00，通过了弱工具变量检验，工具变量有效。两阶段模型的回归结果如表7－7第（2）列、第（3）列所示，*Sub* 的系数值仍显著为负，表明通过工具变量法克服内生新问题后，H4的结论依然有效。

此外，为了稳健起见，参考刘贯春（2017）[18]的做法，以狭义金融资产配置 *Fa*1① 作为 *Fa* 的替代性指标，重新进行FE估计和两阶段工具变量法估计，结果如表7－7第（4）列至第（6）列所示，不难看出，稳健性检验结果与前3列结果基本一致，进一步证实了H4结论的稳健性。

① 狭义金融资产不包括企业长期股权投资。

表 7-7　　创新资助影响企业金融资产配置的实证结果

变量	因变量：*Fa*			因变量：*Fa*1		
	FE 模型 (1)	第二阶段 (2)	第一阶段 (3)	FE 模型 (4)	第二阶段 (5)	第一阶段 (6)
Sub	-0.0077*** (-3.93)	-0.0567*** (-8.37)		-0.0120*** (-3.70)	-0.0914*** (-8.26)	
*IV*1			0.8834*** (29.67)			0.8834*** (29.67)
*IV*2			0.0174** (2.02)			0.0174** (2.02)
Size	0.0089*** (9.46)	0.0073*** (7.16)		0.0041*** (2.62)	0.0014 (0.87)	
Age	0.0029*** (15.45)	0.0034*** (17.44)		0.0022*** (7.08)	0.0026*** (8.13)	
Lev	-0.0602*** (-10.52)	-0.0480*** (-8.07)		0.1959*** (20.65)	0.1758*** (18.11)	
Growth	-0.0180*** (-6.11)	-0.0167*** (-5.35)		0.0098** (2.01)	0.0073 (1.44)	
Holder	-0.0003*** (-4.32)	-0.0003*** (-5.10)		-0.0005*** (-4.50)	-0.0006*** (-4.98)	
Market	-0.0050 (-1.40)	0.0084** (2.23)		-0.0787*** (-13.39)	-0.0659*** (-10.66)	
Pro	-0.0006 (-0.11)	0.0024 (0.43)		-0.0213** (-2.39)	-0.0213** (-2.28)	
Capital	-0.0042*** (-4.25)	-0.0045*** (-4.65)		0.0270*** (16.39)	0.0332*** (20.97)	
_Cons	-0.1098* (-1.71)	-0.0534** (-2.28)		-0.8368*** (-7.88)	-0.6528*** (-17.07)	
Adj-R^2	0.1372			0.2822		

续表

变量	因变量：*Fa*			因变量：*Fa*1		
	FE 模型 （1）	第二阶段 （2）	第一阶段 （3）	FE 模型 （4）	第二阶段 （5）	第一阶段 （6）
个体效应	Control	Control	Control	Control	Control	Control
时间效应	Control	Control	Control	Control	Control	Control
N	10824	10824	10824	10824	10824	10824
F	44.99			111.25		

注：检验统计量下方括号内为相应 t 值，*、**、*** 分别表示在 10%、5% 与 1% 水平下显著。

（2）创新资助的监管机制检验

H4 得以验证是考察企业金融资产配置逐利动机下创新资助的融资激励机制的第一步。根据实证设计的步骤，本节对方程（7－3）和方程（7－4）进行实证分析，探究创新资助影响企业创新的融资激励效应中是否具有额外的激励机制。具体结果见表 7－8。其中，第（1）列至第（6）列分别从短期债务融资激励、长期债务融资激励和股权融资激励三个层面对方程（6－3）和方程（6－4）进行固定效应模型估计，因变量均为创新投入变量 *RD*1。具体来看，第（1）列中 *Fa* 的系数为－2.1309，且在 1% 的水平下显著，这与之前的结论一致，企业金融资产配置对企业创新具有挤出作用。企业短期借款 *Sloan* 的回归系数在 1% 的水平下显著为正，说明企业外部短期银行融资促进了企业创新，这与前几章的结论相同，再次验证了外部融资对企业创新的促进作用。重点关注的交互项 *Fa*×*Sloan* 的系数在 10% 的水平下显著为负，这说明企业金融资产配置是影响企业外源短期债务融资水平的重要因素，企业金融资产配置水平较高时，外源短期债务融资对企业创新的激励效果较弱。当前的经济环境下，企业实体投资回报率低下，部分企业在逐利动机的驱使下，放弃通过研发创新提高主营业务收入的战略目标，将企业内部资金大量投资于金融领域追逐短期高回报，这一行为严重增加了企业的经营风险，银行部门基于风险敞口的考虑削减对企业的短期贷款，最终弱化了外部短期债务融资对企业创新的激励作用。而表 7 - 7 的经验证据表明，创新资助提供的政府持续监管能够缓和企业与银行间的道德风险，企业基于短期逐利动机的金融资产配置行为被削弱，因此，创新资助通过这一监管机制激励企业短期债务融资，最终促进企业创新。即验证了企业逐利动机下具有的额外融资激励机制（短期债务融资渠道）—监管机制。根据假设，需要进一步考察基于政府技术认证的信息传递机制和监管机制哪个发挥了主导作用，第（2）列中交互项 $Inf \times Sloan$ 和 $Fa \times Sloan$ 分别考察了创新资助的融资激励机制中的信息传递机制和监管机制，不难看出，$Inf \times Sloan$ 的系数显著为负，而 $Fa \times Sloan$ 的系数也显著为负，这说明创新资助的短期债务融资激励机制中信息传递机制和监管机制均具有重要作用。第（3）列、第（4）列检验企业金融资产配置逐利动机下创新资助的长期债务融资激励机制，第（3）列中 Fa 的系数同样为负，且在 1% 的水平下显著，这与 H1 的结论相符，进一步验证了金融资产配置的挤出作用。$Lloan$ 的估计系数为 0.5249，且显著，表明企业长期借款促进了企业创新，这也与第 4 章的外源融资激励作用相吻合。重点关注的 $Fa \times Lloan$ 的回归系数为 -9.7431，且显著。显然，企业金融资产配置是影响企业长期债务融资水平的重要因素，企业金融资产配置水平的增加弱化了企业长期债务融资对企业创新的激励作用。企业金融资产配置水平的高企使自身的自主研发创新策略受到质疑，银行不愿继续为该企业的创新项目提供贷款，从而弱化了外部长期债务融资对企业创新的激励作用。而表 7 - 7 的经验结果表明创新资助的确通过政府的监管机制迫使企业继续施行创新战略，削减企业的金融资产，防止事后的道德风险对银行造成损失，因此，创新资助的获取通过这一监管机制激励了外部长期债务融资，促进企业创新。

企业金融资产配置逐利动机下创新资助对企业创新的额外融资激励机制（长期债务融资渠道）得以验证。根据 H5，考虑企业金融资产配置逐利动机时，第 5 章的一般性融资激励机制中的信息传递机制也同样发挥作用。在第（4）列中，通过比较交互项 $Inf \times Lloan$ 和 $Fa \times Lloan$ 的系数显著性可以判定企业金融资产配置逐利动机下，创新资助的融资激励机制究竟以信息传递机制为主，还是以监管机制为主。而实际上我们观察到第（4）列中 $Inf \times Lloan$ 和 $Fa \times Lloan$ 的系数均显著为负，这表明考虑金融资产配置逐利动机后，创新资助的融资激励机制除了原有的信息传递机制外，监管机制也是一个关键机制。表 7－8 的第（5）列、第（6）列检验了创新资助的股权融资激励机制。第（5）列中关键变量 $Fa \times Equity$ 的系数显著为负，说明从股权融资渠道来看，监管机制也是创新资助影响企业创新的融资激励效应的关键机制，其他核心变量的系数值均与预期相符。第（6）列中，$Inf \times Equity$ 和 $Fa \times Equity$ 的回归系数均显著为负，说明信息传递机制和监管机制均是创新资助激励外部股权投资的重要机制。

第（1）列至第（6）列是以创新投入变量 $RD1$ 为被解释变量考察创新资助的融资激励机制，进一步，第（7）列至第（12）列考察创新资助影响企业创新产出 Pat 的融资激励机制。具体来看，第（7）列、第（8）列从短期债务融资渠道检验创新资助对企业创新产出的融资激励机制，第（7）列中 $Fa \times Sloan$ 的系数以及第（8）列中 $Fa \times Sloan$、$Inf \times Sloan$ 的系数均显著为负，此外，其他核心变量的系数值也符合预期，这说明创新资助对企业创新产出的短期债务融资激励机制表现为信息传递机制和监管机制。同样的，第（9）列中 $Fa \times Lloan$ 的系数以及第（10）列中 $Fa \times Lloan$、$Inf \times Lloan$ 的系数均显著为负，Fa、Inf 等核心变量的系数符号也符合预期，说明创新资助对企业创新产出的长期债务融资激励机制也表现为信息传递机制和监管机制。最后，从股权融资渠道来看，第（11）列中 $Fa \times Equity$ 的系数以及第（12）列中 $Fa \times Equity$、$Inf \times Equity$ 的系数均显著为负，此外，其他核心变量的系数值也符合预期，这说明创新资助对企业创新产出的股权融资激励机制也表现为信息传递机制和监管机制。

综合第（7）列至第（12）列的结果，无论从短期债务融资渠道、长期债务融资渠道抑或股权融资渠道来看，企业创新资助影响企业创新产出的融资激励机制均表现为信息传递机制和监管机制。上述结果与第（1）列至第（6）列的结论基本一致，从而验证了 H5①。

表 7－8　　创新资助的监管机制检验

Panel A：*RD*1 为因变量

变量	短期债务融资激励渠道		长期债务融资激励渠道		股权融资激励渠道	
	（1）	（2）	（3）	（4）	（5）	（6）
Fa	－2.1309*** （－3.47）	－2.0769** （－2.04）	－2.1600*** （－3.68）	－2.3560** （－2.46）	－2.4831*** （－4.23）	－2.5559*** （－2.68）
Sloan	0.4553*** （2.97）	1.9319 （1.23）				
Fa × *Sloan*	－5.1709* （－1.78）	－6.0055* （－1.86）				
Lloan			0.5249*** （3.17）	0.0917 （0.06）		
Fa × *Lloan*			－9.7431*** （－3.34）	－11.7690* （－1.95）		
Equity					0.6331** （2.44）	2.2991 （0.58）

① 囿于篇幅，表 7－8 省略了使用替代性指标 *RD*2 作为被解释变量的计量结果（完整结果参见附录 F），结果显示，以 *RD*2 作为创新的衡量指标时，得到的结果与基准结果一致。

续表

Panel A：*RD*1 为因变量

变量	短期债务融资激励渠道		长期债务融资激励渠道		股权融资激励渠道	
	(1)	(2)	(3)	(4)	(5)	(6)
Fa × Equity					-11.0960 * (-1.90)	-5.2014 ** (-2.25)
Inf		-0.0000 *** (-4.07)		-0.0010 *** (-3.64)		-0.0320 *** (-3.70)
Inf × Sloan		-0.0110 ** (2.26)				
Inf × Lloan				-0.0018 ** (-2.22)		
Inf × Equity						-0.0109 ** (-2.26)
Size	-0.1568 *** (-3.08)	-0.3976 *** (-3.56)	-0.1262 *** (-2.59)	-0.2459 ** (-2.25)	-0.1131 ** (-2.37)	-0.2262 ** (-2.17)
Age	-0.0833 *** (-8.84)	-0.0847 *** (-5.76)	-0.0833 *** (-8.83)	-0.0813 *** (-5.49)	-0.0842 *** (-8.93)	-0.0817 *** (-5.53)
Lev	-2.4298 *** (-8.60)	-2.8157 *** (-5.72)	-2.4149 *** (-8.56)	-2.6641 *** (-5.40)	-2.3948 *** (-8.45)	-2.7091 *** (-5.45)
Growth	-0.8923 *** (-5.60)	-0.3413 (-1.28)	-0.9012 *** (-5.65)	-0.3575 (-1.34)	-0.9134 *** (-5.72)	-0.3546 (-1.33)
Holder	-0.0278 *** (-8.89)	-0.0175 *** (-3.34)	-0.0274 *** (-8.77)	-0.0161 *** (-3.06)	-0.0273 *** (-8.74)	-0.0167 *** (-3.17)
Market	4.4062 *** (25.33)	3.4304 *** (10.86)	4.4113 *** (25.36)	3.4287 *** (10.77)	4.4077 *** (25.31)	3.4290 *** (10.82)
Pro	-0.0442 * (-1.70)	-2.5960 *** (-3.22)	-0.0423 (-1.63)	-2.7867 *** (-3.45)	-0.0427 (-1.64)	-2.8392 *** (-3.52)
Capital	-0.4233 *** (-8.66)	-0.2808 *** (-3.47)	-0.4068 *** (-8.26)	-0.2514 *** (-2.98)	-0.4241 *** (-8.67)	-0.2631 *** (-3.25)

续表

Panel A：*RD*1 为因变量

变量	短期债务融资激励渠道		长期债务融资激励渠道		股权融资激励渠道	
	(1)	(2)	(3)	(4)	(5)	(6)
_Cons	9.1284 *** (3.50)	11.2688 *** (2.89)	8.2536 *** (3.19)	7.7184 * (1.96)	8.1568 *** (3.17)	7.6422 ** (2.03)
Adj - R^2	0.3873	0.3501	0.3875	0.3454	0.3862	0.3451
个体效应	Control	Control	Control	Control	Control	Control
时间效应	Control	Control	Control	Control	Control	Control
N	7487	3943	7487	3943	7486	3943
F	172.75	47.01	172.93	46.04	171.91	45.98

Panel B：*Pat* 为因变量

变量	短期债务融资激励渠道		长期债务融资激励渠道		股权融资激励渠道	
	(7)	(8)	(9)	(10)	(11)	(12)
Fa	-2.5461 *** (-12.49)	-1.7884 *** (-5.10)	-2.4388 *** (-12.29)	-2.0317 *** (-5.95)	-2.4247 *** (-12.25)	-2.2481 *** (-6.67)
Sloan	0.1433 ** (2.52)	1.1537 (1.04)				
Fa × *Sloan*	-0.2264 ** (-2.23)	-0.2905 *** (-4.57)				
Lloan			0.1492 *** (3.00)	1.2318 *** (2.80)		
Fa × *Lloan*			-2.7538 *** (-3.12)	-1.6119 *** (-3.20)		
Equity					1.3428 *** (4.87)	3.6437 (1.19)

续表

Panel B：*Pat* 为因变量

变量	短期债务融资激励渠道		长期债务融资激励渠道		股权融资激励渠道	
	(7)	(8)	(9)	(10)	(11)	(12)
Fa × *Equity*					-12.8575 *** (-3.05)	-15.6760 ** (-1.98)
Inf		-0.0098 *** (-3.90)		-0.0029 *** (-4.48)		-0.0001 *** (-5.37)
Inf × *Sloan*		-0.0050 *** (-5.25)				
Inf × *Lloan*				-0.0001 *** (-4.95)		
Inf × *Equity*						-0.0085 *** (-3.12)
Size	0.3653 *** (19.43)	0.4477 *** (10.19)	0.3918 *** (21.51)	0.4488 *** (10.49)	0.3788 *** (21.16)	0.4637 *** (11.11)
Age	-0.0420 *** (-11.32)	-0.0623 *** (-10.32)	-0.0421 *** (-11.33)	-0.0608 *** (-10.03)	-0.0424 *** (-11.44)	-0.0624 *** (-10.28)
Lev	-0.9733 *** (-9.31)	-0.6339 *** (-3.32)	-0.9737 *** (-9.32)	-0.5666 *** (-2.96)	-0.9373 *** (-8.96)	-0.6829 *** (-3.55)
Growth	0.0240 (0.41)	-0.1550 (-1.50)	0.0204 (0.35)	-0.1307 (-1.26)	0.0153 (0.26)	-0.1476 (-1.42)
Holder	-0.0022 * (-1.82)	-0.0032 (-1.49)	-0.0020 * (-1.65)	-0.0023 (-1.05)	-0.0019 (-1.56)	-0.0039 * (-1.83)
Market	-0.4193 *** (-6.37)	-0.4891 *** (-4.15)	-0.4234 *** (-6.42)	-0.4463 *** (-3.76)	-0.4128 *** (-6.27)	-0.4857 *** (-4.11)
Pro	-0.0007 (-0.06)	0.1399 (0.87)	0.0005 (0.04)	0.1434 (0.89)	0.0000 (0.00)	0.1196 (0.74)
Capital	-0.1647 *** (-9.59)	-0.2298 *** (-7.70)	-0.1608 *** (-9.31)	-0.2043 *** (-6.44)	-0.1631 *** (-9.51)	-0.2383 *** (-7.95)

续表

Panel B：*Pat* 为因变量						
变量	短期债务融资激励渠道		长期债务融资激励渠道		股权融资激励渠道	
	(7)	(8)	(9)	(10)	(11)	(12)
_Cons	-3.5750*** (-3.25)	-3.3176** (-1.97)	-4.2000*** (-3.82)	-3.7533** (-2.21)	-3.9928*** (-3.66)	-3.3530** (-2.03)
Adj-R^2	0.2090	0.2906	0.2084	0.2888	0.2102	0.2817
个体效应	Control	Control	Control	Control	Control	Control
时间效应	Control	Control	Control	Control	Control	Control
N	8535	4320	8535	4320	8534	4320
F	86.08	42.77	85.72	42.40	86.66	40.94

注：囿于篇幅，表7-8省略了使用替代性指标 *RD2* 作为被解释变量的计量结果，完整结果参见附录F。检验统计量下方括号内为相应t值，*、**、*** 分别表示在10%、5%和1%水平下显著。

7.2.5 稳健性检验

验证企业金融资产配置逐利动机下创新资助的融资激励机制的两个方程（7-3）与方程（7-4）之间存在内在联系。此时，若依次对单一方程回归，则估计结果会出现严重偏差；若同时对两个方程进行系统估计（System Estimation），则会显著提高估计效率（陈强，2014）[261]。由于上述两个方程系统扰动项存在一定相关性，属于似不相关方程组。因此，与第6章相同，在激励机制的稳健性检验部分采用似不相关回归（SUR）验证变量间的关系。

表7-9列示了稳健性检验的计量结果。与表7-8相同，第（1）列至第（6）列考察了金融资产配置逐利动机下创新资助影响企业创新投入的融资激励机制，第（7）列至第（12）列考察了金融资产配置逐利动机下创新资助影响企业创新产出的融资激励机制。不难看出，无论从投入端还是产出端衡量企业创新，创新资助的短期债务融资激励渠道、长期债务融资激励渠道以及股权融资

激励渠道均存在两种重要机制：信息传递机制和监管机制。此外，为确保联立方程系统相对于单一方程模型更能充分反映创新资助的融资激励机制，对方程（7－3）与方程（7－4）残差之间的同期相关性进行 LM 检验，结果参见表 7－9。可以看出，计量方程（7－3）与方程（7－4）的扰动项之间均存在一定的相关性，且均至少在5%的显著性水平下拒绝了 LM 检验，从而保证了本节实证运用似不相关回归技术的合理性和必要性。综上，表 7－9 的结果与基准机制检验的结果完全一致，验证了融资激励机制检验结果的稳健性。

表 7－9　　稳健性检验：似不相关模型

Panel A：*RD*1 为因变量

变量	短期债务融资激励渠道		长期债务融资激励渠道		股权融资激励渠道	
	(1)	(2)	(3)	(4)	(5)	(6)
Fa	−1.9585* (−1.93)	−1.9595* (−1.94)	−2.2344** (−2.34)	−2.2354** (−2.35)	−2.3960** (−2.53)	−2.3972** (−2.54)
Sloan	1.3859*** (3.67)	1.3907*** (3.63)				
Fa × *Sloan*	−6.6960** (−1.97)	−6.6898** (−2.27)				
Lloan			0.6710 (1.14)	0.6665 (1.12)		
Fa × *Lloan*			−15.1905* (−1.95)	−15.1637** (−2.35)		
Equity					0.7623 (0.73)	0.7378 (0.68)
Fa × *Equity*					−12.4993* (−1.82)	−12.4409* (−1.94)
Inf		−0.0000** (−2.39)		−0.0036*** (−3.32)		−0.0023*** (−3.33)

续表

Panel A：*RD*1 为因变量						
变量	短期债务融资激励渠道		长期债务融资激励渠道		股权融资激励渠道	
	(1)	(2)	(3)	(4)	(5)	(6)
Inf × Sloan		-0.0300*** (3.26)				
Inf × Lloan				-0.0019*** (-3.04)		
Inf × Equity						-0.0098* (-1.87)
Size	-0.1427 (-1.53)	-0.1450 (-1.56)	-0.0239 (-0.26)	-0.0256 (-0.28)	-0.0164 (-0.19)	-0.0180 (-0.21)
Age	-0.0838*** (-5.71)	-0.0839*** (-5.73)	-0.0809*** (-5.48)	-0.0809*** (-5.51)	-0.0814*** (-5.53)	-0.0814*** (-5.55)
Lev	-3.0918*** (-6.36)	-3.0893*** (-6.39)	-2.9560*** (-6.08)	-2.9538*** (-6.10)	-2.9576*** (-6.04)	-2.9557*** (-6.06)
Growth	-0.2699 (-1.02)	-0.2706 (-1.03)	-0.2958 (-1.11)	-0.2963 (-1.12)	-0.3030 (-1.14)	-0.3034 (-1.15)
Holder	-0.0222*** (-4.37)	-0.0222*** (-4.38)	-0.0209*** (-4.10)	-0.0209*** (-4.11)	-0.0212*** (-4.13)	-0.0211*** (-4.14)
Market	3.6918*** (11.94)	3.6894*** (11.99)	3.6575*** (11.79)	3.6557*** (11.83)	3.6696*** (11.83)	3.6677*** (11.87)
Pro	-2.4750*** (-3.08)	-2.4761*** (-3.09)	-2.6732*** (-3.31)	-2.6741*** (-3.33)	-2.7006*** (-3.36)	-2.7017*** (-3.37)
Capital	-0.3092*** (-3.85)	-0.3090*** (-3.87)	-0.2864*** (-3.47)	-0.2861*** (-3.48)	-0.2941*** (-3.66)	-0.2939*** (-3.67)
_Cons	6.7814* (1.82)	6.8216* (1.83)	3.9217 (1.04)	3.9514 (1.05)	3.7886 (1.05)	3.8194 (1.06)
R^2	0.3376	0.3442	0.3009	0.3402	0.3304	0.3398

续表

Panel A：*RD*1 为因变量						
变量	短期债务融资激励渠道		长期债务融资激励渠道		股权融资激励渠道	
	(1)	(2)	(3)	(4)	(5)	(6)
个体效应	Control	Control	Control	Control	Control	Control
时间效应	Control	Control	Control	Control	Control	Control
N	3947	3947	3947	3947	3947	3947
LM 检验（P 值）	0.0000		0.0000		0.0000	

Panel B：*Pat* 为因变量						
变量	短期债务融资激励渠道		长期债务融资激励渠道		股权融资激励渠道	
	(7)	(8)	(9)	(10)	(11)	(12)
Fa	-1.8039*** (-5.10)	-1.8034*** (-5.17)	-1.9402*** (-5.65)	-1.9425*** (-5.73)	-2.1473*** (-6.36)	-2.1493*** (-6.42)
Sloan	0.6248*** (3.72)	0.5754*** (3.29)				
Fa×*Sloan*	-12.6877*** (-4.46)	-12.6938*** (-4.52)				
Lloan			0.6967*** (3.44)	0.6478*** (3.10)		
Fa×*Lloan*			-15.2968*** (-4.69)	-15.1781*** (-4.71)		
Equity					1.4946*** (3.23)	1.3962*** (2.75)
Fa×*Equity*					-26.1330*** (-3.50)	-25.9327*** (-3.50)
Inf		-0.0059*** (-3.65)		-0.0078*** (-3.72)		-0.0067* (-1.75)
Inf×*Sloan*		-0.0050*** (-3.88)				
Inf×*Lloan*				-0.0029*** (-3.79)		

续表

Panel B：*Pat* 为因变量

变量	短期债务融资激励渠道		长期债务融资激励渠道		股权融资激励渠道	
	(7)	(8)	(9)	(10)	(11)	(12)
Inf×Equity						-0.0012*** (-3.43)
Size	0.5773*** (15.60)	0.5737*** (15.63)	0.5783*** (16.38)	0.5751*** (16.39)	0.5823*** (17.18)	0.5800*** (17.19)
Age	-0.0621*** (-10.20)	-0.0621*** (-10.34)	-0.0616*** (-10.09)	-0.0616*** (-10.22)	-0.0627*** (-10.28)	-0.0627*** (-10.38)
Lev	-0.8954*** (-4.75)	-0.8882*** (-4.77)	-0.8731*** (-4.63)	-0.8654*** (-4.64)	-0.8698*** (-4.60)	-0.8662*** (-4.63)
Growth	-0.1322 (-1.27)	-0.1328 (-1.29)	-0.1163 (-1.12)	-0.1166 (-1.13)	-0.1299 (-1.24)	-0.1302 (-1.26)
Holder	-0.0069*** (-3.30)	-0.0068*** (-3.29)	-0.0060*** (-2.88)	-0.0059*** (-2.87)	-0.0067*** (-3.18)	-0.0066*** (-3.18)
Market	-0.3867*** (-3.30)	-0.3895*** (-3.37)	-0.3901*** (-3.33)	-0.3915*** (-3.38)	-0.3697*** (-3.16)	-0.3720*** (-3.21)
Pro	0.1270 (0.78)	0.1274 (0.79)	0.1203 (0.74)	0.1209 (0.75)	0.1148 (0.71)	0.1149 (0.71)
Capital	-0.2704*** (-9.13)	-0.2693*** (-9.21)	-0.2627*** (-8.48)	-0.2612*** (-8.54)	-0.2694*** (-9.08)	-0.2688*** (-9.14)
_Cons	-5.3620*** (-3.25)	-5.3052*** (-3.25)	-5.4261*** (-3.27)	-5.3837*** (-3.28)	-5.5707*** (-3.45)	-5.5283*** (-3.46)
R^2	0.2654	0.2703	0.2333	0.2703	0.2547	0.2676
个体效应	Control	Control	Control	Control	Control	Control
时间效应	Control	Control	Control	Control	Control	Control
N	4324	4324	4324	4324	4324	4324
LM 检验（P 值）	0.0000		0.0471		0.0000	

注：LM 检验的原假设是方程组扰动项之间不存在同期相关性。检验统计量下方括号内为相应 t 值，*、**、*** 分别表示在 10%、5% 与 1% 水平下显著。

7.3 本章小结

本章从基于企业逐利动机的金融资产配置行为出发，考察政府创新资助影响企业创新的额外融资激励机制。根据第 3 章的理论推导，结合不同类型企业的不同金融资产配置行为异质性特征，提出五个相关假设。

在实证分析部分，首先，建立金融资产配置指标，考察企业创新中金融资产配置的作用。研究发现：基于逐利动机的企业金融资产配置挤出了企业创新。其次，在考察政府创新资助对企业创新的融资激励机制检验模型中纳入金融资产配置元素，进一步考察金融资产配置逐利动机下创新资助对企业创新的额外融资激励机制。运用双向固定效应模型、似无相关回归等计量方法的经验结果表明：考虑企业金融资产配置逐利动机时，无论从短期债务融资渠道、还是长期债务融资渠道，抑或股权融资渠道来看，信息传递机制和监管机制均是政府创新资助对企业创新的融资激励效应的关键机制。监管机制是指获得政府资助的企业会受到政府的动态监管，有助于缓和企业与投资者间的道德风险，企业基于短期逐利动机的金融资产配置行为被削弱，创新资助通过这一监管机制激励企业外部融资，促进企业创新。

第 8 章 结论与展望

当前政府的资助政策均以资助级别为激励标准，目的是通过内部激励弥补市场机制在企业创新领域的失灵问题。但随着产权保护制度的不断完善，企业创新中的“搭便车”行为得到了极大的抑制，现阶段，企业创新面临的最大障碍不是动力不足问题而是“融资难”问题。在这一现实背景下，重新审视政府创新资助的激励机制，深入考察政府创新资助对企业创新的作用效果成为题中应有之义。基于此，本书全面系统的研究我国政府创新资助影响企业创新的融资激励机制。在梳理总结国内外关于政府创新资助与企业创新激励最新研究动态的基础上，将第三方的金融机构和政府纳入企业创新决策的理论模型中，基于逻辑演绎和数理推导两个层面，剖析政府创新资助影响企业创新的融资激励机制，从而搭建本书理论分析框架。然后放松企业初始财富同质性假定，在不同初始条件下继续探究政府创新资助对企业创新的额外融资激励机制。进一步，根据前述理论分析对政府创新资助影响企业创新的整体融资激励效应进行实证检验，对政府创新资助影响企业创新的融资激励机制进行实证检验。最后，根据研究结论，提出政策建议。本章是全书的结语，归纳了本书的主要研究结论，同时给出了相关的政策建议，并指出下一步的研究展望。

8.1 主要结论

（1）政府创新资助对企业创新具有融资激励效应。通过建立政府创新资助影响企业创新的融资激励机制一般性分析框架，结合企业内部资产配置行为现实特征，揭示政府创新资助影响企业创新的一般性融资激励机制表现为信息传递机制，而在考虑企业基于不同动机的内部资产配置行为后，政府创新资助对企业创新具有额外的融资激励机制：优化配置机制和监管机制。

基于我国上市公司2008—2017年的非平衡面板数据，运用得分倾向匹配法等计量方法考察创新资助对企业创新的整体融资激励效应。实证结果表明：运用得分倾向匹配法将企业创新中的创新资助效应剥离出来后，发现创新资助对企业创新投入和创新产出都具有激励效应。进一步，分别从企业债务融资和股权融资两个主要融资渠道对政府创新资助影响企业创新的外部激励效应进行检验，发现创新资助对企业创新投入和创新产出均具有显著的融资激励效应。企业异质性研究表明，成长期企业、私营企业以及资助级别较高的企业，创新资助对企业创新的融资激励效应相对较强，成熟期和衰退期的企业、国有企业以及资助级别较低的企业，创新资助对企业创新的融资激励效应相对较弱。投资者异质性研究表明，创新资助影响企业创新的债务融资激励效应大于股权融资激励效应。企业股权集中度越高，创新资助对企业创新的债务融资激励效应越强，股权融资效应越弱。高新技术企业的创新资助对企业创新的债务融资激励效应更加显著。

（2）融资约束是研究创新资助影响企业创新的一般性融资激励机制绕不开的话题，考虑创新资助在融资约束与企业创新的关系中扮演什么角色对本书的融资激励机制研究具有先导性意义。实证分析中首先以政府创新资助和融资约束指标SA指数为核心解释变量，以企业创新投入和创新产出为衡量企业创新的被解释变量，初步探究创新资助、融资约束和企业创新三者间的关系。实证结果表明：创新资助在融资约束和企业创新的关系中起弱化的调节作用，即创新资助强度越大，融资约束对企业创新的抑制作用越弱。进一步，利用主成分分析法构建信息不对称指数，考察政府创新资助对企业创新的一般性融资激励机制。研究发现，政府创新资助对企业创新的一般性融资激励机制表现为信息传递机制，即政府创新资助释放了基于政府信用的隐性企业技术认证信号，缓解了外部投资者和企业间的信息不对称程度，使企业获得更多的外部认证性融资，最终促进企业创新。

（3）在放松企业初始财富同质性后，从企业基于平滑动机的实体资产配置行为出发，考察政府创新资助的额外融资激励机制。构建了衡量企业内部实体资产配置行为的投资现金流敏感性指标 *WKS*、*FKS*，系统考察了企业创新中实体资产配置的作用。实证结果表明：遭受外部负面冲击时，融资约束的存在使企业削减营运资本投资代替削减固定资产投资，来平滑各个时期的创新，以保证企业创新的延续。在此基础上，将实体资产配置纳入政府创新资助的融资激励模型中，考察实体资产配置平滑动机下政府创新资助对企业创新的融资激励机制，经验结果发现：①企业基于平滑动机的实体资产配置行为是影响企业外源融资水平的重要因素，因为企业的实体资产配置行为会产生调整成本，降低企业内部资源配置效率，进而降低投资者的预期收益率，抑制了外源融资对企业创新的激励作用。②在考虑企业实体资产配置平滑动机时，创新资助的短期债务融资激励机制主要表现为信息传递机制，创新资助的优化配置机制并不显著，长期债务融资激励机制和股权融资激励机制中信息传递机制和优化配置机制均扮演重要作用。这一额外的优化配置机制是指政府创新资助的获取能够弱化企业利用实体资产配置平滑企业创新的动机，防止产生高昂调整成本，从而维持了企业内部实体资产的高效配置，创新资助通过这一优化配置机制激励了企业外部融资，最终促进企业创新。

（4）在放松企业初始财富同质性后，从企业基于逐利动机的金融资产配置行为出发，考察政府创新资助的额外融资激励机制。首先，建立金融资产配置指标，考察企业创新中金融资产配置的作用。研究发现：在企业金融资产配置逐利动机下，企业金融资产配置挤出了企业创新。其次，在考察政府创新资助的融资激励机制检验模型中纳入金融资产配置元素，进一步考察金融资产配置逐利动机下创新资助对企业创新的融资激励机制。运用双向固定效应模型、似无相关回归等计量方法的经验结果表明：考虑企业金融资产配置逐利动机时，无论从短期债务融资渠道、还是长期债务融资渠道，抑或股权融资渠道来看，信息传递机制和监管机制均是政府创新资助影响企业创新的融资激励效应的关键机制。监管机制是指获得政府资助的企业会受到政府的动态监管，有助于缓和企业与投资者间的道德风险，企业基于短期逐利动机的金融资产配置行为被削弱，创新资助通过这一监管机制激励企业外部融资，促进企业创新。

8.2 政策建议

当前，中国经济增长已经进入必须依靠创新驱动战略推动中国经济高质量发展的新阶段。作为微观的创新主体，现阶段的中国企业遭受严重的融资约束问题。融资约束的存在限制了企业继续挖掘潜在投资项目，弱化了企业的创新动机，企业极有可能被迫以“短期获利战略”代替“创新发展战略”。在强政府背景下，融资约束成为滋生寻租的温床，企业的创新强度受到严重削弱。融资结构性矛盾造成了企业的投资金融化倾向，企业的创新活动正逐渐让位于受“逐利”动机驱使的金融资产配置行为。这些现象对中国企业的自主创新道路构成了现实的威胁，如何缓解这一局面是新时期人们共同关心的问题。本书的研究为上述问题的解决和相关政策的制订与完善提供了一个明确的思路，具有深刻的政策含义。

（1）政府资助政策应逐步改革以资助额度作为唯一激励标准的激励制度，以市场为基准，重点发挥政府资助政策的社会资源撬动效应。企业普遍融资不足时，企业创新中政府资助政策的主要作用体现在其释放的隐性企业技术认证信号对市场闲散资金的“杠杆效应”以及对内部资产配置行为的“引导效应”。而长久以来，“政府支持有效”论主要围绕克服企业研发创新活动的惰性问题做研究，内部创新动力越强，企业研发投入越多，忽略了政府创新资助在企业内外部融资渠道拓展中的信号传递机制。因此，对于政府创新资助政策的设计，应将更多的关注放在如何发挥政府的融资激励效应。基于此，本书提出以下对策建议：首先，政府的相关创新政策的制订要以市场机制为基准，以市场融资为主，重点发挥政府在引导外部闲散资金优化配置中的重要作用，聚集社会优质资源以形成诱发效应，推动企业转型升级。政府要积极引导资本市场支持企业技术创新，更大程度拓宽企业研发融资渠道，同时要发挥政府的优质资源整合优势，完善技术筛查制度，建立相关产业的评估平台，以客观、独立的评估机制给予外部投资者以信心，甄选出优质的研发项目。异质性研究表明，政府创新资助对处于成长期的企业融资激励效应较强，对处于衰退期的企业融资激励效应较弱。因此，应继续发挥政府政策的灵活性，消化掉一批企业，发展一批企业，促进创新企业发展。加强对初创期企业的政策引导，促使衰退期企业尽快转型，保持稳健的经济政策维持成熟期企业的竞争优势。

（2）企业创新的正规金融渠道堵塞时，应继续施行政府部门主导的企业创新模式，加强政府对企业未来创新战略规划的引导作用。本书的结论表明，融资不足时，企业具有基于平滑动机的实体资产配置行为和基于逐利动机的金融资产配置行为。政府创新资助通过纠正企业实体资产配置形成优化配置机制，监管企业金融资产配置行为形成监管机制来激励外部融资，促进企业创新。因此，从激励企业从事研发创新活动出发，给予企业管理层更多的自由裁量权值得商榷，通过政府资助形成撬动效应激励企业创新活动是当前中国企业创新模式的现实之举。政府应加强监管，关注企业金融资产配置动机，为引导企业资金回流到实体经济，如何平衡金融资产价格至关重要。政府可以采用税收优惠、贷款扶持等政策，并加大对实体企业投资“金融化”的监管，规范企业金融资产收益的核算和市场披露，提高企业内部资源配置行为的信息透明度。

（3）转变产业政策的激励手段，优化政府资助政策的实质性创新效果。本书研究表明，政府创新资助对企业创新具有明显的融资激励效应，但进一步的研究发现：第一，以企业发明专利申请数作为创新产出衡量指标时，政府创新资助对企业创新的融资激励效应并不显著，可能的解释是企业受策略化创新行为驱使，政府创新资助并未显著提升真正有益于企业市场竞争力的长期创新。第二，投资者异质性分析表明，政府创新资助对企业创新具有债务融资激励偏好，这可能会进一步加剧当前企业创新融资严重依赖信贷渠道的倾向。因此，提出以下建议：首先，逐步改革政府资助政策的激励标准，防止企业为“寻补贴”进行的短期策略性创新行为。可以进一步完善项目验收阶段的奖惩机制，克服政府与企业间的道德风险，避免企业短期策略性创新行为。其次，转变政府资助机制，可通过股权注资的办法支持企业开展创新项目，扭转政府资助的债务融资激励偏好效应，加强政府资助对风投资金的撬动效应，通过贴近市场鉴别标准的项目审查机制，甄选出真正具有创新实力的企业，给予风投资金以信心。最后，对高水平创新人才应强化地方政府的激励意识，可以通过直接补贴的手段吸引高层次人才，以此迅速提高企业的创新实力，驱使企业放弃短期逐利动机，继续实施“长期创新发展战略”。

8.3　研究展望

本书全面系统地考察了我国政府创新资助对企业创新的融资激励机制，验证了产业政策中有限有为的政府作用。对于理解政府资助政策对企业创新的杠杆效应，促进政府转变激励手段，更好地支持企业创新活动具有重要意义。但是客观来讲，本书仍存在一些不足之处，以待未来进一步的完善和补充。

第一，在当前企业普遍遭遇融资约束问题的背景下，虽然本书创新性的将当前企业经营中普遍存在的内部资产配置行为纳入政府创新资助的融资激励效应模型中，考察了两种非正规金融手段在企业创新中的互动机制，得到应以政府部门主导的企业创新模式为主，适当限制企业自发的资源整合行为的结论。但不可忽视的是，本书的研究是在实体投资收益日益趋窄，金融市场泡沫高企的先决条件下进行的理论构建和经验分析，企业的内部资源配置决策也受到了外部宏观环境的影响。此外，实证研究只能看到企业基于逐利动机的资产配置行为挤出了企业创新，但从全局看，逆周期时期企业可能为了渡过暂时的经营危机而进行短视化经营，一旦进入顺周期阶段，企业可能会重新建立“长期创新战略”，因此，从包含经济上升阶段和下降阶段的整体来看，企业的创新活动是继续施行政府主导的模式还是给予企业更多的自由裁量权犹未可知，如何将本书的研究扩展到动态环境，更加全面的分析考虑企业的内部资产配置时政府创新资助的融资激励效应，仍有待进一步研究。

第二，当前中国产业政策的特征是政府根据国家经济发展状况和重点资助的产业战略目标制订政府创新资助明细，政府仅凭自身主观判断主导国家创新资源配置，且对微观主体的作用体现出极强的干预市场、以政府主导代替市场自发选择和设定准入门槛的管制性特征。政府把控高端科技创新的方向，且握有研发创新资源的配置权，这在某种程度上扭曲了企业创新决策行为，企业更多照搬政府部门的创新战略规划自身的研发创新路线，这种盲目的“惰性”创新可能导致企业为“寻补贴”被迫从事重复性的研发工作。有关这一主题的考察未纳入本书研究范围，有待进一步深入探究。

附　　录

附录 A：第 4 章 H3 的严格数学证明

假设企业为了获取外源融资，除了向投资者支付一定的资本报酬外，还须转让企业的部分剩余索取权，计作 Q，剩余索取权的转让削减了企业对自身经营活动自由支配的权力，甚至可能导致企业实质控制权的转移，给企业家带来巨大风险。转让的剩余索取权 Q 越多，企业家遭遇经营风险的程度越大。参照杨其静（2004）[270] 的做法将企业控制权效用损失函数定义为：

$$\bar{U} = -\frac{1}{2}egZQ^2 \tag{A-1}$$

式中，Z 表示企业的初始财富，初始财富越多，企业家对企业的控制越牢固，因剩余索取权转移造成的效用损失越低。g 代表企业风险厌恶程度，风险厌恶程度越高，同样的剩余索取权转移对企业造成的效用损失越大。e 是一个大于 0 的常数，反映其他因素的影响。

由于企业转让了 Q，享有 Q 的投资者可以在企业经营过程中实施权力，降低投资损失，那么投资者实施控制权力减少投资损失的强度系数为：

$$\frac{KQ\varepsilon}{I-Z} \tag{A-2}$$

式中，K 表示投资者实施权力控制投资损失的效力系数，K 是一个常数，ε表示投资损失，且$\varepsilon < I - Z$。

（1）投资者的效用函数和参与约束

起初外部投资者的效用函数为：

$$U^S = \rho(I-Z)r - (1-r)(I-Z) - (I-Z)r_0 \quad (A-3)$$

式中，ρ 表示外部投资者预计企业研发项目成功的概率，r 为投资者要求的资本收益率，r_0是无风险投资收益率。

但对于股权投资者，其可以在企业经营中实施控制权，降低自身损失，新的投资者效用函数为：

$$U^S = \rho(I-Z)r - (1-\rho)(I-Z)\left(1-\frac{KQ\varepsilon}{I-Z}\right) - (I-Z)r_0 \quad (A-4)$$

投资者的约束条件为 $U^S > 0$，从而得到：

$$r \geqslant r_0 + \frac{(1-\rho)\left(1-\frac{KQ\varepsilon}{I-Z}\right)}{\rho} \quad (A-5)$$

那么股权投资者参与投资的最低约束点满足 $U^S = 0$，即：

$$r_s = r_0 + \frac{(1-\rho)\left(1-\frac{KQ\varepsilon}{I-Z}\right)}{\rho} \quad (A-6)$$

（2）企业效用函数

企业效用函数为：

$$U^E = \rho' R - \rho'(I-Z)r - (1-\rho')Z - \frac{1}{2}egZQ^2 \quad (A-7)$$

式中，ρ'表示企业对自身研发项目成功的预估概率，R 为项目成功后取得的现值收益。

（3）剩余索取权与企业初始财富

将 r_S代入求取企业效用最大化的函数中，然后对 Q 求导并令其等于0，可以得出使企业效用最大化得以满足的 Q：

$$Q = Z^{-1}\frac{1-\rho}{\rho}\rho' \quad (A-8)$$

可以看出，企业转让的剩余控制权与企业初始财富 Z 负相关，在其他条件不变时，企业转让的剩余索取权越多，外部股权投资的激励越大。据此提出假设：

H3：政府创新资助增加了企业的初始财富，从而弱化了股权投资者的剩余索取权，在其他条件不变时，创新资助影响企业创新的债务融资激励效应大于股权融资激励效应。

附录 B：创新资助影响企业创新的融资激励效应稳健性检验

附录 B 建立外源融资的中介效应模型对 4.2.3 中创新资助影响企业创新的融资激励效应进行稳健性检验，利用另一种计量手段进一步验证创新资助对企业创新确实具有融资激励效应。

具体操作如下：利用中介效应模型，从企业债务融资路径和股权融资路径实证检验创新资助对企业创新的外部融资激励效应，借鉴温忠麟等（2005）[271] 的中介效应检验程序，建立计量方程（B－1）至方程（B－3）检验外部融资激励效应：

$$RD1_{it}/Pat_{it} = a_0 + a_1 Sub_{it} + \sum a_k control_{it} + \gamma_t + \gamma_i + \varepsilon_{it} \tag{B-1}$$

$$Fin_{it} = b_0 + b_1 Sub_{it} + \sum b_k control_{it} + \gamma_t + \gamma_i + \varepsilon_{it} \tag{B-2}$$

$$RD1_{it}/Pat_{it} = c_0 + c_1 Sub_{it} + c_2 Fin_{it} + \sum c_k control_{it} + \gamma_t + \gamma_i + \varepsilon_{it} \tag{B-3}$$

其中，*Fin* 表示外部融资水平，实证中分别采用企业银行借款水平 *Fin*1 和企业股权融资水平 *Fin*2 进行衡量，*Control* 包含了所有的控制变量，模型中控制了γ_t（年份）、γ_i（个体）等因素的影响。

中介效应的检验步骤为：检验创新资助对企业创新的回归系数

a_1，若 a_1 显著则进一步检验模型（B－2）中创新资助对企业外部融资水平的回归系数 b_1 以及模型（B－3）中创新资助、外部融资水平对企业创新的回归系数 c_1、c_2。若这两系数均显著，则存在中介效应；若 c_1 和 c_2 中至少有一个系数不显著，则要通过 Sobel 检验判断中介效应是否显著。

根据上述方程，分别将企业银行借款水平 *Fin*1 和企业股权融资水平 *Fin*2 作为中介变量，进行实证检验。如果创新资助的融资激励效应存在，则银行借款以及股权融资作为企业创新争取外部投资的主要来源，会因为接收到企业获得政府资助所释放的技术认证信号而增加对企业的创新投资，而融资来源的增加缓解了企业融资不足的问题，进而促进企业创新。

表 B－1 第（1）列至第（6）列显示了企业研销比 *RD*1 作为因变量时的中介效应检验结果。第（1）列至第（3）列考察了债务融资路径的激励效应。从第（1）列的回归结果可以看出，创新资助对企业 *RD*1 的回归系数 a_1 为 1.6156。这一回归系数代表政府资助对企业创新投入的总体效应，说明从总体上创新资助确实促进了企业创新。第（2）列结果显示创新资助与企业银行借款水平在 1% 的水平下显著正相关，表明政府资助促进了外源债务融资的增加。第（3）列在创新资助对企业创新投入的影响中加入银行借款水平后，创新资助、中介变量银行借款水平的系数均显著为正，而且政府资助的系数从不加入中介变量的 1.6156 降低为 1.6063，这说明企业债务融资在创新资助的融资激励效应中起部分中介效应。实证结果证明，政府资助的技术认证信号给予了银行贷款部门更大的信心，基于这一隐性认证信号企业外源信贷融资得到扩大，缓解了企业融资不足的问题，进而激励企业创新。

表 B－1 第（4）列至第（6）列展示了 *RD*1 作为因变量时，政府创新资助通过股权融资路径间接影响企业创新投入的检验结果。可以看出，第（4）列、第（6）列中政府创新资助的系数分别为1.6156、1.6010，均在1%的水平下显著为正，表明无论从总体上还是直接效应上，政府创新资助都促进了企业创新投入。进一步，第（5）列中股权融资水平作为因变量时，政府资助的回归系数也显著为正，表明政府资助确实促进了外部股权融资水平的增加。而第（6）列中介变量股权融资水平的系数为正，但并不显著。根据温忠麟等（2005）[271]的检验程序，本书继续做了Sobel检验，得到Sobel Z值通过了显著性检验，因此，政府资助影响企业创新投入的股权融资激励路径成立。

表B-1第（7）列至第（12）列展示了以创新产出*Pat*作为因变量的中介效应检验结果。可以看出，第（7）列、第（8）列中政府资助的系数、第（9）列中政府资助和银行借款的系数都显著为正，同样验证了债务融资在政府资助影响企业创新产出中的中介效应。而第（10）列至第（12）列的结果同样验证出外部股权融资路径成立。

综上，从外部融资激励来看，政府创新资助通过企业债务融资路径和股权融资路径弥补了企业创新活动融资不足的问题，进而激励企业创新，进一步验证了创新资助对企业创新的融资激励效应的稳健性。

表B-1　检验创新资助的融资激励效应的中介效应模型检验结果

Panel A：*RD*1为因变量

变量	债务融资路径			股权融资路径		
	*RD*1 (1)	*Fin*1 (2)	*RD*1 (3)	*RD*1 (4)	*Fin*2 (5)	*RD*1 (6)
Sub	1.6156*** (17.32)	0.0334*** (5.99)	1.6063*** (17.30)	1.6156*** (17.32)	0.0062*** (3.61)	1.6010*** (17.31)
*Fin*1			0.0630** (2.54)			

续表

Panel A：*RD*1 为因变量

变量	债务融资路径			股权融资路径		
	*RD*1 (1)	*Fin*1 (2)	*RD*1 (3)	*RD*1 (4)	*Fin*2 (5)	*RD*1 (6)
*Fin*2						0. 3370 (1. 61)
_Cons	5. 5524 *** (9. 18)	-4. 7406 *** (-13. 27)	5. 8400 *** (9. 05)	5. 5524 *** (9. 18)	-0. 6388 *** (-9. 03)	-5. 9156 *** (-22. 08)
N	11773	15750	11718	11773	15798	13093
Adj - R^2	0. 4409	0. 2025	0. 4410	0. 4409	0. 0801	0. 2521

Panel B：*Pat* 为因变量

变量	债务融资路径			股权融资路径		
	Pat (7)	*Fin*1 (8)	*Pat* (9)	*Pat* (10)	*Fin*2 (11)	*Pt* (12)
Sub	0. 3559 *** (11. 54)	0. 0334 *** (5. 99)	0. 2842 *** (5. 51)	0. 3559 *** (11. 54)	0. 0062 *** (3. 61)	0. 3584 *** (11. 72)
*Fin*1			0. 0072 ** (2. 49)			
*Fin*2						1. 2663 *** (4. 89)
_Cons	0. 1806 ** (2. 28)	-4. 7406 *** (-13. 27)	-1. 0709 *** (-10. 09)	0. 1806 ** (2. 28)	-0. 6388 *** (-9. 03)	0. 1610 ** (2. 04)
N	13116	15750	13050	13116	15798	13093
Adj - R^2	0. 2212	0. 2025	0. 3232	0. 2522	0. 0801	0. 2287

注：**、***分别表示在5%、1%水平上显著。括号内为T值。

附录 C：创新资助对企业创新的融资激励效应异质性的稳健性检验

附表 C－1、附表 C－2 以及附表 C－3，分别对应正文表 4－8、表 4－9 和表 4－10，均报告了使用替代性指标 *RD*2、*Pati* 作为结果变量的 ATT 结果，综合各附表结果可以看出，使用 *RD*2 作为创新投入的衡量指标时，得到的结果与基准结果基本一致，但使用 *Pati* 作为创新产出的衡量指标时，得到的 ATT 结果与预期不同，这一结果与表 4－7 使用 *Pati* 作为替代性指标进行稳健性检验的结果从逻辑上一致，从短期来看，政府创新资助对企业发明专利的融资激励效应并未呈现预期结果。

表 C－1　创新资助的融资激励效应 ATT 结果：企业异质性视角

Panel C：*RD*2 为结果变量

变量	按生命周期分样本			按产权性质分样本		按资助级别分样本	
	初创期（15）	成熟期（16）	衰退期（17）	国企（18）	私营企业（19）	政府资助额度大于5000 万元（20）	政府资助额度小于5000 万元（21）
基准 ATT 效应	0.930*** （5.39）	0.009 （0.03）	0.374 （0.90）	0.461** （2.24）	0.610*** （2.95）	0.677*** （4.55）	－0.065 （－0.34）
无银行借款的 ATT 效应	1.410 （1.50）	0.897 （1.05）	－5.076 （－1.95）	0.237 （0.16）	0.231 （0.29）	0.682 （1.00）	0.169 （0.20）
有银行借款的 ATT 效应	0.869*** （5.36）	0.099 （0.35）	0.512 （1.31）	0.438 （2.16）	0.407* （1.94）	0.550*** （3.83）	－0.234 （－1.24）

续表

Panel C：*RD2* 为结果变量

变量	按生命周期分样本			按产权性质分样本		按资助级别分样本	
	初创期（15）	成熟期（16）	衰退期（17）	国企（18）	私营企业（19）	政府资助额度大于5000万元（20）	政府资助额度小于5000万元（21）
无股权融资的ATT效应	0.791** （2.19）	-0.395 （-0.85）	0.332 （0.65）	-0.409 （-1.06）	0.596 （0.67）	0.838 （1.22）	-0.452 （-1.19）
有股权融资的ATT效应	0.974*** （5.16）	0.394 （0.95）	0.113 （0.15）	0.521 （1.12）	0.398** （2.49）	0.685*** （3.66）	0.095 （0.35）

Panel D：*Pati* 为结果变量

变量	按生命周期分样本			按产权性质分样本		按资助级别分样本	
	初创期（22）	成熟期（23）	衰退期（24）	国企（25）	私营企业（26）	政府资助额度大于5000万元（27）	政府资助额度小于5000万元（28）
基准ATT效应	0.291*** （3.45）	0.200** （1.97）	0.289*** （3.09）	0.257*** （3.03）	0.323*** （4.44）	0.367*** （6.18）	0.0868 （1.33）
无银行借款的ATT效应	0.083 （0.22）	0.513** （2.11）	0.578* （1.82）	0.239 （0.93）	0.327* （1.65）	0.210 （1.16）	0.176 （0.82）
有银行借款的ATT效应	0.291*** （3.34）	0.288** （2.44）	0.310*** （3.10）	0.255*** （2.94）	0.357*** （4.58）	0.305*** （4.68）	0.029 （0.42）
无股权融资的ATT效应	0.282** （2.07）	0.259* （1.95）	0.608*** （5.22）	0.320*** （2.97）	0.467*** （4.57）	0.414*** （5.02）	0.181* （1.89）
有股权融资的ATT效应	0.141 （1.39）	0.282* （1.76）	-0.032 （-0.2）	0.271** （2.35）	0.233** （2.45）	0.224*** （2.84）	-0.007 （-0.08）

注：附表C-1对应正文表4-8。*、**、***分别表示在10%、5%和1%水平上显著。括号内为T值。

表 C-2　创新资助的融资激励效应 ATT 结果：投资者异质性视角

变量	结果变量：*RD2* (3)	结果变量：*Pati* (4)
无银行借款、无股权融资的 ATT 效应	0.456** (2.05)	1.036 (0.87)
无银行借款、有股权融资的 ATT 效应	0.072 (0.33)	1.671* (1.84)
有银行借款、无股权融资的 ATT 效应	0.297*** (3.56)	0.653*** (2.74)

注：附表 C-2 对应正文表 4-9。*、**、*** 分别表示在 10%、5% 和 1% 水平上显著。括号内为 T 值。

表 C-3　创新资助的融资激励效应 ATT 结果：投资者异质性视角的进一步检验

因变量：*RD2*

变量	按股权集中度分样本		按企业技术特征分样本	
	高股权集中度企业 (9)	低股权集中度企业 (10)	高新技术企业 (11)	非高新技术企业 (12)
无银行借款、有股权融资的 ATT 效应	0.758 (0.73)	1.910 (1.04)	1.139 (0.99)	0.986 (1.03)
有银行借款、无股权融资的 ATT 效应	0.738** (2.56)	-0.048 (-0.13)	0.636* (1.86)	-0.056 (-0.19)

因变量：*Pati*

变量	按股权集中度分样本		按企业技术特征分样本	
	高股权集中度企业 (13)	低股权集中度企业 (14)	高新技术企业 (15)	非高新技术企业 (16)
无银行借款、有股权融资的 ATT 效应	0.131 (0.35)	-0.427 (-1.13)	-0.141 (-0.47)	-0.052 (-0.17)
有银行借款、无股权融资的 ATT 效应	0.380*** (2.98)	0.261** (2.40)	0.203 (1.16)	0.328*** (3.87)

注：附表 C-3 对应正文表 4-10。**、*** 分别表示在 5%、1% 水平上显著。括号内为 T 值。

附录 D：创新资助与企业内部实体资产配置行为的稳健性检验

附录 D 是对 6.3.2 小节中创新资助与企业内部实体资产配置行为经验结果的稳健性检验，目的是进一步验证第 6 章 H3 的结论。

H3 指出政府创新资助抑制了企业利用实体资产配置进行创新平滑的动机，据此，可以进一步推断：创新资助的发放弱化了企业内部实体资产配置行为对企业创新的平滑作用，即创新资助在企业实体资产配置与企业创新的关系中起弱化调节作用。因此，本附录建立以下方程考察创新资助在企业实体资产配置与企业创新中的调节作用：

$$Y_{it+1}(RD1_{it+1},RD2_{it+1},Pat_{it+1}) = a_0 + a_1 WKS_i + a_2 Sub_{it} + a_3 Sub \times WKS_{it} + \sum a_k Control_{it} + \gamma_t + \gamma_k + \varepsilon_{it} \quad (D-1)$$

$$Y_{it+1}(RD1_{it+1},RD2_{it+1},Pat_{it+1}) = a_0 + a_1 FKS_i + a_2 Sub_{it} + a_3 Sub \times FKS_{it} + \sum a_k Control_{it} + \gamma_t + \gamma_k + \varepsilon_{it} \quad (D-2)$$

其中，i 代表企业，t 表示年份，方程的因变量为创新投入变量 $RD1$、$RD2$ 以及创新产出变量 Pat，为了控制可能存在的内生性问题和创新的滞后性，我们对方程的因变量取下一年的数据。$Control$ 包含了所有的控制变量，并控制了 γ_t（年份）、γ_k（行业）等因素的影响。上述两个方程中重点关注交互项 $WKS \times Sub$、$FKS \times Sub$ 的系数，根据 H3 的分析，初步预计 $WKS \times Sub$ 的系数显著为负，而 $FKS \times Sub$ 的系数可能并不显著。即创新资助在实体资产配置与企业创新的关系中起弱化调节作用。

根据方程得到的固定效应模型估计结果见附表 D－1。前三列考察了营运资本配置与企业创新资助间的交互效应，可以看出，无论以创新投入还是以创新产出为被解释变量，*WKS* 的系数均显著为正，表明营运资本管理在企业内部平滑中起到了重要作用。进一步，前三列创新资助项的估计系数分别为 0.6507、0.4375、0.3925，且均在 1% 的水平下显著为正。很明显，创新资助促进了企业创新，这也与第 4 章的基本结论一致，肯定了“政府支持有效”论。重点关注的 *Sub* × *WKS* 的回归系数在前三列中均显著为负，这说明企业获得政府创新资助额度越大，则企业通过内部营运资本配置平滑企业创新的作用越弱。作为对比，后三列列示了固定资产配置与创新资助交互关系的结果。不难看出，主要核心变量创新资助对企业创新的正向促进作用依然显著，而另一核心变量 *FKS* 的系数均为负，但仅对企业申请专利数的作用效果显著。重点关注的 *Sub* × *FKS* 的系数均为负数，但并不显著。很显然，根据之前假设部分的分析，固定资产配置在企业创新平滑中并未起到明显作用，因此，创新资助在固定资产配置与企业创新的关系中未发挥弱化调节作用也就不难理解了。综合表的结果可以得出：创新资助在实体资产配置与企业创新的关系中起到了弱化调节作用，政府创新资助额度更大的企业，其通过内部营运资本管理这一实体资产配置行为平滑企业创新的效果更弱。这一结论从计量经济学角度再次验证了 H3，为考察创新资助与企业实体资产配置间的关系提供了更多的经验证据。

附表 D-1　创新资助在实体资产配置与企业创新关系中调节作用检验

变量	(1) *RD*1	(2) *RD*2	(3) *Pat*	(4) *RD*1	(5) *RD*2	(6) *Pat*
WKS	0.0030 (1.61)	0.0022 *** (3.53)	0.0020 ** (2.35)			
FKS				-0.0901 (0.80)	-0.0283 (-0.49)	-0.1579 ** (-2.13)

续表

变量	(1) *RD1*	(2) *RD2*	(3) *Pat*	(4) *RD1*	(5) *RD2*	(6) *Pat*
Sub	0. 6507 *** (15. 25)	0. 4375 *** (16. 61)	0. 3925 *** (13. 26)	0. 6726 *** (15. 40)	0. 4416 *** (16. 76)	0. 3964 *** (13. 39)
Sub × WKS	-0. 0051 * (-1. 77)	-0. 0025 ** (-2. 25)	-0. 0034 *** (-2. 99)			
Sub × FKS				-0. 3322 (-1. 47)	-0. 2144 (-1. 46)	-0. 2279 (-1. 45)
Size	-0. 0336 ** (-2. 12)	0. 3129 *** (22. 85)	0. 3485 *** (21. 81)	-0. 0335 ** (-2. 13)	0. 3102 *** (22. 68)	0. 3446 *** (21. 58)
Age	-0. 0262 *** (-8. 18)	-0. 0357 *** (-17. 13)	-0. 0568 *** (-21. 30)	-0. 0261 *** (-8. 16)	-0. 0355 *** (-17. 07)	-0. 0566 *** (-21. 26)
Lev	-0. 3194 *** (-2. 97)	-0. 6316 *** (-11. 43)	-1. 0124 *** (-14. 54)	-0. 3291 *** (-3. 07)	-0. 6297 *** (-11. 38)	-1. 0032 *** (-14. 40)
Growth	0. 1980 *** (3. 43)	0. 0485 * (1. 67)	0. 0669 * (1. 82)	0. 2019 *** (3. 52)	0. 0511 * (1. 76)	0. 0694 * (1. 89)
Holder	-0. 0033 *** (-3. 27)	-0. 0030 *** (-4. 26)	-0. 0024 *** (-2. 77)	-0. 0035 *** (-3. 38)	-0. 0030 *** (-4. 26)	-0. 0024 *** (-2. 76)
Market	0. 3874 *** (4. 63)	-0. 2836 *** (-7. 92)	-0. 6450 *** (-14. 85)	0. 3881 *** (4. 64)	-0. 2914 *** (-8. 15)	-0. 6555 *** (-15. 11)
Pro	1. 0798 *** (3. 44)	0. 1508 ** (2. 16)	0. 2308 ** (2. 20)	1. 0736 *** (3. 40)	0. 1480 ** (2. 19)	0. 2255 ** (2. 24)
Capital	-0. 3164 *** (-18. 89)	-0. 0989 *** (-10. 76)	-0. 1500 *** (-12. 78)	-0. 3167 *** (-18. 91)	-0. 0985 *** (-10. 71)	-0. 1501 *** (-12. 78)
_Cons	5. 4953 *** (16. 26)	-4. 4588 *** (-16. 18)	-3. 9411 *** (-12. 11)	5. 4961 *** (16. 38)	-4. 3976 *** (-15. 95)	-3. 8417 *** (-11. 80)
Adj - R^2	0. 2873	0. 1851	0. 2062	0. 2857	0. 1849	0. 2064
F	161. 0116	120. 7614	169. 7406	160. 6717	121. 4573	171. 0698

注：*、**、*** 分别表示在 10%、5% 和 1% 水平上显著。括号内为 T 值。

在对附表 D-1 的稳健性检验中，利用 Heckman 两步法结合 2SLS 工具变量法克服模型中的样本选择性偏误和反向因果内生性问题。分别选择行业 *WKS* 均值、行业 *FKS* 均值以及行业创新资助均值作为内生变量 *WKS*、*FKS*、*Sub* 的工具变量，然后通过最小二乘法第一阶段得到的相应结果作为预测值，代替真实的 *WKS*、*FKS*、*Sub*，然后进行 Heckman 两步法回归，结果见表附表 D-2。可以看出，利用 Heckman+2SLS 纠正选择性偏误和内生性问题后，核心变量的系数依然显著，加强了结论的稳健性。此外，逆米尔斯比率基本都显著，说明样本选择性偏误很重要，Hekcman 两步法更好地控制了因选择性偏误导致的内生性问题，更适合刻画企业创新行为。其他一系列控制变量的结果也基本符合经济学直觉。

附表 D-2　　稳健性检验：Heckman+2SLS

变量	(1) *RD1*	(2) *RD2*	(3) *Pat*	(4) *RD1*	(5) *RD2*	(6) *Pat*
WKS	0.1124*** (7.33)	0.0619*** (9.36)	0.0574*** (10.12)			
FKS				8.7941 (0.38)	5.1791 (0.92)	6.3661 (0.78)
Sub	0.6310*** (11.82)	0.4355*** (13.24)	0.4888*** (11.14)	0.5833 (0.88)	0.0930 (0.47)	0.0421 (0.13)
Sub×WKS	-0.0971*** (3.23)	-0.0147** (-2.14)	0.0970*** (-7.34)			
Sub×FKS				2.0314 (0.09)	1.0098 (0.18)	-0.9093 (-0.12)

续表

变量	(1) RD1	(2) RD2	(3) Pat	(4) RD1	(5) RD2	(6) Pat
Size	-0.2556*** (-6.82)	0.3641*** (23.08)	0.4879*** (22.67)	1.1496 (0.62)	-0.2149 (-1.56)	-0.3372 (-1.37)
Age	-0.0467*** (-7.66)	-0.0389*** (-11.39)	-0.0608*** (-13.91)	0.3987 (0.60)	-0.0700*** (-3.07)	-0.1123*** (-3.32)
Lev	1.0056*** (4.74)	-0.5367*** (-5.81)	-1.1333*** (-9.94)	-1.5585 (-0.61)	1.4225** (2.05)	1.9340* (1.67)
Growth	-0.1467 (-1.57)	0.0638 (1.40)	0.0909 (1.58)	-2.2806 (-0.64)	0.5741* (1.89)	0.9038** (2.00)
Holder	0.0051** (2.44)	-0.0038*** (-3.72)	-0.0052*** (-4.14)	0.0106 (0.44)	0.0113 (1.55)	0.0159 (1.44)
Market	0.8789*** (6.39)	-0.1470*** (-2.63)	-0.4769*** (-6.96)	5.2330 (0.66)	0.0912 (0.22)	-0.1076 (-0.18)
Pro	-4.5146*** (-4.29)	-0.2922** (-2.33)	0.4211*** (3.31)	5.8967 (0.71)	-0.2113 (-0.47)	-0.4522 (-0.68)
Capital	-0.0755* (-1.81)	-0.1213*** (-8.09)	-0.1795*** (-9.45)	-0.1186 (-0.31)	-0.0952 (-1.04)	-0.1441 (-1.04)
_Cons	11.2122*** (12.31)	-5.3832*** (-15.86)	-7.0230*** (-15.13)	17.1057 (0.78)	-3.5761 (-1.41)	-4.7965 (-1.00)
逆米尔斯比率	-2.5346*** (-7.75)	0.1457* (1.98)	0.4592*** (3.88)	-23.0399 (-0.65)	7.6375*** (5.46)	11.5398*** (5.46)

注：*、**、***分别表示在10%、5%和1%水平上显著。括号内为T值。

附录 E：实体资产配置平滑动机下创新资助的融资激励机制检验

表 E－1　　　　创新资助的优化配置机制检验

Panel C：*RD*2 为因变量

变量	短期债务融资激励渠道		长期债务融资激励渠道		股权融资激励渠道	
	(13)	(14)	(15)	(16)	(17)	(18)
HL	0.0006** (1.98)	0.0013* (1.90)	0.0008* (1.79)	0.0008*** (3.16)	0.0015*** (3.20)	0.0003** (2.12)
Sloan	0.2529*** (5.01)	0.1923 (0.58)				
HL×*Sloan*	－0.0206*** (－3.79)	－0.0280 (－1.44)				
Lloan			0.0435 (1.16)	0.5772*** (4.83)		
HL×*Lloan*			－0.0095*** (－6.33)	－0.0074*** (－2.63)		
Equity					0.3112 (1.43)	1.1871 (1.54)
HL×*Equity*					－0.0113*** (－2.78)	－0.0216* (－1.90)
Inf		－0.0053*** (－6.09)		－0.0000*** (－5.31)		－0.0086*** (－6.50)
Inf×*Sloan*		－0.0180*** (－3.40)				
Inf×*Lloan*				－0.0001*** (－4.24)		

续表

Panel C：*RD2* 为因变量						
变量	短期债务融资激励渠道		长期债务融资激励渠道		股权融资激励渠道	
	(13)	(14)	(15)	(16)	(17)	(18)
Inf×Equity						-0.0518*** (-2.94)
Size	0.2415*** (20.45)	0.2139*** (9.01)	0.2780*** (22.39)	0.2659*** (11.46)	0.2714*** (21.89)	0.2402*** (9.92)
Age	-0.0381*** (-19.47)	-0.0448*** (-16.15)	-0.0392*** (-20.05)	-0.0456*** (-16.28)	-0.0387*** (-19.67)	-0.0453*** (-16.13)
Lev	-0.6135*** (-13.52)	-0.5497*** (-6.23)	-0.5927*** (-12.79)	-0.5172*** (-5.96)	-0.5877*** (-12.82)	-0.5586*** (-6.22)
Growth	0.0464** (2.00)	0.0571 (1.33)	0.0374 (1.60)	0.0511 (1.18)	0.0351 (1.50)	0.0410 (0.95)
Holder	-0.0037*** (-5.66)	-0.0033*** (-3.20)	-0.0037*** (-5.48)	-0.0034*** (-3.32)	-0.0035*** (-5.19)	-0.0028*** (-2.73)
Market	-0.2147*** (-6.95)	-0.3194*** (-6.76)	-0.2193*** (-7.10)	-0.3076*** (-6.51)	-0.2226*** (-7.18)	-0.3372*** (-7.12)
Pro	0.0045 (1.47)	0.2182* (1.74)	0.0051** (2.01)	0.1578 (1.27)	0.0047* (1.86)	0.1577 (1.30)
Capital	-0.0987*** (-12.02)	-0.1150*** (-8.74)	-0.1024*** (-12.27)	-0.1020*** (-7.75)	-0.0958*** (-11.57)	-0.1102*** (-8.32)
_Cons	-2.8665*** (-12.01)	-2.0684*** (-4.53)	-3.5809*** (-14.02)	-3.2750*** (-7.46)	-3.5373*** (-14.40)	-2.6534*** (-5.87)
Adj-R^2	14041	6286	13984	6254	14036	6284
N	0.1835	0.2089	0.1804	0.2151	0.1772	0.2070
F	136.02	64.29	137.09	65.64	135.91	63.97

注：附表 E-1 对应正文表 6-13。*、**、*** 分别表示在 10%、5% 和 1% 水平上显著。括号内为 T 值。

附录 F：金融资产配置逐利动机下创新资助的融资激励机制检验

表 F－1　　政府创新资助的监管机制检验

Panel C：*RD*2 为因变量

变量	短期债务融资激励渠道		长期债务融资激励渠道		股权融资激励渠道	
	(13)	(14)	(15)	(16)	(17)	(18)
Fa	－2.0737*** (－7.35)	－2.2764*** (－4.34)	－2.1658*** (－8.04)	－2.5202*** (－5.11)	－2.1837*** (－8.11)	－2.6519*** (－5.41)
Sloan	0.0322*** (2.76)	0.1777 (0.40)				
Fa×*Sloan*	－2.0355*** (－3.53)	－4.8580*** (－3.35)				
Lloan			0.0044** (2.06)	1.0044 (1.32)		
Fa×*Lloan*			－1.6388** (－2.22)	－1.1490*** (－2.92)		
Equity					0.2251*** (4.65)	0.5472* (1.71)
Fa×*Equity*					－5.0293* (－1.89)	－2.3983*** (－3.22)
Inf		－0.0107** (－2.08)		－0.0001** (－2.19)		－0.0021** (－2.29)
Inf×*Sloan*		－0.0089* (－1.72)				
Inf×*Lloan*				－0.0080*** (－3.55)		

续表

Panel C：*RD2* 为因变量						
变量	短期债务融资激励渠道		长期债务融资激励渠道		股权融资激励渠道	
	（13）	（14）	（15）	（16）	（17）	（18）
Inf×Equity						-0.0001 *** (-2.69)
Size	0.0354 (1.52)	-0.0675 (-1.17)	0.0417 * (1.87)	0.0022 (0.04)	0.0345 (1.58)	0.0055 (0.10)
Age	-0.0170 *** (-3.92)	-0.0228 *** (-3.00)	-0.0171 *** (-3.95)	-0.0208 *** (-2.72)	-0.0168 *** (-3.88)	-0.0218 *** (-2.88)
Lev	-0.7283 *** (-5.62)	-0.7146 *** (-2.81)	-0.7300 *** (-5.64)	-0.6647 *** (-2.62)	-0.7397 *** (-5.69)	-0.7894 *** (-3.09)
Growth	0.1462 ** (2.00)	-0.0293 (-0.21)	0.1443 ** (1.97)	-0.0315 (-0.23)	0.1499 ** (2.05)	-0.0149 (-0.11)
Holder	-0.0057 *** (-3.95)	0.0024 (0.89)	-0.0056 *** (-3.92)	0.0027 (0.99)	-0.0057 *** (-4.00)	0.0017 (0.63)
Market	0.6080 *** (7.62)	0.1709 (1.05)	0.6148 *** (7.70)	0.1895 (1.16)	0.6064 *** (7.60)	0.1417 (0.87)
Pro	-0.0263 ** (-2.20)	1.2046 *** (2.89)	-0.0259 ** (-2.17)	1.0873 *** (2.61)	-0.0265 ** (-2.22)	1.0610 ** (2.56)
Capital	-0.4019 *** (-17.91)	-0.3527 *** (-8.43)	-0.3978 *** (-17.61)	-0.3257 *** (-7.50)	-0.4035 *** (-17.99)	-0.3543 *** (-8.50)
_Cons	4.3405 *** (3.63)	5.2432 *** (2.61)	4.1570 *** (3.51)	3.3402 * (1.65)	4.4006 *** (3.73)	4.1878 ** (2.16)
Adj - R^2	7487	3943	7487	3943	7486	3943
N	0.2701	0.2178	0.2708	0.2160	0.2701	0.2176
F	101.14	24.30	101.51	24.05	101.11	24.27

注：附表 F-1 对应正文表 7-8。*、**、*** 分别表示在 10%、5% 和 1% 水平上显著。括号内为 T 值。

参考文献

[1] Tong J, Xu C. Financial institutions and the wealth of nations: tales of development [J]. William Davidson Institute Working Paper, 2004.

[2] Grossman G, Helpman E. Innovation and growth in the global economy Cambridge [M]. Mass: MIT Press, 1991.

[3] Aghion P, Howitt P. A model of growth through creative destruction [J]. Econometrica, 1992, 60 (2): 323 -351.

[4] Arrow K J. The Economic Implications of Learning by Doing [J]. Review of Economic Studies, 1962, 29 (3): 155 -173.

[5] 江飞涛，李晓萍．当前中国产业政策转型的基本逻辑 [J]. 南京大学学报：哲学·人文科学·社会科学，2015 (3): 17 -24.

[6] 张栋，谢志华，王靖雯．中国僵尸企业及其认定——基于钢铁业上市公司的探索性研究 [J]. 中国工业经济，2016 (11): 90 -107.

[7] 李宏亮，谢建国．融资约束与企业成本加成 [J]. 世界经济，2018, 41 (11): 121 -144.

[8] Rajan R G, Zingales L. Financial Dependence and Growth [J]. Social Science Electronic Publishing, 1998, 88 (3): 559 -586.

[9] Brown J R, Martinsson G, Petersen B C. Law, stock markets, and innovation [J]. The Journal of Finance, 2013, 68 (4): 1517 -1549.

[10] 张璇，刘贝贝，汪婷，等．信贷寻租、融资约束与企业

创新［J］. 经济研究, 2017（5）: 163－176.

［11］徐飞. 银行信贷与企业创新困境［J］. 中国工业经济, 2019, 370（1）: 123－140.

［12］Gorodnichenko Y, Schnitzer M. Financial constraints and innovation: Why poor countries don't catch up［J］. Journal of the European Economic Association, 2013, 11（5）: 1115－1152.

［13］Hall L A, Bagchi－Sen S. A study of R&D, innovation, and business performance in the Canadian biotechnology industry［J］. Technovation, 2002, 22（4）: 231－244.

［14］Brown J R, Petersen B C. Cash holdings and R&D smoothing［J］. Journal of Corporate Finance, 2011, 17（3）: 694－709.

［15］Takalo T, Tanayama T. Adverse selection and financing of innovation: is there a need for R&D subsidies?［J］. The Journal of Technology Transfer, 2010, 35（1）: 16－41.

［16］张杰, 陈志远, 杨连星, 等. 中国创新补贴政策的绩效评估: 理论与证据［J］. 经济研究, 2015（10）: 4－17.

［17］李莉, 高洪利, 陈靖涵. 中国高科技企业信贷融资的信号博弈分析［J］. 经济研究, 2015（6）: 162－174.

［18］刘贯春. 金融资产配置与企业研发创新: “挤出”还是“挤入”［J］. 统计研究, 2017（7）: 51－63.

［19］Allen F, Qian J, Qian M. Law, finance, and economic growth in China［J］. Journal of financial economics, 2005, 77（1）: 57－116.

［20］鞠晓生, 卢荻, 虞义华. 融资约束、营运资本管理与企业创新可持续性［J］. 经济研究, 2013.

［21］吴淑娥, 仲伟周, 卫剑波, 等. 融资来源、现金持有与研发平滑——来自我国生物医药制造业的经验证据［J］. 经济学: 季刊, 2016, 15（1）: 745－766.

[22] 杨洋，魏江，罗来军．谁在利用政府补贴进行创新？——所有制和要素市场扭曲的联合调节效应［J］. 管理世界，2015（1）：75－86.

[23] Czarnitzki D, Fier A. Publicly funded R&D collaborations and patent outcome in Germany [J]. 2003.

[24] Kang K N, Park H. Influence of government R&D support and inter－firm collaborations on innovation in Korean biotechnology SMEs [J]. Technovation, 2012, 32 (1): 68－78.

[25] Hall L A, Bagchi－Sen S. A study of R&D, innovation, and business performance in the Canadian biotechnology industry [J]. Technovation, 2002, 22 (4): 231－244.

[26] Hall L A, Bagchi－Sen S. An analysis of firm－level innovation strategies in the US biotechnology industry [J]. Technovation, 2007, 27 (1－2): 4－14.

[27] Block F, Keller M R. Where do innovations come from? Transformations in the US economy, 1970－2006 [J]. Socio－Economic Review, 2009, 7 (3): 459－483.

[28] Bérubé C, Mohnen P. Are firms that receive R&D subsidies more innovative? [J]. Canadian Journal of Economics/Revue canadienne d'économique, 2009, 42 (1): 206－225.

[29] Alecke B, Mitze T, Reinkowski J, et al. Does firm size make a difference? Analysing the effectiveness of R&D subsidies in East Germany [J]. German Economic Review, 2012, 13 (2): 174－195.

[30] De Waegenaere A, Sansing R C, Wielhouwer J L. Multinational taxation and R&D investments [J]. The Accounting Review, 2012, 87 (4): 1197－1217.

[31] 解维敏，唐清泉，陆姗姗．政府 R&D 资助，企业 R&D 支出与自主创新——来自中国上市公司的经验证据［J］. 金融研

究，2009（6）：86－99.

［32］白俊红．中国的政府 R&D 资助有效吗？来自大中型工业企业的经验证据［J］．经济学（季刊），2011，10（4）：1375－1400.

［33］洪银兴．论创新驱动经济发展战略［J］．经济学家，2013，1（1）：5－11.

［34］白俊红，李婧．政府 R&D 资助与企业技术创新——基于效率视角的实证分析［J］．金融研究，2011（6）：181－193.

［35］李汇东，唐跃军，左晶晶．用自己的钱还是用别人的钱创新？——基于中国上市公司融资结构与公司创新的研究［J］．金融研究，2013（2）：170－183.

［36］余明桂，范蕊，钟慧洁．中国产业政策与企业技术创新［J］．中国工业经济，2016（12）：5－22.

［37］周海涛，张振刚．政府科技经费对企业创新决策行为的引导效应研究——基于广东高新技术企业微观面板数据［J］．中国软科学，2016（6）：110－120.

［38］李万福，杜静，张怀．创新补助究竟有没有激励企业创新自主投资——来自中国上市公司的新证据［J］．金融研究，2017（10）：130－145.

［39］顾夏铭，陈勇民，潘士远．经济政策不确定性与创新——基于我国上市公司的实证分析［J］．经济研究，2018（2）.

［40］章元，程郁，佘国满．政府补贴能否促进高新技术企业的自主创新？——来自中关村的证据［J］．金融研究，2018（10）：123－140.

［41］Mamuneas T P，Nadiri M I．Public R&D policies and cost behavior of the US manufacturing industries［J］．Journal of Public Economics，1996，63（1）：57－81.

［42］Wallsten S J．The effects of government－industry R&D programs on private R&D：the case of the Small Business Innovation

Research program [J]. The RAND Journal of Economics, 2000: 82 - 100.

[43] Bebczuk R N. R&D Expenditures and the role of goverment around the world [J]. 2002.

[44] Boeing P. The allocation and effectiveness of China's R&D subsidies - Evidence from listed firms [J]. Research policy, 2016, 45 (9): 1774 - 1789.

[45] Higgins R S, Link A N. Federal support of technological growth in industry: some evidence of crowding out [J]. IEEE Transactions on Engineering Management, 1981 (4): 86 - 88.

[46] Link A N. An analysis of the composition of R&D spending [J]. Southern Economic Journal, 1982, 49 (2): 342 - 349.

[47] Lichtenberg F R. The effect of government funding on private industrial research and development: a re - assessment [J]. The Journal of industrial economics, 1987: 97 - 104.

[48] Lichtenberg F R. The private R and D investment response to federal design and technical competitions [J]. The American Economic Review, 1988, 78 (3): 550 - 559.

[49] González X, Pazó C. Do public subsidies stimulate private R&D spending? [J]. Research Policy, 2008, 37 (3): 371 - 389.

[50] Clausen T H. Do subsidies have positive impacts on R&D and innovation activities at the firm level? [J]. Structural change and economic dynamics, 2009, 20 (4): 239 - 253.

[51] Klette T J, Møen J. R&D investment responses to R&D subsidies: A theoretical analysis and a microeconometric study [J]. NHH Dept. of Finance & Management Science Discussion Paper, 2011 (2011/15).

[52] 魏志华，赵悦如，吴育辉．财政补贴："馅饼"还是"陷

阱"？——基于融资约束 VS. 过度投资视角的实证研究［J］. 财政研究，2015（12）：18-29.

［53］黎文靖，郑曼妮. 实质性创新还是策略性创新？——宏观产业政策对微观企业创新的影响［J］. 经济研究，2016，51（4）：60-73.

［54］安同良，周绍东，皮建才. R&D 补贴对中国企业自主创新的激励效应［J］. 经济研究，2009（10）：87-98.

［55］毛其淋，许家云. 政府补贴对企业新产品创新的影响——基于补贴强度"适度区间"的视角［J］. 中国工业经济，2015（6）：94-107.

［56］Yu F，Guo Y，Le-Nguyen K，et al. The impact of government subsidies and enterprises' R&D investment：A panel data study from renewable energy in China［J］. Energy Policy，2016，89：106-113.

［57］Marino M，Lhuillery S，Parrotta P，et al. Additionality or crowding-out? An overall evaluation of public R&D subsidy on private R&D expenditure［J］. Research Policy，2016，45（9）：1715-1730.

［58］Montmartin B，Herrera M. Internal and external effects of R&D subsidies and fiscal incentives：Empirical evidence using spatial dynamic panel models［J］. Research Policy，2015，44（5）：1065-1079.

［59］Hud M，Hussinger K. The impact of R&D subsidies during the crisis［J］. Research policy，2015，44（10）：1844-1855.

［60］Görg H，Strobl E. The effect of R&D subsidies on private R&D［J］. Economica，2007，74（294）：215-234.

［61］Jones C I，Williams J C. Measuring the social return to R&D［J］. The Quarterly Journal of Economics，1998，113（4）：1119-1135.

［62］Nemet G F. Demand-pull，technology-push，and government-led incentives for non-incremental technical change［J］.

Research policy, 2009, 38 (5): 700 – 709.

[63] Bakay A, Elkassabgi A, Moqbel M. Resource Allocation, Level of International Diversification and Firm Performance [J]. Level of International Diversification and Firm Performance (January 20, 2011), 2011.

[64] 叶祥松，刘敬．异质性研发，政府支持与中国科技创新困境 [J]．经济研究，2018，9：116 – 132.

[65] 陈立勇，曾德明．规模报酬递减下的企业研发行为与政府政策 [J]．湖南大学学报（自科版），2003 (2).

[66] 章成帅．政府研发资助对企业 R&D 支出及技术创新的效应研究 [D]．北京：中央财经大学，2017.

[67] 郭迎锋，顾炜宇，乌天玥．政府资助对企业 R&D 投入的影响——来自我国大中型工业企业的证据 [J]．中国软科学，2016 (3).

[68] 朱平芳，徐伟民．政府的科技激励政策对大中型工业企业 R&D 投入及其专利产出的影响——上海市的实证研究 [J]．经济研究，2003.

[69] 王俊．R&D 补贴对企业 R&D 投入及创新产出影响的实证研究 [J]．科学学研究，2010，28 (9)：1368 – 1374.

[70] 吴剑峰，杨震宁．政府补贴、两权分离与企业技术创新 [J]．科研管理，2014，35 (12).

[71] 郭兵，罗守贵．地方政府财政科技资助是否激励了企业的科技创新？——来自上海企业数据的经验研究 [J]．上海经济研究，2015 (4).

[72] 林洲钰，林汉川，邓兴华．政府补贴对企业专利产出的影响研究 [J]．科学学研究，2015，33 (6)：842 – 849.

[73] Kleinknecht A. Firm size and innovation [J]. Small Business Economics, 1989, 1 (3): 215 – 222.

[74] Stock G N, Greis N P, Fischer W A. Firm size and dynamic technological innovation [J]. Technovation, 2002, 22 (9): 537 -549.

[75] Liu X, White S. Comparing innovation systems: a framework and application to China's transitional context [J]. Research policy, 2001, 30 (7): 1091 -1114.

[76] Cohen W M, Levinthal D A. Innovation and learning: the two faces of R&D [J]. The economic journal, 1989, 99 (397): 569 -596.

[77] Bizan O. The determinants of success of R&D projects: evidence from American - Israeli research alliances [J]. Research Policy, 2003, 32 (9): 1619 -1640.

[78] Czarnitzki D. Research and development in small and medium - sized enterprises: The role of financial constraints and public funding [J]. Scottish journal of political economy, 2006, 53 (3): 335 - 357.

[79] Damanpour F. Organizational size and innovation [J]. Organization studies, 1992, 13 (3): 375 -402.

[80] Geroski P A. An applied econometrician′s view of large company performance [J]. Review of Industrial Organization, 1998, 13 (3): 271 -294.

[81] Kamien M I, Schwartz N L. Market structure and innovation [M]. Cambridge University Press, 1982.

[82] Shefer D, Frenkel A. R&D, firm size and innovation: an empirical analysis [J]. Technovation, 2005, 25 (1): 25 -32.

[83] Halkos G E, Tzeremes N G. Productivity efficiency and firm size: An empirical analysis of foreign owned companies [J]. International Business Review, 2007, 16 (6): 713 -731.

[84] Lach S. Do R&D subsidies stimulate or displace private R&D? Evidence from Israel [J]. The journal of industrial economics,

2002, 50 (4): 369 - 390.

[85] Pavitt K. Uses and abuses of patent statistics [M]//Handbook of quantitative studies of science and technology. Elsevier, 1988: 509 - 536.

[86] Halkos G E, Tzeremes N G. Productivity efficiency and firm size: An empirical analysis of foreign owned companies [J]. International Business Review, 2007, 16 (6): 713 - 731.

[87] Otsuka K, Liu D, Murakami N. Industrial reform in China: Past performance and future prospects [M]. Oxford University Press, 1998.

[88] Tyson L A, Petrin T, Rogers H. Promoting entrepreneurship in eastern Europe [J]. Small Business Economics, 1994, 6 (3): 165 - 184.

[89] Jefferson G, Albert G Z, Xiaojing G, et al. Ownership, performance, and innovation in China's large - and medium - size industrial enterprise sector [J]. China economic review, 2003, 14 (1): 89 - 113.

[90] Hu A G. Ownership, government R&D, private R&D, and productivity in Chinese industry [J]. Journal of Comparative Economics, 2001, 29 (1): 136 - 157.

[91] 丁重，邓可斌. 中小企业的政府补贴与技术创新 [J]. 当代经济科学，2019 (9): 1 - 11.

[92] 严成樑，龚六堂. R&D 规模、R&D 结构与经济增长 [J]. 南开经济研究，2013 (2): 3 - 19.

[93] 孙早，许薛璐. 前沿技术差距与科学研究的创新效应——基础研究与应用研究谁扮演了更重要的角色 [J]. 中国工业经济，2017 (3): 7 - 25.

[94] Tsai K H, Wang J C. R&D Productivity and the Spillover

Effects of High – tech Industry on the Traditional Manufacturing Sector: The Case of Taiwan [J]. World Economy, 2004, 27 (10): 1555 – 1570.

[95] 程华，赵祥．政府科技资助对企业 R&D；产出的影响——基于我国大中型工业企业的实证研究 [J]. 科学学研究，2008，26 (3): 519 – 525.

[96] Piekkola H. Public funding of R&D and growth: firm – level evidence from Finland [J]. Economics of Innovation and New Technology, 2007, 16 (3): 195 – 210.

[97] 李健，杨蓓蓓，潘镇．政府补助、股权集中度与企业创新可持续性 [J]. 中国软科学，2016 (6): 180 – 192.

[98] Yager, L., R. S.. The Advanced Technology Program: A Case Study in Federal Technology Policy, Washington, D. C.: AEI Press, 1997.

[99] 康志勇．融资约束，政府支持与中国本土企业研发投入 [J]. 南开管理评论，2013，16 (5): 61 – 70.

[100] Georghiou L. Evolving frameworks for European collaboration in research and technology [J]. Research policy, 2001, 30 (6): 891 – 903.

[101] Clarysse B, Wright M, Mustar P. Behavioural additionality of R&D subsidies: A learning perspective [J]. Research Policy, 2009, 38 (10): 1517 – 1533.

[102] Radas S, Anić I D. Evaluating additionality of an innovation subsidy program targeted at SMEs: An exploratory study [J]. Croatian Economic Survey, 2013 (15): 61 – 88.

[103] Montmartin B, Herrera M. Internal and external effects of R&D subsidies and fiscal incentives: Empirical evidence using spatial dynamic panel models [J]. Research Policy, 2015, 44 (5): 1065 – 1079.

[104] Walle D V D. Assessing the welfare impacts of public spending [J]. World Development, 1998, 26 (3): 365 - 379.

[105] Dimara E, Petrou A, Skuras D. Agricultural policy for quality and producers' evaluations of quality marketing indicators: a Greek case study [J]. Food Policy, 2004, 29 (5): 485 - 506.

[106] 潘越, 戴亦一, 李财喜. 政治关联与财务困境公司的政府补助——来自中国 ST 公司的经验证据 [J]. 南开管理评论, 2009 (5).

[107] 王文华, 张卓. 金融发展、政府补贴与研发融资约束——来自 A 股高新技术上市公司的经验证据 [J]. 经济与管理研究, 2013 (11): 51 - 57.

[108] 马红, 王元月. 融资约束、政府补贴和公司成长性——基于我国战略性新兴产业的实证研究 [J]. 中国管理科学, 2015 (S1): 630 - 636.

[109] 成力为, 朱孟磊, 李翘楚. 政府补贴对企业 R&D 投资周期性的影响研究——基于融资约束视角 [J]. 科学学研究, 2017 (8): 103 - 113.

[110] 欧定余, 魏聪. 融资约束、政府补贴与研发制造企业的生存风险 [J]. 经济科学, 2016 (6): 65 - 76.

[111] Lerner J. The Government as Venture Capitalist: the Long - Run Impact of the SIBR Program [J]. Nber Working Papers, 1996, 72 (3): 285 - 318.

[112] Feldman M P, Kelley M R. The ex ante assessment of knowledge spillovers: Government R&D policy, economic incentives and private firm behavior [J]. Research policy, 2006, 35 (10): 1509 - 1521.

[113] Lerner J. When bureaucrats meet entrepreneurs: the design of effectivepublic venture capital'programmes [J]. The Economic Jour-

nal, 2002, 112 (477): F73 - F84.

[114] Kleer R. Government R&D subsidies as a signal for private investors [J]. Research Policy, 2010, 39 (10): 1361 - 1374.

[115] 鲁桐，党印．投资者保护、行政环境与技术创新：跨国经验证据［J］．世界经济，2015（10）：99－124.

[116] 汪晓梦．区域性技术创新政策绩效评价的实证研究——基于相关性和灰色关联分析的视角［J］．科研管理，2014（5）.

[117] 贾军．中国高技术产业技术创新与能源效率协同发展实证研究［J］．中国人口·资源与环境，2013，150（2）：38－44.

[118] 严成樑．社会资本、创新与长期经济增长［J］．经济研究，2012（11）：48－60.

[119] 鲁桐，党印．公司治理与技术创新：分行业比较［J］．经济研究，2014，6：115－128.

[120] 张玉娟，汤湘希．基于熵值－突变级数法的企业创新能力测度——以创业板上市公司为例［J］．山西财经大学学报，2017，39（8）：15－27.

[121] 彭红星，王国顺．中国政府创新补贴的效应测度与分析［J］．数量经济技术经济研究，2018（1）：77－93.

[122] 蔡地，黄建山，李春米．民营企业的政治关联与技术创新［J］．经济评论，2014（2）：65－76.

[123] 温军，冯根福．异质机构、企业性质与自主创新［J］．经济研究，2012（3）：53－64.

[124] Fazzari S M, Hubbard R G, Petersen B C, et al. Financing constraints and corporate investment [J]. Brookings papers on economic activity, 1988, 1988 (1): 141 - 206.

[125] Kaplan S N, Zingales L. Do investment - cash flow sensitivities provide useful measures of financing constraints? [J]. The quarterly journal of economics, 1997, 112 (1): 169 - 215.

[126] Kaplan S N, Zingales L. Investment - cash flow sensitivities are not valid measures of financing constraints [J]. The Quarterly Journal of Economics, 2000, 115 (2): 707 -712.

[127] Myers S C, Majluf N S. Corporate financing and investment decisions when firms have information that investors do not have [J]. Journal of financial economics, 1984, 13 (2): 187 -221.

[128] Hall B H, Lerner J. The financing of R&D and innovation [M]//Handbook of the Economics of Innovation. North - Holland, 2010, 1: 609 -639.

[129] Himmelberg C P, Petersen B C. R&D and internal finance: A panel study of small firms in high - tech industries [J]. The Review of Economics and Statistics, 1994: 38 -51.

[130] Harhoff D. Are there financing constraints for R&D and investment in German manufacturing firms? [M]//The economics and econometrics of innovation. Springer, Boston, MA, 2000: 399 -434.

[131] Bond S, Harhoff D, Van Reenen J. Investment, R&D and financial constraints in Britain and Germany [R]. London: Institute for Fiscal Studies, 1999.

[132] Mulkay B, Hall B H, Mairesse J. Firm level investment and R&D in France and the United States: A comparison [M]//Investing today for the world of tomorrow. Springer, Berlin, Heidelberg, 2001: 229 -273.

[133] Czarnitzki D. Research and development in small and medium - sized enterprises: The role of financial constraints and public funding [J]. Scottish journal of political economy, 2006, 53 (3): 335 -357.

[134] Cai H, Liu Q, Xiao G. Does competition encourage unethical behavior? The case of corporate profit hiding in China [J]. Eco-

nomic Journal, 2009, 119 (4): 764 – 795.

[135] Feenstra R C, Li Z, Yu M. Exports and credit constraints under incomplete information: Theory and evidence from China [J]. Review of Economics and Statistics, 2014, 96 (4): 729 – 744.

[136] Li Z, Yu M. Exports, productivity, and credit constraints: A firm – level empirical investigation of China [J]. Available at SSRN 1461399, 2009.

[137] Sufi A. Bank lines of credit in corporate finance: An empirical analysis [J]. The Review of Financial Studies, 2007, 22 (3): 1057 – 1088.

[138] Rahaman M M. Access to financing and firm growth [J]. Journal of Banking & Finance, 2011, 35 (3): 709 – 723.

[139] Harris M N, Rogers M, Siouclis A. Modelling firm innovation using panel probit estimators [J]. Applied Economics Letters, 2003, 10 (11): 683 – 686.

[140] Banerjee A V, Duflo E. Do firms want to borrow more? Testing credit constraints using a directed lending program [J]. Review of Economic Studies, 2014, 81 (2): 572 – 607.

[141] Müller E, Zimmermann V. The importance of equity finance for R&D activity [J]. Small Business Economics, 2009, 33 (3): 303 – 318.

[142] Czarnitzki D, Hottenrott H. R&D investment and financing constraints of small and medium – sized firms [J]. Small Business Economics, 2011, 36 (1): 65 – 83.

[143] Cohen W M, Klepper S. Firm size and the nature of innovation within industries: the case of process and product R&D [J]. Review of Economics and Statistics, 1996, 78 (2): 232 – 243.

[144] Passet O, du Tertre R. Promouvoir un environnement fin-

ancier favorable au développement de l'entreprise [J]. Rapport du groupe de projet Astypalea, Commissariat Général du Plan, 2005.

[145] Savignac F. The impact of financial constraints on innovation: evidence from French manufacturing firms [J]. 2006.

[146] Hall B H. The financing of research and development [J]. Oxford review of economic policy, 2002, 18 (1): 35 -51.

[147] Crépon B, Duguet E, Mairessec J. Research, Innovation And Productivity: An Econometric Analysis At The Firm Level [J]. Economics of Innovation and new Technology, 1998, 7 (2): 115 -158.

[148] Ayyagari M, Demirguc - Kunt A, Maksimovic V. Firm innovation in emerging markets: The roles of governance and finance [M]. The World Bank, 2007.

[149] Mancusi M L, Vezzulli A. R&D, innovation and liquidity constraints [C]//CONCORD 2010 Conference, Sevilla. 2010: 3 -4.

[150] Bhagat S, Welch I. Corporate research & development investments international comparisons [J]. Journal of Accounting and Economics, 1995, 19 (2 -3): 443 -470.

[151] Sharma S. Financial development and innovation in small firms [M]. The World Bank, 2007.

[152] Kipar S. The effect of restrictive bank lending on innovation: Evidence from a financial crisis [R]. Ifo Working Paper, 2011.

[153] Bönte W, Nielen S. Product Innovation, Credit Constraints, and Trade Credit: Evidence from a Cross - country Study [J]. Managerial and Decision Economics, 2011, 32 (6): 413 -424.

[154] Miwa Y, Ramseyer J M. The implications of trade credit for bank monitoring: Suggestive evidence from Japan [J]. Journal of Economics & Management Strategy, 2008, 17 (2): 317 -343.

[155] 谢家智，刘思亚，李后建．政治关联、融资约束与企业

研发投入［J］. 财经研究，2014，40（8）：81－93.

［156］马光荣，刘明，杨恩艳. 银行授信、信贷紧缩与企业研发［J］. 金融研究，2014（7）.

［157］罗长远，陈琳. FDI是否能够缓解中国企业的融资约束［J］. 世界经济，2011（4）：42－61.

［158］解维敏，方红星. 金融发展，融资约束与企业研发投入［J］. 金融研究，2011（5）：171－183.

［159］王红建，曹瑜强，杨庆. 实体企业金融化促进还是抑制了企业创新——基于中国制造业上市公司的经验研究［J］. 南开管理评论，2017（1）.

［160］亚琨，罗福凯，李启佳. 经济政策不确定性、金融资产配置与创新投资［J］. 财贸经济，2018（12）：95－110.

［161］Jaffe A B，Le T. The impact of R&D subsidy on innovation：a study of New Zealand firms［R］. National Bureau of Economic Research，2015.

［162］Bronzini R，Piselli P. The impact of R&D subsidies on firm innovation［J］. Research Policy，2016，45（2）：442－457.

［163］李政，杨思莹. 创新活动中的政府支持悖论：理论分析与实证检验［J］. 经济科学，2018，224（2）：90－102.

［164］秦雪征，尹志锋，周建波，等. 国家科技计划与中小型企业创新：基于匹配模型的分析［J］. 管理世界，2012（4）：70－81.

［165］Radas S，Anić I D. Evaluating additionality of an innovation subsidy program targeted at SMEs：An exploratory study［J］. Croatian Economic Survey，2013（15）：61－88.

［166］邢斐，张建华. 我国创新支持政策：理论分析及其有效性检验［J］. 当代经济科学，2009，31（4）：63－69.

［167］林毅夫. 新结构经济学的理论基础和发展方向［J］. 经济评论，2017（3）：6－18.

［168］吴超鹏，唐菂．知识产权保护执法力度、技术创新与企业绩效——来自中国上市公司的证据［J］．经济研究，2016（11）：129－143.

［169］戴晨，刘怡．税收优惠与财政补贴对企业 R&D 影响的比较分析［J］．经济科学，2015，30（3）：58－71.

［170］王刚刚，谢富纪，贾友．R&D 补贴政策激励机制的重新审视——基于外部融资激励机制的考察［J］．中国工业经济，2017（2）：60－78.

［171］Boadway R，Keen M．Financing and taxing new firms under asymmetric information［J］．Finanz Archiv：Public Finance Analysis，2006，62（4）：471－502.

［172］Holmstrom B，Tirole J．Financial intermediation，loanable funds，and the real sector［J］．the Quarterly Journal of economics，1997，112（3）：663－691.

［173］Spence M．Job market signaling［M］//Uncertainty in economics．Academic Press，1978：281－306.

［174］Lerner J．The government as venture capitalist：the long－run impact of the SBIR program［J］．The Journal of Private Equity，2000，3（2）：55－78.

［175］彭俞超，韩珣，李建军．经济政策不确定性与企业金融化［J］．中国工业经济，2018（1）：137－155.

［176］王国刚．金融脱实向虚的内在机理和供给侧结构性改革的深化［J］．中国工业经济，2018（7）：5－23.

［177］简泽，徐扬，吕大国，等．中国跨企业的资本配置扭曲：金融摩擦还是信贷配置的制度偏向［J］．中国工业经济，2018（11）：24－41.

［178］鞠晓生．中国上市企业创新投资的融资来源与平滑机制［J］．世界经济，2013，36（4）：138－159.

[179] Brown J R, Martinsson G, Petersen B C. Do financing constraints matter for R&D? [J]. European Economic Review, 2012, 56 (8): 1512 - 1529.

[180] 杨兴全，齐云飞，曾义. 融资约束、资本投资与公司现金持有竞争效应 [J]. 审计与经济研究，2015，30 (3)：30 - 38.

[181] 彭俞超，黄志刚. 经济“脱实向虚”的成因与治理：理解十九大金融体制改革 [J]. 世界经济，2018 (9)：3 - 25.

[182] 王红建，李青原，邢斐. 经济政策不确定性，现金持有水平及其市场价值 [J]. 金融研究，2014 (9)：53 - 68.

[183] Fritsch M, Brixy U, Falck O. The effect of industry, region, and time on new business survival - a multi - dimensional analysis [J]. Review of industrial organization, 2006, 28 (3): 285 - 306.

[184] 叶康涛，祝继高. 银根紧缩与信贷资源配置 [J]. 管理世界，2009 (1)：22 - 28.

[185] 余明桂，潘红波. 政治关系、制度环境与民营企业银行贷款 [J]. 管理世界，2008 (8)：9 - 21.

[186] 于蔚，汪淼军，金祥荣. 政治关联和融资约束：信息效应与资源效应 [J]. 经济研究，2012，9：125 - 139.

[187] Brandt L, Li H. Bank discrimination in transition economies: ideology, information, or incentives? [J]. Journal of comparative economics, 2003, 31 (3): 387 - 413.

[188] Miller D, Friesen P H. A longitudinal study of the corporate life cycle [J]. Management science, 1984, 30 (10): 1161 - 1183.

[189] Drazin R, Kazanjian R K. A reanalysis of Miller and Friesen's life cycle data [J]. Strategic Management Journal, 1990, 11 (4): 319 - 325.

[190] James B G. The theory of the corporate life cycle [J]. Long range planning, 1974, 7 (2): 49 - 55.

[191] Huergo E. The role of technological management as a source of innovation: Evidence from Spanish manufacturing firms [J]. Research policy, 2006, 35 (9): 1377 - 1388.

[192] Adizes I. Organizational passages—diagnosing and treating lifecycle problems of organizations [J]. Organizational dynamics, 1979, 8 (1): 3 - 25.

[193] 黄少安, 张岗. 中国上市公司股权融资偏好分析 [J]. 经济研究, 2001, 11 (1): 77 - 83.

[194] Grossman S J, Hart O D. One share - one vote and the market for corporate control [J]. Journal of financial economics, 1988, 20: 175 - 202.

[195] Zwiebel J. Block investment and partial benefits of corporate control [J]. The Review of Economic Studies, 1995, 62 (2): 161 - 185.

[196] Rosenbaum P R, Rubin D B. The central role of the propensity score in observational studies for causal effects [J]. Biometrika, 1983, 70 (1): 41 - 55.

[197] 周煊, 程立茹, 王皓. 技术创新水平越高企业财务绩效越好吗? ——基于16年中国制药上市公司专利申请数据的实证研究 [J]. 金融研究, 2012 (8): 166 - 179.

[198] Okamuro H, Zhang J X. Ownership structure and R&D investment of japanese start - up firms [J]. 2006.

[199] Hansen G S, Hill C W L. Are institutional investors myopic? A time - series study of four technology - driven industries [J]. Strategic management journal, 1991, 12 (1): 1 - 16.

[200] 杨建君, 王婷, 刘林波. 股权集中度与企业自主创新行为: 基于行为动机视角 [J]. 管理科学, 2015, 28 (2): 1 - 11.

[201] Jaffe A B. Demand and supply influences in R&D intensity

and productivity growth [J]. The Review of Economics and Statistics, 1988: 431 -437.

[202] Meuleman M, De Maeseneire W. Do R&D subsidies affect SMEs' access to external financing? [J]. Research Policy, 2012, 41 (3): 580 -591.

[203] Colombo M G, Croce A, Guerini M. The effect of public subsidies on firms' investment - cash flow sensitivity: Transient or persistent? [J]. Research Policy, 2013, 42 (9): 1605 -1623.

[204] Long M, Malitz I. The investment - financing nexus: Some empirical evidence [J]. Midland Corporate Finance Journal, 1985, 3 (3): 53 -59.

[205] Chen V Z, Li J, Shapiro D M. Are OECD - prescribed "good corporate governance practices" really good in an emerging economy? [J]. Asia Pacific Journal of Management, 2011, 28 (1): 115 -138.

[206] Dickinson, Victoria. Cash Flow Patterns as a Proxy for Firm Life Cycle [J]. The Accounting Review, 2011, 86 (6): 1969 - 1994.

[207] Guan J C, Yam R C M. Effects of government financial incentives on firms' innovation performance in China: Evidences from Beijing in the 1990s [J]. Research Policy, 2015, 44 (1): 273 -282.

[208] Hamermesh D S, Pfann G A. Adjustment costs in factor demand [J]. Journal of Economic Literature, 1996, 34 (3): 1264 -1292.

[209] Akcigit U, Liu Q. The role of information in innovation and competition [J]. Journal of the European Economic Association, 2015, 14 (4): 828 -870.

[210] Bernstein J I, Nadiri M I. Rates of return on physical and R&D capital and structure of the production process: cross section and time series evidence [M]//Advances in econometrics and modelling. Springer, Dordrecht, 1989: 169 - 187.

[211] 任曙明，吕镯．融资约束、政府补贴与全要素生产率——来自中国装备制造企业的实证研究 [J]. 管理世界，2014 (11): 10 - 23.

[212] 刘贯春，张军，刘媛媛．金融资产配置、宏观经济环境与企业杠杆率 [J]. 世界经济，2018, 41 (1): 148 - 173.

[213] 吴非，杜金岷，杨贤宏．财政 R&D 补贴、地方政府行为与企业创新 [J]. 国际金融研究，2018 (5).

[214] 韩晶，张新闻．绿色增长是影响官员晋升的主要因素么？——基于 2003 ~ 2014 年省级面板数据的经验研究 [J]. 经济社会体制比较，2016 (5): 12 - 24.

[215] Leahy D, Neary J P. R&D Spillovers and the Case for Industrial Policy in an Open Economy [J]. Cepr Discussion Papers, 1997, 51 (51): 40 - 59.

[216] González X, Pazó C. Do public subsidies stimulate private R&D spending? [J]. Research Policy, 2008, 37 (3): 371 - 389.

[217] 林毅夫，李永军．中小金融机构发展与中小企业融资 [J]. 经济研究，2001, 1 (10).

[218] 白重恩，路江涌，陶志刚．中国私营企业银行贷款的经验研究 [J]. 经济学（季刊），2005, 4 (3): 605 - 622.

[219] Hadlock C J, Pierce J R. New evidence on measuring financial constraints: Moving beyond the KZ index [J]. The Review of Financial Studies, 2010, 23 (5): 1909 - 1940.

[220] 周黎安，罗凯．企业规模与创新：来自中国省级水平的经验证据 [J]. 经济学（季刊），2005, 4 (2): 623 - 638.

[221] Wooldridge J M. Econometric analysis of cross section and panel data [M]. MIT press, 2010.

[222] 顾元媛. 寻租行为与 R&D 补贴效率损失 [J]. 经济科学, 2011 (5): 91 - 103.

[223] 廖信林, 顾炜宇, 王立勇. 政府 R&D 资助效果, 影响因素与资助对象选择——基于促进企业 R&D 投入的视角 [J]. 中国工业经济, 2013 (11): 148 - 160.

[224] 肖文, 林高榜. 政府支持, 研发管理与技术创新效率——基于中国工业行业的实证分析 [J]. 管理世界, 2014 (4): 71 - 80.

[225] Almus M, Czarnitzki D. The effects of public R&D subsidies on firms' innovation activities: the case of Eastern Germany [J]. Journal of Business & Economic Statistics, 2003, 21 (2): 226 - 236.

[226] 詹宇波, 孙鑫, 曾军辉. 信贷约束、盈利能力与创新决策——来自中国高科技企业的面板证据 [J]. 上海经济研究, 2018 (11).

[227] Gayle P G. Market concentration and innovation: New empirical evidence on the Schumpeterian hypothesis [J]. University of Colorado at Boulder: unpublished paper, 2001.

[228] Hill C W L, Snell S A. External control, corporate strategy, and firm performance in research - intensive industries [J]. Strategic management journal, 1988, 9 (6): 577 - 590.

[229] Ahuja G, Lampert C M, Tandon V. 1 moving beyond Schumpeter: management research on the determinants of technological innovation [J]. Academy of Management annals, 2008, 2 (1): 1 - 98.

[230] Chin C L, Chen Y J, Kleinman G, et al. Corporate ownership structure and innovation: Evidence from Taiwan's electronics industry [J]. Journal of Accounting, Auditing & Finance, 2009, 24 (1):

145 - 175.

[231] 杨汝岱，陈斌开，朱诗娥．基于社会网络视角的农户民间借贷需求行为研究 [J]．经济研究，2011 (11)：116 - 129.

[232] 李莉，闫斌，顾春霞．知识产权保护，信息不对称与高科技企业资本结构 [J]．管理世界，2014 (11)：1 - 9.

[233] Easley D, Kiefer N M, O'HARA M. Cream - skimming or profit - sharing? The curious role of purchased order flow [J]. The Journal of Finance, 1996, 51 (3): 811 - 833.

[234] Carpenter R E, Petersen B C. Is the growth of small firms constrained by internal finance? [J]. Review of Economics and statistics, 2002, 84 (2): 298 - 309.

[235] Koh P S. Institutional investor type, earnings management and benchmark beaters [J]. Journal of Accounting and Public Policy, 2007, 26 (3): 267 - 299.

[236] 孙健，王百强，曹丰，等．公司战略影响盈余管理吗? [J]．管理世界，2016 (3)：160 - 169.

[237] Amihud Y, Mendelson H, Lauterbach B. Market microstructure and securities values: Evidence from the Tel Aviv Stock Exchange [J]. Journal of Financial Economics, 1997, 45 (3): 365 - 390.

[238] Amihud Y. Illiquidity and stock returns: cross - section and time - series effects [J]. Journal of financial markets, 2002, 5 (1): 31 - 56.

[239] George T J, Kaul G, Nimalendran M. Estimation of the bid - ask spread and its components: A new approach [J]. The Review of Financial Studies, 1991, 4 (4): 623 - 656.

[240] Pástor L', Stambaugh R F. Liquidity risk and expected stock returns [J]. Journal of Political economy, 2003, 111 (3): 642 - 685.

[241] 叶康涛，刘行．公司避税活动与内部代理成本 [J]．金

融研究, 2014 (9): 158 -176.

[242] Bharath S T, Pasquariello P, Wu G. Does asymmetric information drive capital structure decisions? [J]. The Review of Financial Studies, 2008, 22 (8): 3211 -3243.

[243] 张学勇, 廖理. 股权分置改革、自愿性信息披露与公司治理 [J]. 经济研究, 2010 (4): 28 -39.

[244] Zhang Y, Li H, Li Y, et al. FDI spillovers in an emerging market: the role of foreign firms' country origin diversity and domestic firms' absorptive capacity [J]. Strategic Management Journal, 2010, 31 (9): 969 -989.

[245] Belderbos R, Tong T W, Wu S. Multinationality and downside risk: The roles of option portfolio and organization [J]. Strategic Management Journal, 2014, 35 (1): 88 -106.

[246] 蒲文燕, 张洪辉. 基于融资风险的现金持有与企业技术创新投入的关系研究 [J]. 中国管理科学, 2016, 24 (5): 38 -45.

[247] 袁东任, 汪炜. 信息披露、现金持有与研发投入 [J]. 山西财经大学学报, 2015, 37 (1): 81 -91.

[248] Cooper R W, Haltiwanger J C. On the nature of capital adjustment costs [J]. The Review of Economic Studies, 2006, 73 (3): 611 -633.

[249] Shin H H, Soenen L. Efficiency of working capital management and corporate profitability [J]. Financial practice and education, 1998, 8: 37 -45.

[250] Fazzari S M, Petersen B C. Working capital and fixed investment: new evidence on financing constraints [J]. The RAND Journal of Economics, 1993: 328 -342.

[251] Nilsen J H. Trade Credit and the Bank Lending Channel [J]. Journal of Money Credit & Banking, 2002, 34 (1): 226 -253.

［252］ Burkart M, Ellingsen T. In – Kind Finance: A Theory of Trade Credit ［J］. American Economic Review, 2004, 94 (3): 569 – 590.

［253］ 辛宇，徐莉萍. 公司治理机制与超额现金持有水平 ［J］. 管理世界，2006 (5): 136 – 141.

［254］ 彭桃英，周伟. 中国上市公司高额现金持有动因研究——代理理论抑或权衡理论 ［J］. 会计研究，2006，5: 42 – 49.

［255］ 王彦超. 融资约束，现金持有与过度投资 ［J］. 金融研究，2009 (7): 121 – 133.

［256］ Ding S, Guariglia A, Knight J. Investment and financing constraints in China: does working capital management make a difference? ［J］. Journal of Banking & Finance, 2013, 37 (5): 1490 – 1507.

［257］ Eberly J, Rebelo S, Vincent N. What explains the lagged – investment effect? ［J］. Journal of Monetary Economics, 2012, 59 (4): 370 – 380.

［258］ 林洲钰，林汉川. 政府质量与企业研发投资 ［J］. 中国软科学，2013 (2): 102 – 110.

［259］ Almeida H, Campello M, Weisbach M S. The cash flow sensitivity of cash ［J］. The Journal of Finance, 2004, 59 (4): 1777 – 1804.

［260］ Petersen M A, Rajan R G. The effect of credit market competition on lending relationships ［J］. The Quarterly Journal of Economics, 1995, 110 (2): 407 – 443.

［261］ 陈强. 高级计量经济学及 Stata 应用 ［M］. 北京：高等教育出版社，2014.

［262］ Breusch TS, Pagan AR. The Lagrange Multiplier Test and Its Applications to Model Specification in Econometrics ［J］. The Review of Economic Studies, 1980, 47 (1): 239 – 253.

[263] 宋军，陆旸．非货币金融资产和经营收益率的 U 形关系——来自我国上市非金融公司的金融化证据 [J]．金融研究，2015 (6)：111 - 127.

[264] Ortega - Argilés R, Piva M, Potters L, et al. IS CORPORATE R&D INVESTMENT IN HIGH - TECH SECTORS MORE EFFECTIVE? [J]. Contemporary Economic Policy, 2010, 28 (3): 353 - 365.

[265] Aghion P, Bloom N, Blundell R, et al. Competition and innovation: An inverted - U relationship [J]. The Quarterly Journal of Economics, 2005, 120 (2): 701 - 728.

[266] Arrow K J. Economic welfare and the allocation of resources for invention [M]//Readings in industrial economics. Palgrave, London, 1972: 219 - 236.

[267] Koeller C T. Innovation, market structure and firm size: a simultaneous equations model [J]. Managerial and Decision Economics, 1995, 16 (3): 259 - 269.

[268] Scherer F M. Market structure and the employment of scientists and engineers [J]. The American Economic Review, 1967, 57 (3): 524 - 531.

[269] 许罡，朱卫东．金融化方式，市场竞争与研发投资挤占——来自非金融上市公司的经验证据 [J]．科学学研究，2017，35 (5)：709 - 719.

[270] 杨其静．创业者的最优融资契约安排研究 [J]．经济科学，2015，26 (4)：33 - 45.

[271] 温忠麟，侯杰泰，张雷．调节效应与中介效应的比较和应用 [J]．心理学报，2005，37 (2)：268 - 274.